부동산재테크

# 이론과 실제

부동산재테크

# 이론과 실제

김상명

KSI 한국학술정보㈜

# 머리말

　　일반적으로 부동산은 토지와 그 지상건물을 말한다. 이러한 토지와 건물은 우리 인간 생활에서 필수적인 것으로 자산가치 측면과 금융이용 측면에서 매우 중요한 위치를 차지하고 있다. 그러므로 주로 이론적 측면에서의 '**부동산현상**'과 실무적 측면에서의 '**부동산활동**'의 기초이론에 대한 학습을 바탕으로, 부동산과 인간관계에서 발생하는 '**부동산문제**'를 개선함으로써 '**인간의 삶의 질**'을 향상시키기 위하여 부동산을 탐구할 필요가 있는 것이다.

　　이러한 부동산학문은 인간생활관계에서 인접학문, 가령 법학, 지적학, 풍수학, 경제학, 회계학, 지리학, 통계학 등의 주변 학문과 밀접한 관계를 맺고 있는 '**종합응용과학**'이라 할 수 있다. 따라서 부동산학은 주변 과학을 이해하지 않으면 부동산과 인간관계에서 발생하는 부동산문제를 해결할 수 없는 경우가 발생할 수 있다.

　　그러므로 법학을 연구하고 있는 저자는 법학적 관점에서 주변 사회과학의 분야인 부동산학을 견주어 보고, 부동산과 인간관계에서 발생할 수 있는 부동산문제를 개선하고 해결하여 각 개인의 '**삶의 질**'을 향상시킬 수 있는 생각에서 『**부동산재테크 이론과 실제**』라는 이론 및 실무 중심의 강의교재를 출간하게 된 것이다.

　　그동안의 대학 등에서 학문연구에 의한 **이론**과 공인중개사 등의 현장 중심의 실무에 대한 경험을 토대로 학문적으로 접근시키기 위하여 수년간 강의자료를 모아 대학의 강의교재와 평생교육원 등의 강의교재로 활용할 수 있도록 하였다. 아울러 부동산학과 법률을 처음 접하는 분들에게 쉽게 읽힐 수 있도록 쉽고 간략하게 서술하도록 노력하였다. 그리고 공인중개사, 부동산권리분석사, 부동산경매사 등 부동산관련자격시험을 대비할 수 있도록 쉽고 명료하게 문장을 구성하였다.

본 교재의 주요내용은 부동산재테크의 기초이야기에서 부동산재테크 실천의 새로운 인식전환의 필요성을 비롯하여 참여정부의 부동산정책의 평가와 향후과제, 부동산교육의 필요성과 부동산거래의 기초 법률지식, 부동산시장의 특성과 부동산투자, 부동산금융시장의 특수성, 부동산입지선정의 중요성과 부동산권리분석의 필요성 등 부동산권리분석까지 부동산학에 관한 기초이론과 실무를 중심으로 구성하였다.

그리고 부동산거래에 있어서 의사표시에 이어 부동산담보제도와 보증제도, 부동산용익물권과 담보물권, 임대차제도, 부동산거래계약과 등기제도, 경매와 공매제도, 법률구조제도, 부동산거래분쟁을 해결하는 방법, 부동산공법 등 부동산관련공법과 사법이론을 중심으로 마지막 생활철학의 기초지식까지 총 28강으로 구성하였다.

본 교재의 주요특징으로는 첫째, 부동산학에 관한 기초이론과 실무를 독자들이 알기 쉽게 설명하였다. 둘째, 부동산과 관련된 사법 및 공법에 관한 기초이론과 실무를 다루었다. 셋째, 부동산거래계약의 기초지식에서부터 거래계약에서 발생할 수 있는 법률문제를 다루었다. 넷째, 제주국제자유도시조성과 법률관계를 주요한 부분을 간추려 서술하였다. 다섯째, 생활철학 관련 부분과 창업을 위한 기초지식을 보다 쉽게 이해할 수 있도록 서술하였다.

이번 학기 동안 논문을 준비하고 강의교재를 위한 초고를 작성하느라고 바쁜 일정에도 불구하고 최선을 다하였으나 다소 미비한 부분이 있음을 지적하지 않을 수 없다. 독자 제위의 아낌없는 비판으로 다음 기회에는 알찬 교재가 될 수 있기를 기대해 본다.

끝으로 이러한 학습교재를 발간할 수 있도록 허락하여 주신 한국학술정보(주) 채종준 사장님과 교재발간 업무를 담당하신 임은정 선생님께 깊은 감사를 드린다.

2008. 2. 20.

김 상 명

# contents

**제1강** **부동산재테크의 기초이야기** ·················15
　Ⅰ. 부동산재테크에 있어서 새로운 인식이 필요하다 ··············15
　Ⅱ. 부동산재테크에 있어서 이런 점을 유의하라 ···············20

**제2강** **토지공개념과 현 정부의 부동산제도 평가와 향후과제** ···········23
　Ⅰ. 토지공개념의 기초이해 ··················23
　Ⅱ. 8·31 부동산정책의 평가 ·················28
　Ⅲ. 참여정부 부동산제도의 향후과제 ··············29
　Ⅳ. 참여정부 부동산제도의 평가와 과제 ·············37

**제3강** **부동산교육의 필요성** ··················39
　Ⅰ. 머리말 ·······················39
　Ⅱ. 부동산의 의의 ····················40
　Ⅲ. 부동산의 교육의 필요성 ·················43

**제4강** **부동산거래의 기초 법률지식** ···············49
　Ⅰ. 부동산거래에 있어서 금전거래의 중요성 ···········49
　Ⅱ. 계약서 작성하기 ···················50
　Ⅲ. 차용증 작성하기 ···················52
　Ⅳ. 영수증 관리하기 ···················57

**제5강** **지목의 특성과 부동산의 특성** ··············59
　Ⅰ. 지적법상 지목 ····················59

Ⅱ. 지목의 종류와 결정 ······················································60

Ⅲ. 토지에 쓰이는 용어 ····················································63

Ⅳ. 부동산의 특성 ···························································66


제6강　부동산시장의 특성과 부동산의 경기변동 ·····················75

Ⅰ. 부동산시장의 특성 ·····················································75

Ⅱ. 부동산시장의 기능 ·····················································77

Ⅲ. 부동산시장의 유형 ·····················································79

Ⅳ. 토지에 대한 수요와 토지의 공급의 특성 ·······················80

Ⅴ. 토지시장의 특징 ·······················································81

Ⅵ. 주택시장의 특징 ·······················································82

Ⅶ. 외부경제와 외부비경제 ···············································83

Ⅷ. 최유효이용과 토지이용 ···············································84

Ⅸ. 지가구배(地價句配)현상과 도시스프롤(sprawl)현상 ··········85

Ⅹ. 집약적 토지이용 ·······················································86

Ⅺ. 직·주 분리와 직·주 접근 ············································87

Ⅻ. 한계지의 지가법칙 ·····················································88


제7강　부동산투자 및 투기 ···············································91

Ⅰ. 부동산투자 ······························································91

Ⅱ. 부동산투기 ······························································94

Ⅲ. 부동산투자와 투기의 비교 ···········································95

Ⅳ. 부동산투자의 결정 ·····················································96

Ⅴ. 재산 3분법과 부동산투자의 위험분석 ····························96

Ⅵ. Portfolio Theory(포트폴리오 이론) ·······························97


제8강　부동산금융의 기초지식 ············································101

Ⅰ. 부동산금융의 기능 ·····················································101

Ⅱ. 부동산의 저당대출제도 ···············································103

Ⅲ. 우리나라 부동산금융제도 ············································107

Ⅳ. 주요은행별 이율비교표 ································109

Ⅴ. 담보대출 절세하는 방법 ································109

Ⅵ. 보유기간 3년 못 채워도 양도세 절세하는 방법 ···········110

Ⅶ. 재개발사업에 있어서 1가구 2주택에 대한 특례 ··········111

Ⅷ. 2007년도 세제개편(안) 주요내용 ······················111

제9강  부동산의 용도별 입지선정 ·····················115

Ⅰ. 입지선정의 의의와 중요성 ···························115

Ⅱ. 입지계수[입지상 = LQ(Location Quotient)] ···········116

Ⅲ. 용도별 입지선정 ··································117

제10강  부동산의 권리분석의 기초지식 ···············127

Ⅰ. 부동산권리분석의 의의와 유형 ·······················127

Ⅱ. 부동산권리분석의 성격과 특별원칙 ····················129

Ⅲ. 부동산의 권리보증제도 ····························131

Ⅳ. 부동산거래사고의 해결방안 ·························133

제11강  부동산거래행위에 있어서 의사표시 ···········135

Ⅰ. 의사와 표시의 불일치 ······························135

Ⅱ. 진의 아닌 의사표시 ·······························136

Ⅲ. 통정허위표시 ····································137

Ⅳ. 착오 ···········································138

Ⅴ. 하자 있는 의사표시 ·······························140

Ⅵ. 의사표시의 효력발생 ······························143

제12강  부동산담보와 보증제도 ····················145

Ⅰ. 머리말 ·········································145

Ⅱ. 인적담보(보증)제도 ·······························146

Ⅲ. 물적담보제도 ····································150

Ⅳ. 맺음말 ·········································150

**제13강** 부동산용익물권의 기초지식 ················································153
 Ⅰ. 지상권 ·····························································································153
 Ⅱ. 지역권 ·····························································································158
 Ⅲ. 전세권 ·····························································································160

**제14강** 부동산담보물권의 기초지식 ················································165
 Ⅰ. 용익물권과의 담보물권의 비교 ······················································165
 Ⅱ. 유치권 ·····························································································166
 Ⅲ. 저당권 ·····························································································169

**제15강** 부동산공법의 기초지식 ·······················································179
 Ⅰ. 부동산공법의 기초이론 ···································································179
 Ⅱ. 부동산공법의 주요내용 ···································································182
 Ⅲ. 용도지역 관리체계 ··········································································185

**제16강** 주택임대차보호제도의 기초지식 ········································193
 Ⅰ. 목적과 적용범위 ·············································································193
 Ⅱ. 주택임차권의 대항력 ······································································194
 Ⅲ. 임대차의 존속기간 ··········································································195
 Ⅳ. 차임 등의 증감청구권 ·····································································196
 Ⅴ. 임차권등기명령제도 ········································································196
 Ⅵ. 임차보증금의 회수 ··········································································197
 Ⅶ. 보증금중 일정액의 보호 ·································································198
 Ⅷ. 주택임차권의 승계 ··········································································199

**제17강** 상가건물임대차보호제도의 기초지식 ·································201
 Ⅰ. 목적 ································································································201
 Ⅱ. 적용범위 ·························································································202
 Ⅲ. 대항력 ·····························································································203

Ⅳ. 등록사항의 열람·제공 ·················································· 203
Ⅴ. 보증금의 회수 ··························································· 203
Ⅵ. 임차권등기명령제도 ····················································· 204
Ⅶ. 존속기간 ································································ 204
Ⅷ. 차임 등의 증감청구권 ·················································· 206

제18강 부동산거래계약과 등기제도의 기초지식 ····························· 207
Ⅰ. 부동산거래계약의 기초지식 ············································· 207
Ⅱ. 부동산거래계약의 효력 ················································· 210
Ⅲ. 부동산거래계약의 해제와 해지 ·········································· 214
Ⅳ. 부동산등기제도 ························································· 215
Ⅴ. 부동산등기특례제도 ····················································· 219
Ⅵ. 부동산실명제도 ························································· 221

제19강 부동산거래에 있어서 내용증명제도와 소액심판제도 ················ 227
Ⅰ. 내용증명우편제도 ······················································· 227
Ⅱ. 소액심판제도 ··························································· 229
Ⅲ. 금전채권에 관한 강제집행절차 ·········································· 231
Ⅳ. 가압류·가처분제도 ······················································ 235

제20강 제주국제자유도시조성을 위한 특별법의 주요내용 ·················· 243
Ⅰ. 환경보전과 관리의 기본방향 ············································· 243
Ⅱ. 각종 보전지역의 관련 내용 ············································· 245
Ⅲ. 사전환경성검토 및 환경영향평가 협의 등의 특례 ······················· 252
Ⅳ. '특별법' 개정의 주요내용 ··············································· 253

제21강 국토의계획및이용에관한법률의 주요내용 ·························· 257
Ⅰ. 의의 ··································································· 257
Ⅱ. 주요내용 ······························································· 258

Ⅲ. 용도지역의 지정 및 세분 ·································································259
Ⅳ. 개발행위의 허가 ···········································································260
Ⅴ. 개발행위허가의 기준세부사항 ·······················································261
Ⅵ. 최근 개정법률의 주요내용 ····························································262

제22강 부동산경매·공매의 기초지식 ···············································267
Ⅰ. 경매의 개요 ················································································267
Ⅱ. 강제경매(민사집행법 제80조 내지 제162조) ···································270
Ⅲ. 임의경매(담보권실행을 위한 경매) 민사집행법 제264조 내지 275조 ···271
Ⅳ. 강제경매와 임의경매의 비교 ·························································271
Ⅴ. 경매절차의 이해관계인(민사집행법 제90조) ····································272
Ⅵ. 경매표기방식 ··············································································273
Ⅶ. 성업공사의 공매와 경매의 비교 ····················································274
Ⅷ. 법원경매의 장점 ··········································································274
Ⅸ. 법원경매물건의 단점 ····································································274
Ⅹ. 경매부동산의 취득 시 유리한 점 ···················································275
Ⅺ. 세금 ·························································································275
Ⅻ. 경매의 취소와 취하 ······································································276

제23강 법률구조제도의 기초지식 ····················································277
Ⅰ. 법률구조제도란 무엇인가 ·····························································277
Ⅱ. 대한법률구조공단 ········································································278
Ⅲ. 한국가정법률상담소 ······································································282
Ⅳ. 국선변호인제도 ···········································································284

제24강 결혼과 이혼의 기초 법률지식 ··············································287
Ⅰ. 약혼과 파혼 ················································································287
Ⅱ. '사실혼'은 보호되는가? ·································································290
Ⅲ. 혼인하면 달라지는 것들은 무엇인가? ·············································291
Ⅳ. 이혼 ·························································································295

Ⅴ. 이혼하면 달라지는 것들은 무엇인가? ································ 299

제25강  부동산거래분쟁을 해결하는 방법 ·························· 303
Ⅰ. 재판을 하지 않고 해결하는 방법 ····························· 303
Ⅱ. 재판하기 전에 해 두어야 할 일들은 무엇인가? ·············· 308
Ⅲ. 민사소송절차 ············································ 310
Ⅳ. 강제집행절차 ············································ 318

제26강  창업지원제도의 기초지식 ································ 323
Ⅰ. 창업의 기초요소 ········································· 323
Ⅱ. 창업을 위한 준비단계는 무엇인가? ························· 325
Ⅲ. 초보 창업자가 지켜야 할 수칙 ···························· 327
Ⅳ. 소자본 창업자가 주의하여야 할 것은 무엇인가? ············· 328
Ⅴ. 점포 계약할 때 주의할 사항은 무엇인가? ··················· 328
Ⅵ. 사업자등록 하기 ········································· 330
Ⅶ. 창업자금지원은 어느 곳에서 하는가? ······················ 332

제27강  주식에 관한 기초지식 ·································· 333
Ⅰ. 초보자를 위한 주식투자방법 ······························ 333
Ⅱ. 주식을 하는 이유와 방법은 무엇인가? ····················· 335
Ⅲ. 주식투자의 기본자세는 무엇인가? ························· 337

제28강  생활철학의 기초지식 ···································· 339
Ⅰ. 풍수지리의 정의 ········································· 339
Ⅱ. 풍수지리의 원리 ········································· 340
Ⅲ. 풍수지리의 목적과 구성 ··································· 343
Ⅳ. 풍수에 관한 주요용어 ···································· 343
Ⅴ. 풍수지리 사상이 부동산가에 미치는 영향 ·················· 347
Ⅵ. 맺는말 ················································· 349

찾아보기 ··················································· 351

## 끝까지 전념하기

브리오는 윌리의 눈을 찬찬히 들여다보며 말했다.
"무슨 일이 있어도 그 결심만은 흔들리지 말게.
목표를 이루는 데 가장 중요한 건
끝까지 전념하는 끈기지."
"네, 잘 알았어요. 전 끝까지 해낼 거예요."
"좋아!"

– 빈스 포센트의 『코끼리를 들어올린 개미』 중에서 –


* 수미일관(首尾一貫), 참 멋진 말입니다.
처음과 끝이 한결같기가 쉽지 않기 때문에 더욱 그렇습니다.
무슨 일이든 처음에 품었던 마음 그대로 끝까지 혼신을
다하면 사람도 움직이고 하늘도 움직입니다.
꿈도 현실이 됩니다.

# 부동산재테크의 기초이야기

보통 부동산은 토지와 건물을 말하는데 이러한 부동산은 우리 인간생활에서 필요불가결한 자산임에 틀림이 없다. 그러므로 부동산에 대한 기초이해를 통하여 '인간 삶의 질'을 향상시킬 수 있는 방안에 대한 기초이론을 습득할 필요가 있는 것이다. 이것이야말로 不動産財 – Tech의 기초과정에서 가장 선행되어야 할 것이다.

## Ⅰ. 부동산재테크에 있어서 새로운 인식이 필요하다

### 1. 부동산재테크에 대한 새로운 인식이 필요하다

일반적으로 부동산재테크는 자기 자본이 있어 그 자본으로 수천 혹은 수억을 모으는 것으로 생각기 쉽다. 즉, 보통사람들은 자기 돈이 있어야만 부동산재테크도 가능하다고 생각하고 살아간다. 하지만 단적으로 말하자면 그렇지 않다.

사람이라면 누구나 부동산(토지와 건물)에 관련하지 않고는 살 수가 없기 때문이다. 조상으로부터 물려받은 주택이 없는 경우에는 자기 생활을 위해서는 임대로 살거나 전세로 살거나 부동산은 필수적으로 우리 곁에 존재하기 마련이다.

그러므로 재산을 모으는 것도 중요하지만 항상 부동산에 관심을 가지고 꾸준히 노력하면 남들보다 더 내 집 마련의 가능성이 높아지게 되는 것이다. 이 뿐만이 아니라 지금보다 더 나은 생활여건을 만들 수 있는 것이다.

이렇듯 부동산재테크는 일상에서 하루도 빠짐없이 이루어지고, 우리 생활에 관련된 모든 곳에서 이루어진다. 다만 많은 이들이 부동산재테크 하면, 너무 거창하게만 생각하는 것이 우리 사회에서 인식하고 있는 잘못된 생각들이다.

따라서 부동산 참여는 일생생활 속에서 부동산재테크의 작은 실천과 참신한 시각으로부터 새롭게 출발하여야 한다.

## 2. 경기 침체기에 부동산재테크는 어떻게 할 것인가

요즘처럼 부동산 침체기에는 부동산재테크를 어떻게 하는 것이 좋을 것인가? 일반인들만 아니라 주부들이 고민하는 주요한 대목이다. 요사이 부쩍 이와 같은 고민에 찬 질문들이 단연 많이 쏟아진다. 이는 부동산에 대한 **실수요**와 투자목적의 **가수요**(주식 혹은 투기) 중 어느 쪽에 무게를 더 두고 있는가에 따라서 그 해법은 달라지는 것이다.

이런 경우에 긴 안목의 실수요자라면 부동산값이 오를 때 흥분과 초조감에 휩싸여 비싼 값에 충동구매를 하지 않는다. 보통 남들이 관심을 보이지 않고 부동산에 냉기가 흐를 때 매입을 타진하는 것이 보다 합리적인 부동산재테크가 될 수 있는 것이다. 그러나 이런 현상 역시 타이밍 선택의 중요함을 잊어서는 아니 된다.

## 3. 남들이 흥분할 때 물러서고, '바겐세일'할 때 접근하라

실제 부동산시장에서 보면 시세보다 낮게 나온 매물이 많이 있다. 평소 같으면 찾아보기 힘든 A급 정도의 매물도 허다하다. 그것도 흥정하여 값을 내릴 수 있는 경우가 있다. 침체기에는 쉬쉬하며 뒤꽁무니로 내놓는 급매물이 많다. 침체기에 사려면 왠지 불안하지만 지나고 보면 큰 **과실(果實)**을 안겨 주기도 한다.

이런 경우에 부동산시장에서 급매물을 사냥하면 된다. 하지만 급매물을 사냥하기란 전문가가 아니면 그다지 쉽지 않으므로 보통사람들의 고민거리일 것이다.

신도시개발지 신규분양시장에 있어서 초기 **미분양** 또는 **미계약 물량**을 구입할 수도 있다. 새 아파트 입주를 앞둔 대단지에서 일시적으로 **분양권** 매물이 쏟아질 때를 포착하여야 할 필요가 있다.

좋은 물건이라면 침체기에 사서 장기 보유해야 큰 수익을 얻을 수 있다. 이것저것 매매하며 바쁘게 움직이는 것이 늘 실속이 있는 것은 아니다. 이런 경우 거래비용과 세금을 내고 나면 속빈 강정인 경우가 부지기수이다.

속된 말로 하자면, 맞선 한 번으로 평생의 배필을 만날 수 있다면 그게 더 효과적이지 않겠는가? 그럭저럭 투자 열 번 하는 것보다 제대로 된 투자 한 번 하는 것이 더 실속이 있을 것이다. 실수요자가 많은가, 투자수요자가 많은가에 따라 부동산시장의 방향과 질은 달라지기 마련이다. 부동산을 매매할 때는 시장의 큰 흐름이 어느 쪽에 더 기울어져 있는가를 비교하여 투자를 선택하여야 한다.

## 4. 부동산시장의 주도권을 파악하여야 한다

부동산시장에 있어서는 실수요자와 가수요자는 대비되는 말이지만 실제 부동산시장에서는 뚜렷이 구분하기 힘들다. 이는 시장 상황에 따라서 가변적이기 때문이다. 때로는 실수요자가 가수요자로 돌변하기도 하고, 가수요자도 상황이 여의치 않으면 실수요자로 방향을 돌리기 때문이다. 하지만 큰 맥락에서 보았을 때 실수요자와 가수요자는 어느 정도 구분할 수 있어야 한다.

## 5. 투자수요와 가수요를 구분하여 경제의 흐름을 읽어야 한다

먼저, 투자수요가 득세하는 시장을 한번 살펴보자. 이때에는 시장의 관심이 **테마상품**이나 **트렌드(유행)상품**에 쏠리는 것이 일반적인 현상이다. 대도시의 재건축 아파트나 주상복합 오피스텔 등이 대표적인 예이다. 이들 상품은 경기변동이나 정책에 따라 값이 출렁거린다. 그러므로 투자상품에는 가수요가 많이 개입된다.

가수요가 많을수록 시장은 과열된다. 정상궤도에서 벗어나 일시적으로 **거품(Bubble)**이 일어 가격이 왜곡되기도 한다. 하지만 실수요도 따지고 보면 투자수요의 성격을 지니고 있음은 부인할 수 없다. 건물에 입주하는 목적이라도 이왕이면 투자가치도 높은 부동산을 선호하는 것은 인간의 본능적인 욕구이기 때문이다.

가수요는 구입자금에서 대출비중이 차지하는 비중이 매우 크다. 그래서 시장 상황이 좋을 때는 가수요가 부동산값을 끌어올리는 주된 요인이 되기도 한다. 그래서 가수요는 공격적인 매입수요라고 할 수 있는 것이다.

이는 절대가격이 높아도 앞으로 더 오를 것이 예상되면 과감하게 행동을 취하는 수요이다. 즉, 그동안 얼마가 올랐는가보다는 추가 상승여력이 얼마인가를 기준으로 삼는 것이다. 반면 실수요는 절대가격을 중시한다. 그간 얼마나 올랐으며 지금 가격이 얼마인가가 더 중요하기 때문이다.

부동산시장이 나빠지면 가수요는 시장을 더욱 가라앉게 만드는 주범으로 돌변한다. 빚에 쪼들리거나 투자가치가 없다고 판단한 가수요 매물이 부동산시장에 한꺼번에 쏟아져 나올 수 있기 때문이다. 이를테면 헌법재판소의 결정으로 수도권 이전이 어렵게 된 사실이 보도된 이후에 투자자들은 충남지역 부동산시장에 급매물을 한꺼번에 쏟아내는 사람이 많아진 것을 볼 수 있다.

실수요는 값이 오르면 대체로 불안하다. 실수요가 받쳐 주는 시장이나 상품은 가격의 **하방 경직성**(일정 가격대 이하로 좀처럼 떨어지지 않으려는 속성)이 강하기 때문이다.

반면, 가수요가 많은 시장이나 상품은 변덕이 심하다. 시장 주변의 환경에 따라 요동치기 시작한다. 실수요 자금은 부동산시장에 오랫동안 머물지만 가수요는 잠시 머물렀다가 다시 다른 곳으로 발길을 옮긴다.

호황기에는 가수요 상품이 더 활기차게 오른다. 시장이 과열국면에 접어들면 시세는 갈 때까지 가려는 속성이 있다. 거품가격이 만들어질 때까지 오른다. 이때 정부에서 부동산시장에 개입하게 되는데 비전문가인 일반 **개미군단**들은 막차를 타게 되어 손해를 보게 된다(이러한 예를 최근의 주식시장에서 볼 수 있지 않은가?).

그러나 투자심리가 가라앉고 시장이 침체의 늪에 빠지면 가수요 상품은 값이 가장 큰 폭으로 빠진다. 어차피 투자목적이기 때문에 더 떨어질 것을 걱정해 겁을 먹고 물건을 던지는 이들이 늘어나는 탓이다.

시장이 침체기에 이를 때는 실수요가 두터운 상품이나 지역이 유리하다. 이러한 상품은 값이 떨어져도 폭이 그다지 크지 않다. 실수요는 길게 보고 매입한 수요이므로 단기적인 상황에 흔들리지 않기 때문이다.

## 6. 부동산재테크의 시작은 작은 실천으로부터 시작된다

앞에서 본 바와 같이 부동산은 우리 생활에서 자산가치뿐만 아니라 금융이용 면에서도 중요한 부분을 차지하고 있다. 그러므로 일반인이 부동산활동에 참여는 일상생활 속에서 적극적인 관심과 자신에게 맞는 작은 실천으로부터 시작해야 한다.

☞ **부동산재테크 사례[종자돈 60만 원으로 100억을 번 '부동산 재테크의 달인']**

2007년 2월 22일 TV N '리얼스토리 묘'에서 소개한 40세 이 모 씨가 그 주인공이다. 60만 원으로 100억 원을 벌었다는 '부동산 재테크의 달인'이 화제다. 이 방송에 따르면 이 씨는 현재 100억 원 가치의 부동산을 소유하고 있는 자산가다. 그러나 이 씨의 재테크 시작은 비교적 간단했다. 어렸을 때부터 땅에 관심이 많았던 이 씨는 스무 살이 되던 20년 전 부동산경매로 60만 원짜리 땅을 매입했다. 구석진 땅이어서 아무도 거들떠보지 않았지만 개발 가능성을 본 것이다. 결국 그곳은 주거지역으로 개발됐고 이 씨는 큰 이익을 보게 됐다. 이때 "'아무리 작은 땅이라도 가치가 있다.'는 것을 깨달았다.'라고 그는 말한다. "나는 비싼 땅은 안 산다. 1억이 있으면 10개를 나눠서 산다. 지난달엔 평당이 아니라 1000만 원에 400평을 샀다. 평당 4만 원꼴인데 아무리 싼 땅이라도 1만 평을 확보하면 평당 1만 원만 붙여도 1억 원이다. 그때부터 부자가 될 수 있는 기초가 되는 것이다.'라고 말했다.

이씨의 재테크 노하우가 주목되는 이유는 이처럼 기존의 부동산재테크 상식을 과감히 깨는 **역발상**에 있다. 대다수 사람들이 아파트를 사서 평수만 넓혀 가는 식으로 재테크를 시작하는 반면, 이 씨는 먼저 쓸모없는 땅을 소자본으로 매입해 다시 땅이나 상가에 투자하는 방법으로 재산을 불렸다.

"땅으로 시작해서 상가·아파트로 옮겨 가면 큰 부자가 될 수 있는데 (대부분의 사람들은) 거꾸로 아파트에 목숨을 걸고 있어 답답하다.'는 이 씨는, "땅을 사서 개발시키는 것으로 재테크를 시작해야 한다.'라고 거듭 강조했다.

일단 매입할 땅을 선택하면 **정보수집** 또한 게을리 하지 말아야 한다. 이 씨는 인터넷이나 책을 통해 사전 지식을 얻은 후엔 반드시 직접 현장을 찾아 살아 있는 정보를 수집했다. 주변 환경을 꼼꼼히 살펴 개발 가능성을 엿보고, 면사무소와 이장을 찾아 면담하는 것도 잊지 않았다. 이렇게 얻은 정보가 투자의 가장 중요한 포인트로 작용하기 때문이었다. 결국 끊임없는 공부와 열정·노력이 있었기 때문에 지금의 투자 성공 신화를 만들 수 있었던 것이다. 마지막 그의 한마디가 인상 깊다. "**누구보다도 많이 열심히 다니는 사람이 기회를 잡는 겁니다.**"는 것을 강조했다.

# Ⅱ. 부동산재테크에 있어서 이런 점을 유의하라

## 1. 부동산투자는 미래 수익성이 있는 부동산에 투자하라

부동산도 여러 투자대상 중의 하나이므로 **수익성**이 있는 부동산에 투자하는 것이 미래에 수익을 창출하는 데 유리하다. 임야와 같이 수익성이 떨어지는 미성지의 부동산에 투자하기 보다는 매월 임대료가 발생할 수 있는 **현금화**할 수 있는 부동산이 유망하다.

## 2. 부동산투자는 환금성이 높은 부동산에 투자하라

대부분 부동산은 가액이 크고 거래가 장기에 걸쳐서 이루어지는 것이 보통이다. 따라서 매도인이 원할 때 단기간에 팔 수 있는 것이 아니다. 그러므로 부동산을 팔 때를 대비하여 수요가 높은 부동산에 투자하는 것이 보다 좋다.

## 3. 부동산투자는 실물을 확인하고 투자하라

부동산에 투자할 경우에는 반드시 본인이 직접 투자할 물건을 확인하고 투자를 하여야 한다. 부동산은 **고정성**으로 지역성이 강하고 **개별성**이 강하여 차이가 많으므로 자신의 눈으로 직접 보고 평가를 하여야 한다.

## 4. 부동산투자는 권리관계 및 법적 제한을 확인하고 투자하라

부동산권리관계는 복잡하고 **부동산거래사고**가 발생하는 경우에 그 해결이 어렵고 다액의 손해를 볼 수 있으므로 권리관계는 반드시 확인한 후에 투자하여야 한다. 그리고 부동산의 관리 및 이용에 있어서 제한된 내용을 반드시 확인하여야 한다. 이러한 확인은 **법무사**나 **공인중개사**에게 의존하지 말고 해당 행정관청의 담당자 및 연구기관에 질의하여 직접 확인하는 것이 필요하다.

## 5. 부동산투자는 여유자금이나 자금소요계획에 입각한 투자가 바람직하다

부동산투자를 할 때 일정액 이상은 **자기자금**으로 투자하여야 한다. 투자자금 중 **대출비율** 또는 **보증금비율**이 너무 높은 부동산에 투자할 경우에는 경제침체로 부동산가격이 하락하게 되면 대출금의 이자를 갚지 못하여 소중한 부동산 자체를 잃어버릴 경우가 발생할 수 있다. 따라서 부동산투자 시에는 일정액의 이자를 갚아 나갈 수 있는 **여유자금**과 일정 금액 이하 에 **분산투자**를 하는 것이 바람직하다.

## 6. 부동산투자에 있어서 급매물을 노려라

부동산은 **환가성**이 떨어지므로 급매물이 자주 나온다. 급매물을 만나면 시가보다도 훨씬 싸게 취득할 수 있다. 좋은 부동산을 시가보다 싸게 취득할 수 있는 점이 부동산투자의 매력 이기도 하다.

---

### 가수요와 실수요

**가수요**란 물가가 계속 오르거나 물자가 부족(**초과수요**)할 것으로 예측되는 경우에 지금 당장 필 요하지는 않으면서도 일어나는 예상수요를 말한다. 즉, 실수요와 대립되는 말로 가격이 오를 것 같거 나 물자부족이 예상될 때 실제 수요가 없음에도 불구하고 일어나는 수요를 말한다. 최종 소비자층보 다도 중간 유통단계에서 일어나는 경우가 많다.

**실수요**란 실제로 사용할 것을 전제로 물품을 구입하는 수요를 말한다. 지금 당장은 필요 없지만 장차 값이 오를 것을 예견해서 사두는 가수요에 대응하는 개념이다.

### 유효수요와 잠재수요

**유효수요**란 재화나 용역을 구입하기 위하여 지출한 금전적 가치의 수요를 말한다. 즉, 실제로 물건 을 살 수 있는 돈을 갖고 물건을 구매하려는 욕구를 말한다. 확실한 구매력의 뒷받침이 있는 수요이 다. 이에 대하여 구매력에 관계없이 물건을 갖고자 하는 것을 **절대적 수요**라고 한다. 또 돈이 있어 도 물자통제 때문에 물건이 손에 들어오지 않는다든지, 가격이 비싸서 손을 댈 수 없으나 싸지면 산 다든가, 소득이 증가하면 사겠다는 등 뭔가의 사정으로 표면에 나타나지 않는 수요를 **잠재수요**라 한다.

【참고: 공인중개사의업무및부동산거래신고에관한법률 시행규칙(2006. 6. 15. 부령521호 일부 개정령】

　　**월세임대차계약**에 관한 **중개수수료의 산정기준**이 되는 거래금액을 계산할 때 월차임에 **100을 곱**한 금액과 보증금의 합계액이 **5천만 원 미만**일 경우 위 합계액 대신 **월차임에 70을 곱한 금액**과 **보증금액의 합계액**을 거래금액으로 하도록 함으로써 소액 월세 임대차계약에 관한 중개수수료의 부담을 완화하려는 것이다.

## 토지공개념과 현 정부의 부동산제도 평가와 향후과제

부동산 중에서 토지는 **공익성**과 **사회성**이 강조되어 자기 토지라도 임의대로 사용할 수 없고, 법률에 의하여 국가나 지방자치단체에 있어서 일정한 제한이 필요하다. 이러한 토지의 공개념은 토지자원의 비생산성에서 기인하기도 한다. 나아가 정부는 2005년 8월 31일에 8·31 '서민주거안정과 부동산투기 억제를 위한 부동산제도 개혁방안'을 발표하고, 이 후 이러한 부동산투기 억제정책을 뒷받침하기 위하여 2006년 3월 30일에 '3·30 서민주거복지 증진과 주택시장 합리화 방안'을 발표하였다. 최근에는 이에 따른 후속 입법을 추진하였다.

## I. 토지공개념의 기초이해

### 1. 토지공개념의 정의

토지공개념은 국토의 보전·관리와 효율적인 토지이용 측면에서 토지의 **공익성**과 **사회성**을 강조한 것으로 1989년 토지공개념 3법의 도입으로 일반화되었다.

토지공개념연구위원회는 "토지의 개인적 소유권 자체는 인정하되, 그 이용을 공공복리에 적합하게 규제하여야 한다."라고 토지공개념을 정의하였다.

한정된 자원의 토지를 공공복리에 맞게 효율적으로 이용하기 위한 일반적인 개념 등으로 토지공개념 3법은 도입 당시의 여건에 부응하기 위한 공개념의 일부 수단이었다.

## 2. 토지공개념관련제도

(1) **토지이용**: 도시계획 등 각종 공간이용계획, 용도지역, 지구제 등 토지이용계획, 택지개발 등 각종 공공개발계획에 의한다.
(2) **토지거래**: 토지거래허가제, 농지취득자격증명제, 검인계약서, 실거래가 신고제도 등이 토지거래에서 필요하다.
(3) **토지관리**: 공시지가제, 토시수용 및 보상제, 등기의무화, 부동산실명제 등으로 말미암아 토지관리를 한다.
(4) **토지세제**: 개발부담금, 종합소득세, 양도소득세 등으로 징수한다.

## 3. 헌법적 근거

헌법은 공공복리를 위한 재산권 행사의 제한, 국토의 효율적 · 균형적 개발 및 이용을 위한 의무와 제한을 선언하여 토지공개념의 이념적 근거를 제시한다. 헌법적 근거로서는, 공공복리에 따른 재산권 **행사의 의무**(헌법 제23조 제2항), 공공복리를 위한 재산권의 **수용 및 사용, 제한**(헌법 제23조 제3항), 국토의 균형 있는 개발과 이용을 위한 필요한 **계획수립의무**(헌법 제120조 제2항), 국토의 효율적이고 균형 있는 이용, 개발과 보전을 위한 필요한 **의무와 제한**(헌법 제122조)을 근거로 들 수 있다.

## 4. 토지초과이득세(토지초과이득세법)

### (1) 목적

각종 개발사업 기타 사회경제적 요인으로 유휴토지 등의 지가가 상승하여 소유자가 얻는 초과이득을 조세로 환수함으로써 조세형평과 지가안정 및 토지의 효율적 이용 도모가 목적이다.

**정상과세는** 3년 단위로 부과하되 지가가 전국평균지가상승률 3년 만기 정기예금이자율 중 높은 부분을 초과하는 경우에 부과하며, **예정과세는** 1년 단위로 국세청장이 지정하는 지가급 등지역에 부과한다. 이때에 **세율은** 초과분의 50%로 한다.

## (2) 연혁 및 위헌 결정

□ **제정** 1989. 12. 30.
□ **헌법불합치결정**: 1994. 7. 29.
 - 미실현이득에 대한 과세, 과세표준의 포괄적인 시행령위임으로 조세법률주의 위반 등
 - 이후 초과누진세율 도입, 공제범위 확대 등, 유휴지 범위축소 등 토지초과이득세법 개정
□ **폐지**: 1998. 12. 5.
 - 과세수입이 거의 없고 IMF 외환위기에 따른 부동산시장 침체로 폐지

## 5. 택지소유상환제도(택지소유상환에관한법률)

### (1) 목적

택지를 소유할 수 있는 면적의 한계를 정하여 국민이 택지를 고르게 소유하도록 유도하고 택지의 공급을 촉진함으로써 국민의 주거생활의 안정을 도모함

### (2) 내용

□ **대상**: 6대 도시에 가구당 200평 이상의 택지를 소유한 개인
 - 법인은 6대 도시 내 택지소유를 원칙적으로 금지하되 고유목적의 사업, 사택건축의 경우 에만 허용
□ **과세**: 공시지가의 7~11%에 해당하는 초과소유부담금 부과(주택부속토지는 7%, 나대 지는 11%)

### (3) 연혁 및 위헌결정

□ **제정**: 1989. 12. 30.

□ **폐지:** 1998. 12. 20.

-IMF 외환위기에 따른 부동산시장의 침체로 폐지

□ **위헌결정:** 1999. 4. 29.

-소유상한을 지나치게 낮게 설정, 법 시행 이전에 택지를 구입한 경우도 일률적으로 과세, 무기한 부담금부과로 재산권의 과도한 제한 및 평등원칙 위배

## 6. 개발부담금제(개발이익환수에관한법률)

□ **제정:** 1989. 12. 30.

□ **완화:** 부과율을 당초 50%→25%(2000년 1월부터 시행)

□ **부과중지:** 비수도권은 2002년 1월부터, 수도권은 2004년 1월부터 부과중지(부담금관리 기본법 부칙)

-기업활동 촉진 및 준조세경감방안의 일환으로 부과중지

□ **합헌판결:** 2001. 2. 22.

-개발이익의 일부는 불로소득적인 이익이므로 보호가치가 크지 않은 반면, 개발부담금제도의 목적에 비추어 부담금의 공익적 가치가 매우 중요

## 7. 토지거래허가제(국토의계획및이용에관한법률)

### (1) 목적

허가구역을 지정하여 실수요자만이 토지를 거래하도록 함으로써 토지의 투기적 거래 방지 및 토지시장안정 촉진

### (2) 내용

□ **대상:** 허가구역 내에서 일정 면적 이상의 토지를 거래하는 경우

-도시지역: 주거지역 180㎡ 초과, 공업지역 660㎡ 초과, 상업지역·녹지지역 200㎡ 초과

-비도시지역: 농지 1,000㎡ 초과, 임야 2,000㎡ 초과, 기타 500㎡ 초과

□ **기간:** 5년 이내

□ **허가권자**: 시장, 군수, 구청장
□ **허가기준**: 실수효 여부, 이용목적의 적정성, 취득면적의 적합성

### (3) 연혁

□ **도입**: 1978. 12. 5.(국토이용관리법 개정)
□ **시행**: 1985. 8. 5. 대덕연구단지 건설에 따른 투기 방지
□ **현행**: 2003. 10. 현재 수도권·충청권 등 전국에 지정된 허가구역은 총 14,836,106㎢ (4,487,9백만 평)으로 전 국토(99,852,740㎢)의 14.9%
□ **합헌결정**: 1989. 2. 22.

 -토지거래허가제는 재산권의 부정이 아니라 제한의 한 형태로서 투기적 거래의 억제를 위해 부득이한 것이므로 본질적인 침해가 아니고 비례조항·과잉금지 등의 원칙에도 위배되지 않음

## 8. 종합토지세(지방세법)

### (1) 목적

 전국에 분산·보유하고 있는 각 토지를 합산하여 과세함으로써 조세형평성 제고 및 불필요한 토지보유를 방지

### (2) 내용

□ **과세대상**
 -**종합합산과세**: 전국의 소유토지 중 별도합산과세 및 분리과세 대상토지를 제외한 토지를 모두 합산
 -**별도합산과세**: 일반 영업용 건축물 부속토지를 합산
 -**분리과세**: 생산용지(농지·공장용지) 및 사치성 토지(골프장·별장 등)는 각각의 토지에 대해 분리과세

 ※ 교육세(20%), 농어촌특별세(10~15%), 도시계획세(0.2%)가 부가, 공공사업, 지방공단,

주공 분양용 소규모 주택은 면세 또는 감면

□ **과세표준**: 개별공시지가×적용비율(약36%)
□ **부과방법**: 행정자치부의 지적전산망을 통해 소유자별 토지가액을 합산하여 세금을 계산한 후 각 지자체에 배분

## Ⅱ. 8·31 부동산정책의 평가

8·31 부동산정책의 평가에 대하여 건설교통부가 2006년 3월 30일에 발표한 보도자료에 따르면 첫째, **부동산거래 투명화 기반 구축**을 들 수 있다. 건설교통부는 8·31 후속조치로 **부동산실거래가신고제도** 시행(2006. 1.) 및 부동산등기 시에 등기부에 **실거래가기재**(2006. 6.) 등으로 부동산거래에 있어서 투명화 및 공평과세의 기반을 구축하였다.

둘째, **부동산세제의 합리화로 실수요 위주로 주택시장 재편**을 들 수 있다. 보유세 강화로 과세의 형평성 제고 및 부동산 과다보유를 억제[(보유세/실효세율(공시액 10억): 2006년 602만 원(0.6%)→2009년 815만 원(0.8%)]하고, 양도세 중과(2007. 1.) 등 철저한 투기이익 환수장치 마련하고, 이를 위하여 2006년도 하반기 이후 효과가 가시화되면 확고한 시장의 안정기조가 정착될 전망이다.[1]

셋째, **수도권 주택시장의 중장기 수급균형기반 마련**을 들 수 있다. 경기도 송파 등 공공택지 공급확대와 강북의 광역적 재정비를 촉진하는 방안 등으로 연평균 30만 호의 공급능력을 확보할 수 있는 기반을 마련한다.

넷째, **무주택 서민의 주거안정성 제고**를 들 수 있다. **분양가상한제** 확대로 무주택서민들의 내 집 마련의 기회를 확대하고, 다가구 매입임대 등 맞춤형 임대주택 등의 공급을 확대한다. 그러나 재건축시장의 불안 등 보완해야 할 점도 존재함을 지적하고 있다. 정책효과를 체감하지 못하고 있는 상황에서 재건축 규제완화 기대감은 여전해 강남권 재건축시장이 불안한 양상이 존재함을 볼 수 있다.

---

1) 2006년 6월 1일부터 보유세 부과기준일, 동년 7월 재산세, 동년 13월 종부세 부과, 2007년 1월부터 양도세 중과(2주택자) 및 실거래가 전면 확대·실시된다.

## III. 참여정부 부동산제도의 향후과제

### 1. 서민 주거복지 증진의 강화

서민 주거복지를 강화하기 위하여, 자력으로 주택문제 해결이 곤란한 시장소외계층에 대한 체계적인 주거복지지원 시스템을 구축할 필요가 있고, 거주개념의 주거문화정착을 위한 임대주택의 비축을 확대·실시하며, 공공택지 공급제도의 합리화 등을 통해 신규아파트의 분양가격 인하를 유도할 방침이다.

이를 위하여 첫째, **저소득층·취약계층**의 주거안정지원방안으로, 영세민 전세자금으로 주택기금에서 주택금융공사의 보증서 등을 담보로 저리(2%)의 **전세자금지원**을 계속하고, 영세민 전세자금 수혜가구를 6천 호 이상 확대할 수 있도록 대출방식을 다양화할 필요가 있으며, 이를 위해 세입자·은행 공동명의 전세계약의 체결방식과 세입자의 전세금 반환채권을 은행에 양도하는 방식 등을 도입한다. 최저소득계층을 위해 다가구 주택을 매입(다가구 주택 밀집지역, 수요자 선호도가 높은 지역을 우선 매입)하여 저렴하게 임대한다. 이는 2015년까지 매년 4,500호(총 5만 호)를 계획대로 공급하되, 수도권에 많은 물량을 배정하고 특수취약계층[2]을 우선 지원하는 것을 목표로 하고 있다. 그리고 주택복권자금지원을 확대하고 **지자체 참여** 등을 통해 연 4,500호 수준으로 확대하는 정책으로 저소득 취약층 등 수요자가 원하는 집을 주택공사가 전세계약을 체결한 후 시중임대료의 절반 이하로 전세·임대하는 방안을 강구한다.

둘째, **아파트분양가 인하방안**으로, 2006년 2월 **분양가상한제** 전면 확대로 고분양가와 건설업체의 과다이윤문제는 상당 부분 해소되었으나, 택지조성원가 및 공급가격 인하를 통해 서민의 내 집 마련을 보다 쉽게 하고 주변 집값 안정까지 도모할 필요가 있어, 택지사업시행 시 감정평가기준을 강화하고, 행위제한 시점을 조기화하여(지구지정일에서 공람공고일로)[3] 용지보상을 합리화할 방안이다. 또한 합리적 녹지기준, 광역기반시설비용 합리적 부담방안과 개발밀도기준 등을 마련하여 원가 절감하는 등의 택지조성비 절감을 위한 방안이다. 또한 25.7평 이하 서민용 분양주택용지의 공급가격을 인하하는 택지공급가격을 인하할 방안과[4]

---

2) 여기서 특수취약계층이라 함은 장애인, 미혼모, 가정폭력피해자, 갱생보호자, 아동복지시설 퇴소자 등을 말한다.
3) 주민추천과 시행자추천 감정평가사의 평가액 차이가 130%를 넘는 경우에 재평가하던 것을 앞으로는 110%를 넘는 경우 재평가를 의무화한다.

분양가상한제 적용 주택에 대하여 지자체에서 건축·토목·회계 등 전문가 검토를 거쳐 분양승인하는 분양가검증을 위한 방안을 통하여 서민주거복지에 기여한다.

셋째, 공공 부문의 **임대주택비축제도 확대방안**으로, 국민임대주택건설을 착실히 진행하면서, 도심 다가구 매입임대·전세임대 등 맞춤형 주거복지프로그램을 통해 2006~2012년까지 총 75만 호를 추가·확보하여 소형임대주택 비축을 지속적으로 추진하며, 재건축·도시재정비사업 등 시행 시 임대주택을 의무건설토록 하고, 이를 공공(주공·지자체)이 매입하여 비축하는 방안을 담고 있다. 한편, 중대형임대용지 공급이 본격화되는 2009년부터 건설물량의 50%(4,500호)를 주공 등 공공기관이 직접 건설하고,[5] 도심 중대형아파트 매물 및 미분양아파트를 주공이 매입·비축하여 임대주택으로 활용함으로써 중대형주택비축을 통해 주택에 대한 인식을 '<u>소유</u>'에서 '<u>거주</u>'로 <u>전환</u>시키고, 중대형 전월세가격의 안정을 도모하도록 한다.

**【참고: 부도공공건설임대주택 임차인 보호를 위한 특별법】**
　　　　**(법률 제8252호, 2007. 1. 19 공포, 2007. 4. 20 시행)**

## 1. 제정이유 및 주요내용

○ **제정이유**

**국민주택기금의 지원**을 받아 민간사업자가 건설한 **공공임대주택의 부도**로 인하여 **임대보증금을 환불**받지 못하고 주거불안을 겪고 있는 사회적 약자인 **저소득 임차인의 임대보증금 보호**와 주거불안 해소를 위하여 부도임대주택 임차인에 대한 임대보증금 보장과 장기간 안정적으로 거주할 수 있는 주거보장을 위한 대책을 마련하려는 것임.

○ **주요내용**

**가. 적용대상(제2조 제1항)**

이 법은 **2005년 12월 13일** 당시 임대 중인 공공건설임대주택으로서 이 법 시행일 이전에

---

4) 감정가격으로 하던 것을 앞으로는 조성원가+α(수도권 10%, 광역시 0%, 지방-10%)로 한다.
5) 판교, 송파 등 주택공영개발지구에는 주택공급물량의 10% 내외를 수급조절을 위한 중대형 전세형 임대로 추가·건설할 계획이다.

**"임대주택법" 제2조 제6호**의 부도 등이 발생한 임대주택에 한하여 적용함.

### 나. 부도임대주택의 매입방법(제5조)

부도임대주택은 주택매입사업시행자가 임차인과 **합의**한 경우 외에는 "민사집행법"에 따른 **경매**의 방법으로 매입하도록 함.

### 다. 임차인의 임대보증금 보전(제7조 제1항)

주택매입사업시행자는 임차인의 임대보증금에서 임차인이 경매 시 **배당받은 금액, 미납한 임대료**, 공용 부분에 대한 **미납 사용료** 및 관리비 등을 공제한 금액을 임차인에게 지급하도록 함.

### 라. 매입한 부도임대주택을 국민임대주택으로 공급(제10조 제1항 및 제2항)

주택매입사업시행자는 매입한 부도임대주택을 **국민임대주택** 등으로 공급할 수 있도록 하고, 부도임대주택의 임차인을 입주자로 우선 선정하도록 함.

### 마. 부도임대주택을 매입한 주택매입사업시행자에 대한 지원(제11조 제1항)

국가 및 지방자치단체는 주택매입사업시행자가 부도임대주택을 매입하는 경우 매입비용 등에 대해 국민임대주택건설자금지원 수준으로 주택매입사업시행자에게 재정 및 국민주택기금을 지원할 수 있도록 함.


**【참고: 부도공공건설임대주택 임차인 보호를 위한 특별법 시행령】**
    **(2007. 4. 19. 대통령령 제20010호)**

### 1. 개정이유

부도 등이 발생한 공공건설임대주택을 매입하여 국민임대주택 등으로 공급함으로써 임차인을 보호하고 주거안정을 지원하기 위하여 "부도공공건설임대주택 임차인 보호를 위한 특별법"이 제정(법률 제8252호, 2007. 1. 19 공포, 2007. 4. 20 시행)됨에 따라 임차인이 부도임대주택 등의 매입을 요청할 수 있는 요건 등 같은 법에서 위임된 사항과 그 시행을 위하여 필요한 사항을 정하려는 것임.

## 2. 주요내용

### 가. 임차인이 부도임대주택 등의 매입을 요청을 할 수 있는 요건(제2조)

(1) 법률에서 임차인이 부도임대주택 등의 매입을 요청할 수 있는 요건을 대통령령에 위임함에 따라 이를 정할 필요가 있음.

(2) 부도임대주택 등의 임차인대표회의가 **2008년 4월 19일까지** 설립신고를 하지 못하는 경우, 부도임대주택 등의 수가 **20호 미만**으로 임차인대표회의를 구성할 수 없는 경우, 임차인대표회의가 임차인으로부터 매입요청에 필요한 서류를 제출받은 날부터 **1년**이 되는 날까지 주택매입사업시행자에게 매입요청을 하지 아니한 경우에는 임차인이 직접 주택매입사업시행자에게 부도임대주택 등의 매입을 요청할 수 있도록 함.

(3) 부도임대주택 등의 임차인대표회의 설립신고나 매입요청의 지연 등으로 임차인이 피해를 입는 것을 방지할 수 있을 것으로 기대됨.

### 나. 부도임대주택 등을 국민임대주택 등으로 공급하는 경우의 입주자격과 임대조건(제3조)

(1) 법률의 위임에 따라 부도임대주택 등을 국민임대주택 등으로 공급하는 경우의 입주자격과 임대조건을 정할 필요가 있음.

(2) 입주자격은 "**주택공급에 관한 규칙**"이 정하는 입주자격에 따르도록 하고, 임대료 등의 임대조건은 "**임대주택법 시행령**" **제12조 제1항**에 따라 건설교통부장관이 정하여 고시하는 국민임대주택 등의 표준임대보증금 및 표준임대료를 따르도록 하되, 부도임대주택 등의 임차인이 계속 거주하기를 원하는 때에는 종전에 임차인과 임대사업자가 약정한 임대조건에 따라 **3년** 동안 임차할 수 있도록 함.

## 3. 시행일

이 영은 2007년 4월 20일부터 시행한다.

## 2. 재건축제도의 합리화

　재건축제도를 합리화하기 위하여 첫째, **투명성 제고** 및 **중앙정부협의권 강화**를 들 수 있다. 이를 위하여 재건축추진위원회 운영규정을 개정하여 추진위가 철거업자·설계자 선정을 하지 못하게 하고, 감사제도 강화 및 중도해산요건 완화 등을 추진하여 감독 강화를 도모하고, 시공자선정과정에서 입찰 최소참여업체(3~5개)규정, 입찰·낙찰절차 투명화, 물품·금품 제공 금지, 합동설명회 실시 등을 통하여 시공사선정과정에 투명화를 기한다는 것이다. 조합의 임원과 시공사자 간의 결탁, 설계변경 등을 통해 공사비를 부풀리는 등 사업과정상의 비리를 차단하기 위하여 재건축조합표준정관을 개정 및 재건축사업자 현지조사를 실시하고, 설계변경 등으로 공사비 증가 시 조합원동의 의무화, 조합임원 연임제한, 은행을 통한 동·호수 추첨 등을 통한 재건축사업과정에 대한 조사·감독을 강화한다. 또한 재건축정비기본계획 수립과정에서 지자체와 건교부 등 중앙행정기관 간의 실질적 협의를 강화한다.

　둘째, **안전진단절차·기준 합리화**를 들 수 있다. 이를 위하여 안전진단 실시 여부를 결정하는 예비평가를 시·군·구가 구성한 위원회(5~7인 전문가)에서 실시하였으나, 시설안전기술공단, 건설기술연구원 등 공적 기관이 예비평가를 실시토록 하여 객관성을 제고함으로써 예비평가의 신뢰도를 제고한다는 것이다. 그리고 부실진단에 따른 무분별한 재건축으로 자원낭비를 방지하기 위하여 진단결과 재검토 의뢰권한을 시·도지사로 상향조정하고, 건교부도 재검토 요청을 할 수 있도록 **도시 및 주거환경 정비법**을 개정하여 안전진단결과검증을 강화할 방안이다. 안전진단 시 일부 부관적 항목(경제성 등)을 이용, 재건축이 가능한 성능점수 이하로 평가하는 부작용을 방지하기 위하여 객관적 평가항목의 비중 확대 및 재건축 판정요건(성능점수) 강화하여 안전진단 시 재건축 판정기준 합리화를 기한다는 방안이다. 한편, 재건축을 위해 주민들이 고의로 주택수선을 기피하는 것을 방지하기 위하여 공동주택장기수선계획에 대한 지자체의 지도·감독을 강화하고, 지자체명령 불이행 시 벌칙을 가하도록 하여 공동주택의 장기수선 내실화를 기한다는 방안이다.

　셋째, **재건축개발이익 환수방안**이다. 이를 위해서는 재건축 대상 단지는 용적률 증가 등 개인노력과 무관한 요인으로 일반 아파트에 비해 큰 폭으로 상승하는 것이 일반적인 현상이다. 이에 따라 재건축 아파트 값이 오르는 악순환을 겪게 된다. 따라서 재건축 종료시점 집값과 착수시점 집값의 차액에서 개발비용과 정상상승률을 공제하여 산정한 개발이익의 일정 비율은 **불로소득적 성격**을 갖는 개발이익을 환수함으로써 투기수요를 차단하고 무분별한 재

건축에 의한 자원낭비를 없애는 방안이다.6)

## 3. 지속적인 주택공급의 확대

2012년까지 지속적인 주택공급의 확대를 위하여 다음과 같이 추진할 방안이다. 첫째, **수도권 공공택지 공급확대**를 들 수 있다. 이를 위하여 8·31 정책에 의한 수도권 추가확보물량(~2012년) 총 15백만 평 중 542만 평은 대상지를 이미 확정하였으며, 송파 신도시개발구상 발표(2005. 12. 27.) 후, 주민공람을 완료하고 현재 관계기관과 협의 중으로 2006년 6월에 송파 신도시(205만 평) 지구지정 예정이다. 그리고 양주 신도시확대개발 발표(2005. 11. 23.) 후, 주민공람을 거쳐 현재 관계기관과 협의 중으로 2006년 6월에 양주 신도시를 확대(185→319만 평)할 예정이다. 또한 김포 신도시의 경우 확대개발발표(2005. 10. 13.) 후, 관계기관 협의 등을 거쳐 지구확대 지정을 완료(2005. 12. 30.)하였으며, 2006년 6월부터 용지보상에 착수하고, 광역교통개선대책 등을 수립하여 2006년 12월 말에 김포 신도시 확대(155→358만 평)개발계획을 승인할 예정이다. 나머지 958만 평도 관계부처·지자체 등과의 협의를 통해 2007년까지 모두 확보할 방안이다.

둘째, **기존도심 광역적 재정비**를 들 수 있다. 이를 위하여 '**도시재정비 촉진을 위한 특별법**' 시행을 통해 교육·문화·교통 등 인프라를 획기적으로 개선하기 위한 재정비 촉진 구역 지정요건을 완화(호수밀도 등 개발구역 지정요건을 20% 범위 안에서 완화), 건축규제 등 완화(용도지역, 용적률, 층수 제한 등 완화),7) 병원·학원·본사무소 등 생활권시설에 대한 취득세·등록세 등 감면, 본사유치 촉진을 위해 과밀부담금 면제, 교육환경 개선을 위해 학교의 설치·부지매수에 대한 계획을 수립하고, 공영형 혁신학교 등을 적극 설립·유치, **도시계획전문 총괄계획가(Master Planner)제도** 및 주공 등 공공기관을 통한 사업추진 종합관리제도 활용, 개발이익 환수 및 투기 방지를 위한 특별법에 의한 인센티브로 증가된 용적률의 일정 비율을 임대주택으로 건설하고, 지구지정 일정 규모 이상 토지는 토지거래허가를 의무화하는 방안이다.

---

6) 따라서 이를 위하여 최근 국회에서는 '재건축초과이익환수에관한법률'을 개정하여 그 근거를 마련하였다.

7) 용도지역은 심의를 거쳐 전용주거지역을 일반 주거지역으로, 용적률은 조례에도 불구 국토의계획 및이용에관한법률 상한까지 완화 가능하도록, 층수는 제2종일반주거지역의 15층 층수제한규정 적용배제, 85㎡ 이하 주택 의무건설 비율을 완화(80→60% 이상) 등으로 한다.

셋째, **주택공급전망 및 공급촉진방안**을 들 수 있다. 이를 위하여 송파 신도시 등 8·31 정책을 착실히 추진할 경우 향후 5년간 수도권에 연평균 30만 호 공급이 가능하다. 다만 정책효과가 2007년 이후에 집중되어 2006년은 주택공급물량이 상대적으로 적을 것으로 예상되는 중장기 공급전망이다. 그리고 공공택지개발 촉진, 민간주택건설에 대한 규제 개선 등을 통해 주택공급물량 확대로 수도권 내 공급할 대규모 택지지구별로 사업추진단계별 애로요인을 지속적으로 파악, 범정부적 촉진방안을 모색한다.

## 4. 주택거래신고제도 내실화

부동산중개업법을 새롭게 **공인중개사의업무및부동산거래신고에관한법률**로 개정하여, 부동산 거래 시에 실거래가 신고제도의 도입으로 취득세·등록세가 전면 실과세됨에 따라 주택거래신고지역제도의 역할이 약화되었다. 그러므로 시장과열지역에 대한 투기적 수요유입을 차단하여 집값 안정을 도모하는 본래의 목적에 맞게 제도 보완(주택거래신고지역 내에서 거래 시 신고 항목 추가하고, 실거래가 외에 자금조달계획, 당해 주택에의 입주 여부 등)을 신고 항목을 추가하여 주택거래신고제도의 내실화를 기할 것으로 한다.

**【참고: 공인중개사의업무범위및부동산거래신고에관한법률】**

**제27조(부동산거래의 신고)**
① 거래당사자(매수인 및 매도인을 말한다. 이하 이 조에서 같다.)는 다음 각 호의 어느 하나에 해당하는 부동산 또는 부동산을 취득할 수 있는 권리에 관한 매매계약을 체결한 때에는 부동산 등의 실제 거래가격 등 대통령령이 정하는 사항을 **거래계약의 체결일부터 60일 이내**에 매매대상 부동산(권리에 관한 매매계약의 경우에는 그 권리의 대상인 부동산) 소재지의 관할 시장·군수 또는 구청장에게 공동으로 신고하여야 한다.(개정 2006. 12. 28.)
 1. 토지 또는 건축물
 2. "도시 및 주거환경 정비법" 제48조의 규정에 따른 관리처분계획의 인가로 인하여 취득한 입주자로 선정된 지위
 3. "주택법" 제16조의 규정에 따른 사업계획승인을 얻어 건설·공급하는 주택의 입

　　　　　주자로 선정된 지위

　② 중개업자가 제26조 제1항의 규정에 의하여 거래계약서를 작성·교부한 때에는 제1항의 규정에 불구하고 당해 중개업자가 제1항의 규정에 의한 신고를 하여야 한다.

　③ 제1항 또는 제2항의 규정에 의하여 신고를 받은 시장·군수 또는 구청장은 그 신고내용을 확인한 후 신고필증을 신고인에게 즉시 교부하여야 한다.

　④ 중개업자 또는 거래당사자가 제3항의 규정에 의한 신고필증을 교부받은 때에는 매수인은 "부동산등기 특별조치법" 제3조 제1항의 규정에 의한 검인을 받은 것으로 본다.

　⑤ 거래당사자는 중개업자로 하여금 제2항의 규정에 의한 부동산거래신고를 하지 아니하게 하거나 거짓된 내용을 신고하도록 요구하여서는 아니 된다.

　⑥ "주택법" 제80조의2의 규정에 따른 주택거래신고의 대상인 주택에 대한 거래계약의 경우에는 제1항 및 제2항의 규정을 적용하지 아니한다.

　⑦ 제1항 및 제2항의 규정에 의한 신고의 절차 밖에 필요한 사항은 건설교통부령으로 정한다.


## 5. 균형발전 촉진을 통한 주택수요 분산

　도시 내 균형발전을 위해서는, 기존 도시 내 낙후지역에 대한 광역적 재정비 등 종합적 발전방안을 강구, 삶의 질과 경쟁력 제고를 하여야 한다. 가령 강북의 광역 재정비 및 금융, 문화컨텐츠, 국제기능 등 중심의 특성화 발전전략을 추진하여 세계도시 육성의 핵심거점으로 개발하고, 지방 기성시가지의 재정비 등 도시의 활력 증진을 위한 종합대책 강구, 도시과밀의 억제를 위한 도시계획적 관리방안도 검토하여야 한다. 한편 수도권 내 균형발전을 위해서는, 서울 일부 집중형 구조를 자족성이 높은 지역생활권 중심의 **다핵분산형** 공간구조로 개편하기 위해 수도권의 계획적 관리방안 및 광역교통망계획과 연계 수도권 외곽에 고급업무·생산기능을 갖춘 생활권을 육성한다는 방안이다. 따라서 국가 균형발전을 위해서는, 행정도시, 혁신도시, 기업도시 등 지방화시책을 촉매로 지방 주거여건을 개선하고 지역경쟁력을 제고하는 방안이다.

## Ⅳ. 참여정부 부동산제도의 평가와 과제

8·31 부동산정책에서 서민주거안정과 부동산투기 억제를 위한 부동산제도의 개혁방안을 발표하면서 부동산투기대책에 대한 기본구상과 추진방향을 발표하였다. 이를 위하여 3·30 부동산정책에서 서민주거복지 증진과 주택시장 합리화 방안을 제시하였다. 이에는 서민주거 복지 강화를 위한 방안과 재건축제도에 대한 근본적인 개선방안, 그리고 8·31 주택공급정책에 대한 효과를 조기화하여 균형발전의 촉진을 통한 주택수요를 분산하는 것을 목적으로 하고 있다. 이를 뒷받침하기 위한 입법으로는 **주택법**(분양가상한제 확대, 원가공개대상 및 항목 확대, 전매제한기간 확대, 주택공영개발지구 지정), **국민임대주택특별조치법**(국민임대단지 규모 확대, 국민임대주택 비율 축소), **도시 및 주거환경 정비법**(도심지 광역 재개발 추진), **국토의계획및이용에관한법률(**이용의무 위반에 대한 벌금 강화, 이용의무 위반 신고포상제 도입, 비도시지역 개발행위허가 적용), **재건축초과이익환수에관한법률**(개발부담금 부과), **토지보상법**(투기우려지역 부재지주 채권보상), **기반시설부담금법**(기반시설부담금 부과), **종합부동산세법**(종부세 과세 강화), **소득세법**(양도세 과세 강화), **지방세법**(거래세의 1%로 완화, 재산세 과표 적용률 5%p 상향), **부동산등기법**(부동산등기부 실거래가 기재) 등을 새롭게 정비할 방안이었으나, 2006년 5월 2일 임시국회에서 '**도시 및 주거환경 정비법 개정안**'과 '**도시 및 주거환경 정비법 개정안**'만이 통과되어 후속입법이 아직 미미한 상태이었으나 최근 종합부동산세법 및 소득세법 등이 개정되어 어느 정도 보완되었다.

【참고: 주택법(일부개정 2007. 7. 19. 법률 제8534호)】

◇개정이유 및 주요내용

**임대자사업자**가 전세권 설정, 선순위 담보물권의 해소 등 임차인을 보호하기 위한 요건을 갖춘 경우에는 임대보증금에 관한 보증에 가입하여야 하는 보증대상액을 조정할 수 있도록 하여 임대사업자의 **보증가입을 유도**하고, **임대주택분쟁조정위원회**의 구성 및 조정에 관한 사항을 정하는 한편, 2002년 12월 26일에 임대주택에 대한 저당권 설정 등을 제한하는 제도가 도입되면서 이를 그 시행일인 2003년 6월 27일 이후 사업계획승인을 얻어 건설하는 임대주택부터 적용하도록 하였는바, 동 제도의 도입 당시 적용에서 제외되었던 임대주택에 대해서도 임대사업자로 하여금 분양전환 이전까지 제한물권의 설정이나 압류·가압류·가처분 등이 금지된다는 내용의 등기를 **2007년 7월 31일까지** 신청하도록 하는 등 현행 제도의 운영상 나타난 일부 미비점을 개선·보완하려는 것임.

# 부동산교육의 필요성

국민의 정부에 있어서 IMF를 거쳐, 참여정부에 있어서는 카드대란에 이어 부동산가격의 폭등이라는 놀라운 경제현실을 경험하게 되었다. 이러한 문제점이 노출되면서 특히 경제적으로 어려운 서민경제에 크나큰 충격을 안겨 주었다. 그러므로 부동산교육을 통하여 부동산과 인간과의 관계악화를 개선함으로써 각 개인의 삶의 질을 향상시킬 수 있는 방안이 필요하다. 따라서 일반 서민들에게 부동산교육은 반드시 실시해야 할 과제라고 할 수 있다.

## I. 머리말

참여정부에 들어와 **부동산정책**에 대하여 여러 가지 문제점이 노출되고 있다. 특히 강남지역의 아파트가격의 폭등과 대전지역의 부동산투기의 양상 등 전국적으로 대도시 근교에는 예외 없이 부동산가격이 폭등하는 문제점이 나타나고 있다. 이러한 문제점에도 불구하고 부동산은 우리 생활에 있어서 필수불가결한 자산임은 두말할 필요가 없을 것이다. 역시 부동산은 자산가치 측면에서만이 아니라 금융이용 측면에서도 우리 생활에 중요한 역할을 하게 된다.

그러므로 『**부동산재테크의 이론과 실제**』라는 과목을 이해하기 위해서는 먼저 부동산이 어떠한 것이며, 어떤 특성에 따라서 어떻게 부동산을 이용해야 유효한 부동산의 **이용**과 **관리**가 가능한가에 대하여 검토할 필요가 있게 된다. 따라서 이하에서는 부동산의 의의·특성에 대하여 살펴보고, **토지공개념**과 부동산의 문제점을 도출하여 앞으로 부동산교육의 필요성에 대하여 검토하기로 한다.

## Ⅱ. 부동산의 의의

일반적으로 부동산이란 위치가 고정되어 장소적 이동이 어렵고 현금화하기 쉽지 않은 재산으로서 '**토지 및 그 정착물(건물)**'을 말한다. 부동산 이외의 물건은 동산이다. **토지**란 정당한 이익이 있는 범위 내에서 공중공간과 지하공간을 포함하는 **입체공간**을 말한다. **정착물**이란 계속적으로 토지에 부착하여 그 상태에서 사용됨이 사회관념상 인정되는 물건을 말한다. 정착물 중 건물은 항상 독립된 부동산이고, 기타 수목 등은 특별법에 의해서 부동산으로 취급할 수 있다. 건물은 단독주택, **공동주택**(아파트, 연립, 다세대), 빌딩, 상가 등을 의미하고, 건물이냐 아니냐는 사회통념에 따라서 정한다.

☞ **공동주택(다세대, 연립, 아파트)이란**

### 1. 다세대주택

**4층 이하**이며 연면적이 **660㎡(200평) 이하**인 주택을 말하며, 2세대 이상의 주택으로 분양이 가능하며 공동주택에 포함된다.

### 2. 연립주택

전체 층이 **4층 이하**이면서 연면적이 **660㎡(200평)를 초과**하는 주택이다. 분양이 가능하고 공동주택으로 분류된다.

## 3. 아파트

주거 부분이 **5층 이상**의 모든 주거용 건축물로 공동주택에 속한다.

### 다가구주택이란

**3층 이하**이고 연면적이 **660㎡(200평) 이하**인 주택으로 2세대 이상에서 19세대 이하로 지을 수 있으며, 가구별 분양이 불가능한 단독주택으로 구분된다. 그러나 1층이 주차장이면 4층까지 건축할 수 있다.

* 부동산(real estate)은 기본적으로 자연적 측면에서의 realty와 법률적 측면에서의 property가 혼재된 개념이다.

㉠ **Real** – 부동산의

㉡ **estate** – 재산권, 사망자의 유산 등으로 쓰이고, 법률상의 이익의 뜻으로 사용

㉢ **Real estate** – 부동산의 물리적 측면 강조

㉣ **Real property** – 부동산의 여러 가지 권리의 묶음을 나타낸다.

### ○ 범위의 정의

① 원시적인 부동산의 정의

물리적 토지개념(Real Estate)을 나타낸다.

② 현대적인 부동산의 정의

법률적 개념(토지)의 부동산(Real Property)으로 **권리나 이익**의 향유대상으로 파악된다.

### ○ 현대적 부동산의 범위: 협의의 부동산 즉, **토지 및 건물**을 말한다.

① 좁은 뜻의 부동산

민법상의 부동산(민법 제99조 1항) 즉, '**토지 및 그 정착물**'을 말한다. 따라서 토지와 그 지상부가물을 말한다.

② 넓은 뜻의 부동산

좁은 뜻의 부동산과 준부동산(의제부동산)을 합친 개념이다.

☞ **준부동산(의제부동산)이란**

① **의의**

사회통념상 부동산과 같이 규율할 필요가 있는 특정의 동산 또는 동산과 일체로 된 동산의 집단을 준부동산 또는 의제부동산이라 한다.

② **요건**

등기·등록의 **공시방법**을 갖추어야 한다.

③ **기준**

**내구적 성질**이 있어야 한다. **경제적 가치**가 커야 한다. **소재가 확실**해야 한다. **독점적 성격**이 있어야 한다.

④ **종류**

　㉠ 공장재단

공장에 속하는 토지, 공작물, 기계, 지상권, 전세권, 공업소유권(특허권 등) 등의 기업용 재산을 하나의 집합물로 보아 **"공장저당법"**에 의해 **보존등기**를 하게 되면 1개의 부동산으로 취급되어 **소유권**과 **저당권**의 객체가 된다.

　㉡ 광업재단

광업권 및 광물을 채굴, 취득하기 위한 여러 설비와 이에 부속하는 사업의 설비로 구성되는 **일단의 기업재단**에 대하여 **"광업재단저당법"**에 의해 **보존등기**를 하였을 때는 공장재단과 마찬가지로 1개의 부동산으로 취급되어 **소유권**과 **저당권**의 객체가 된다.

　㉢ 입목

수목 중 **"입목에관한법률"**에 의하여 **보존등기**를 마친 입목의 집단은 토지와 별개로 **소유권**과 **저당권**의 객체가 된다.

　㉣ 어업권

어업권은 **"수산업법"**에 의해 **면허** 또는 **허가**를 받아 공유수면에서 수산 동·식물을 **독점적·배타적**으로 채취·포획 및 양식할 수 있는 권리도 부동산으로 간주하여 다루어진다.

　㉤ 선박(20톤 이상)

20톤 이상의 선박은 **"선박등기법"**에 의해 **등기**를 하게 되면 부동산에 준하기 때문에 **소유권**과 **임차권** 및 **저당권**의 객체가 된다.

　㉥ 자동차·항공기·건설기계

등기·등록 등의 공시방법을 갖추면 부동산에 준한다. 부동산에서 특히 토지는 그 특성 때문에 자산가치 면에서 아주 중요하므로, 등기하여야만 **물권변동**의 효력이 생긴다. 다만, 상속·공용징수·판결·경매 기타 **법률규정**에 의한 취득 시의 물권의 변동은 등기를 요하지 않으나 등기를 하지 않으면 처분할 수 없다.

## III. 부동산의 교육의 필요성

### 1. 부동산문제

부동산문제란 **부동산과 인간과의 관계악화의 제 문제**를 말한다(지가상승, 부동산투기, 국토이용의 문란행위, 환경파괴, 주택의 공급의 부족, 부동산거래질서의 문제, 부동산거래사고 등). 부동산문제의 구체적인 내용은 나라, 시대, 사람의 견해에 따라서 다양성이 있으나 오늘날 우리나라가 안고 있는 **과제(issue) 중** 하나에 해당하기도 한다.

부동산문제가 한 나라의 존속 및 발전상의 과제이고 이로 인하여 '**인간과 부동산의 관계**'가 악화되고 있다면 우리들은 이를 해결하기 위한 노력을 게을리 하지 말아야 한다. 토지는 **도시토지**와 **농촌토지**로 대별된다. 전자는 택지가 중심이 되어 **도시택지문제**를 야기하고, 이를 대상으로 행하는 부동산활동은 보다 **집약적**(集約的)이다. 후자는 주로 농경지를 중심으로 되어 **농촌토지문제**를 이루며 이를 대상으로 하는 부동산활동은 비교적 **조방적(粗紡的)**이다. 그리고 토지문제는 **물리적 토지문제**와 **경제적 토지문제**의 양면성을 띠고 있다.

☞ **토지의 집약적 이용과 조방적 이용이란**

**토지의 집약적 이용**이란 토지이용의 집약도가 높은 이용을 말한다. 토지의 집약도란 단위면적당 투입되는 노동과 자본의 크기를 말한다. 자본의 대체성이 크면 집약적 토지이용이 된다. 토지이용의 집약도가 증가하는 요인으로는 도시적 토지이용, 인구 증가로 인한 토지수요의 증가, 규모의 경제로 인한 토지이용의 능률향상, 지가상승, 경영효율의 증대 등을 들 수 있다.

**토지의 조방적 토지이용**이란 토지이용의 집약도가 낮은 토지이용을 말한다. 비도시적 토지이용을 들 수 있다.

## 1. 부동산문제의 내용

① 토지문제

    ㉠ 토지문제의 양면성 – 물리적 토지문제와 경제적 토지문제

    ㉡ 토지의 부족문제 – 물리적 토지문제(토지의 유한성, 부증성)

    ㉢ 지가고의 문제 – 경제적 토지문제

    ㉣ 토지이용의 비효율성

    ㉤ 분배의 부적성(토지소유 및 수익의 불공평성)

    ㉥ 관리의 비원활화

    ㉦ 토지투기문제

② 우리나라의 토지문제

    ㉠ 토지수요의 급증현상

    ㉡ 토지소유의 편중현상

    ㉢ 지가고와 토지투기현상

    ㉣ 토지이용의 비효율화 현상

    ㉤ 개발이익의 사유화 현상

③ 주택문제

    ㉠ 주택문제의 접근방법

경제적 접근방법, 물리적 접근방법, 사회적 접근방법, 건축공학적 접근방법

    ㉡ 양적 주택수요의 증가요인

인구의 증가, 핵가족화 현상, 기존주택의 노후화, 공공사업 등에 의한 주택의 철거 및 전용, 필요 공가율의 증가, 결혼·이혼율의 증가와 재혼율의 감소

    ㉢ 질적 주택수요의 증가요인

생활태도의 변화, 주민의 소득 및 생활수준의 향상에 따른 고급주택수요의 증가, 주택의 구조변화에 따른 방수 및 거주면적의 증가에 따른 주택수요의 증가, 부대시설의 확충 등에 따른 주택수요의 증가, 신축건축자재의 개발, 주택금융의 확대

## 2. 부동산문제의 특성

① 악화성향

② 비가역성

③ 지속성

④ 해결수단의 다양성

⑤ 복합성

⑥ 공간적 광범위성

⑦ 시차와 경로의 복잡성

⑧ 자기증식성

☞ **비가역성(非可逆性)이란**

### 1. 비가역성의 의의

어떤 부동산문제가 한번 악화되면 이를 완전한 옛 상태로 회복하기는 사회적·경제적·기술적으로 매우 어렵다는 것이다. 따라서 우리는 어떤 부동산문제의 악화된 후에 해결하려고 할 것이 아니라 사전에 방지하는 방향으로 노력하여야 한다.

### 2. 비가역성의 특징

지가가 폭등하면 폭등한 지가수준에서 경제상태가 형성된다. 인간의 역사가 계속되는 한 토지이용에 관한 여러 가지 문제는 필연적으로 지속성을 가진다.

도시문제에서 파생되는 여러 가지 부동산문제는 그 원인문제가 지속되는 것처럼 지속성을 가진다. 부증성의 특성을 갖는 토지에 대한 수요증대는 수급불균형의 현상을 지속시킨다.

## 2. 부동산교육의 과제

부동산문제는 어느 사회에서도 소홀히 할 수 없는 중요하고 고도의 어려운 과제이다. 부동산문제의 해결을 위한 **'수단의 다양성'**에서 지적하는 바와 같이 부동산문제를 해결 또는 개선하기 위해서는 여러 가지 수단이 동원될 수 있겠지만, 저자는 그러한 노력을 학문적으로 뒷받침하기 위한 노력의 중요성을 강조하고 싶다.

선진국이고 잘사는 나라일수록 부동산교육이 철저히 되어 있음을 알 수 있다. 특히 미국, 영국, 독일, 케나다, 독일, 일본 등에서는 부동산교육이 활발히 진행되고 있는데, 그중에서 미국과 영국은 **판례법**을 중심으로 하는 살아 있는 부동산정책이 나옴으로써 국가의 부동산정책이 예측가능하게 되는 모범적인 국가이다.

이에 반하여 우리나라에서는 부동산교육이 4년제(15개 대학교), 2년제(18개 대학), 대학원(12개 대학)에서 부동산교육이 행하여지고 있으나, 기존의 주변 학문들의 결합형으로 부동산교육만의 독자적인 교육이 미숙한 것이 현실이다. 그러므로 부동산학사 또는 부동산전문학사 학위가 아닌 행정학학사 혹은 경영학학사 학위를 받게 되는 문제점 등을 안고 있다. 이러한 기형적인 부동산교육은 **공인중개사제도**라는 자격제도를 주로 **사교육**에 의존하게 됨으로 부동산시장의 불안정과 거래질서의 문란, 부동산거래사고의 빈발 등의 문제점을 일으키고 있는 것이 오늘날 우리나라 부동산시장의 실상이다.

따라서 부동산교육이 필요한 이유에 대하여 필자의 개인적인 견해를 밝히면 다음과 같다.

### (1) 부동산학은 종합응용과학이다

법학, 행정학, 경영학, 통계학, 도시 및 지리학, 지적학 등 주변 과학의 기초이론을 전제로 하는 종합학문이므로 우리의 일생생활에 반드시 필요한 학문이다.

### (2) 부동산관련법령의 체계적인 이해가 필요하다

부동산관련법령이 광범위하고 방대하여 체계적인 교육이 필요하다. 뿐만 아니라 정권이 바뀌거나 장관이 바뀌면 부동산관련법령이 자주 바뀌게 되는데 이를 전문적으로 연구하는 학위과정이 부족하다.

### (3) 부동산정책이 자주 변화하고 있다

정부 혹은 지방자치단체의 부동산정책이 일관성을 가지고 추진하지 못하고 경제사정 및 사회여론에 따라서 자주 변화하게 됨으로 일반 국민들의 피해가 발생한다. 그러므로 일반 국민들에게 부동산정책에 대한 올바른 교육과 지원이 필요하다.

### (4) 부동산전문가의 양성이 필요하다

부동산전문가라 하면 법무사, 감정평가사, 공인중개사를 말하는 것이 일반적이다. 따라서 이러한 전문가에 대한 교육 및 재교육이 반드시 필요하다.

### (5) 제주도의 특성에 맞는 부동산정책이 반드시 필요하다

제주특별자도의 지역적 특수성에 알맞은 부동산정책에 따른 교육이 필수적이라 할 것이다.

### (6) 부동산문제의 발생에 따른 해결수단의 다양성이 있다

부동산문제가 발생한 경우에도 그 해결수단이 다양하므로 그 해결수단에 대한 전문교육이 필요하다.

### (7) 부동산거래사고에 대비한 사전적 예방교육이 필요하다

부동산거래에서 정보가 공개되지 않고 은밀하고 비밀스럽게 행해지는 특수성을 가지고 있으므로 부동산교육이 무엇보다도 절실하다고 할 수 있다.

### (8) 부동산관련문제가 발생하는 경우에 전문상담기관이 필요하다

부동산거래 시에 사전에 전문가의 상담을 통한 부동산거래를 하여야 하나, 앞에서 검토한 바와 같이 부동산거래는 정보를 노출시키지 않으려는 특수성으로 인하여 부동산거래사고가 빈번히 발생하고 있다. 그러므로 **대학 및 연구기관**에 부동산전문상담기관이 필요하다.

## 꿈이 있기에

나라고 하여
왜 쓰러지고 싶은 날들이 없었겠는가.
맨몸뚱이 하나로 가장 밑바닥에서 부대끼면서
때로는 포기하고 싶었고, 쓰러지고 싶었고,
나 자신을 버리고 싶을 때도 있었다.
하지만 그때마다 나를 버틸 수 있게 했던 힘,
그것은 바로 스스로에 대한 사랑과 긍지였다.
그리고 아주 오래전부터 꾸어 왔던 꿈이었다.
꿈은 나를 어둡고 험한 세상에서
빛으로 이끈 가장 큰 힘이었다.

-김희중의 『가슴이 따뜻한 사람과 만나고 싶다』 중에서-


* "나라고 해서
왜 쓰러지고 싶은 날이 없었겠는가."
누구나 한 번쯤 신음소리처럼 토해 내는 외마디 비명입니다.
저도 마찬가지입니다.
그 자리에 그냥 팍 쓰러지고 싶을 때가 있습니다.
그래도 다시 힘을 내는 것은 꿈 때문입니다.
꿈이 있기에 다시 일어설 수 있고,
그 꿈을 함께하는 사람들이 있기에 오늘도
한 걸음 더 앞으로 힘차게 걸어갈 수 있습니다.

# 부동산거래의 기초 법률지식

부동산거래에 있어서 계약을 할 때 보통 매도인은 재산권을 이전할 의무를 부담하고 매수인은 대금을 지급할 것을 약정함으로 성립한다. 이럴 경우에 계약서 작성에 있어서 주의할 여러 가지가 있다. 계약은 서면에 하지 않아도 계약은 성립하지만 서면에 의한 계약서가 없는 경우에 사후에 분쟁이 생기는 경우에 문제가 된다. 그러므로 대금의 지급에 있어서 영수증 작성과 보관에 주의할 점 등을 잘 알아야 한다. 나아가 금전을 차용하는 경우에 차용증서를 작성하는 방법 등에 대해서도 확실하게 알아야 한다.

## Ⅰ. 부동산거래에 있어서 금전거래의 중요성

현대사회에서 **자본**의 조달은 가정이나 기업이나 국가를 막론하고 그 존립과 발전을 위한 필수불가결의 조건이 된다. 그러므로 사회생활을 하는 사람이면 누구든지, 그가 부자이건 가난한 사람이건 간에 돈거래를 하지 않고는 살아 나갈 수 없다. 그러나 **금전거래**에 관한 법률지식은 거의 없거나 도외시하는 것이 보통이다.

우리는 금전거래를 잘못하여 기업이나 개인이 **파산**하는 경우를 종종 보게 된다. 특히 악덕 사채업자를 만나서 원금과 이자는 물론 그보다 훨씬 더 많은 돈을 갚고도 자신이 어렵게 이루어 놓은 기업마저 **빼앗기는** 경우도 종종 있다. 어떻게 하면 이렇게 손해를 보지 않고 금전거래를 잘할 수 있을까? 이것은 조금만 주의하면 별로 어려운 일은 아니다.

금전거래는 불화의 근원이라는 말이 있다. 가까운 친구나 친척 사이가 불명확한 금전거래로 인하여 사이가 나빠지는 경우가 많기 때문이다. 거래관계는 명확해야만 **분쟁**을 미리 예방할 수 있으며, 예측하지 못한 손해를 보는 경우를 최소한으로 줄일 수 있다. 잘 아는 사이라 할지라도 상세한 문서를 작성하여 교환하는 것이 거래관계를 명확히 하는 가장 좋은 방법이다.

우리가 집이나 밭을 계약할 때는 **계약서**를 작성하여 주고받는 것이 보통이다. 마찬가지로 돈을 주고받을 때에도 차용금증서나 영수증을 반드시 작성하고 즉석에서 확인하는 것이 바람직하다. 그러한 관행은 조금도 소심하거나 부끄러운 일이 아니라 문화인의 자랑이라 할 수 있다.

## II. 계약서 작성하기

### 1. 계약서는 꼭 써야 하는가?

계약서를 꼭 작성해야 하는 이유 중의 하나는, 계약서가 없으면 계약이 있었다는 사실이 인정되지 않는 경우가 있기 때문이다. 또한 계약의 내용이 중요하고 복잡할 경우에 계약내용을 정확하게 기록한 계약서가 없다면 시간이 지난 후에 정확한 계약내용이 생각나지 않아 계약당사자들끼리 분쟁이 생길 수도 있다. 따라서 이런 경우를 대비하여 계약서를 미리 작성해 놓으면 장차 분쟁이 생길 수 있는 여지가 사라지게 된다. 특히, 계약서를 작성한 후 **공증**을 받아두면 계약서의 **증거력**은 더욱 확실해진다.

### 2. 계약서 작성 시 주의할 점

① 사전조사를 철저히 하자

계약 체결 전 단계에서는 계약의 대상 또는 내용에 대한 충분한 사전조사가 필요하다. 예컨대 **건물매매계약**을 할 때에는 건물의 구조, 내용연수, 접근성, 방향 등을 미리 알아보는 것이 좋으며, **근로계약**을 할 때에는 급료, 근무시간, 퇴직금 등을 미리 알아보는 것이 좋고, 은행에 **예금**을 할 때에는 이자가 얼마인지, 자유롭게 찾아 쓸 수 있는지, 중도 해지할 때에는 손해가 없는지 등을 꼼꼼히 알아보는 것이 좋다.

② 전문가 등의 자문을 받자

큰 회사와 계약을 할 때에는 상대방이 제시하는 이미 인쇄된 계약서(이를 '**보통거래약관**'이라 한다)를 가지고 거래하는 경우가 많은데, 그 계약서의 내용이 어렵고 복잡하여 잘 읽어보지도 않고 계약하여 낭패를 보는 경우가 종종 있다. 이 경우 상대방에게 **설명**을 요구할 권리가 있으므로 상대방으로부터 충분한 설명을 들어야 하며, 경우에 따라 전문가에게 상담하는 것도 좋은 방법이다.

③ 정당한 상대방인지 확인하자

계약을 체결할 때에는 먼저 상대방의 주민등록증 등 **신분증**을 통하여 상대방이 정말 계약당사자인지 확인하고, **대리인**인 경우에는 그에게 대리권이 정말 있는지 계약당사자에게 확인해 보아야 한다. 그리고 계약의 상대방이 **미성년자** 등 거래를 할 수 없는 사람은 아닌가에 대해서도 살펴야 한다.

④ 계약내용이 사회질서에 반하지 않아야 한다.

**마약**을 거래하거나 토지거래**허가지역**인데도 거래허가를 받지 않고 하는 토지매매계약 등은 법의 보호를 받을 수 없게 된다. 이 경우, 상대방이 의무를 이행하지 않아 손해가 발생하더라도 법의 보호를 받을 수 없으므로 이러한 계약은 체결하지 말아야 한다.


## 3. 계약서에 들어가야 할 내용


일반적으로 계약서에는 계약의 당사자, 예컨대 매매계약의 경우 매도인과 매수인을 표시하고, 계약의 내용으로 목적물, 일정한 금액의 지급을 내용으로 하는 계약이라면 그 금액의 지급방법과 지급시기 등을 기재해야 한다. 당사자 사이에 특별히 약속한 사항이나 **조건**이 있다면 말로만 하지 말고 그러한 특별한 약속내용도 계약서에 반드시 기재하여야 후일 다툼을 방지할 수 있다. 마지막으로 계약을 체결한 장소와 시기 및 당사자의 **서명날인**을 해 두어야한다.

## Ⅲ. 차용증 작성하기

차용증이란 차용증서의 줄임말로 돈이나 물건을 빌려 쓴다는 증거로 작성하는 문서를 말한다. 금전차용증서의 예를 간단히 소개하면 다음과 같다.

### 1. 차용증에 들어가야 할 내용

일반적으로 차용증은 채무자가 작성해서 채권자에게 주는 것으로, 차용증의 기본적인 기재 사항은 위의 서식에서 보는 바와 같이, ① 채무자가 채권자에게 빌리는 돈의 액수(**차용금액**), ② 대여금에 대한 **이자**의 비율, ③ **변제시기**, ④ 만기일에 변제하지 않을 경우의 **위약금**, ⑤ 예정기일에 이자를 지급하지 않았을 경우 등의 **기한이익의 상실** 등에 대한 것이다. 또 돈을 빌려 주는 사람(채권자)과 돈을 빌리는 사람(채무자)이 누구인지 밝히기 위하여 성명, 주소, 주민등록번호, 전화번호 등을 기재하고 **서명날인**을 해야 한다.

### 2. 돈을 빌려 줄 때 유의할 점

모르는 사람끼리 돈거래가 이루어질 때 상대방의 직업, 주소, 성명 등을 주민등록증 등에 의하여 확인하여야 한다. 상대방의 **재력**과 **신용**은 스스로 확인해야 한다. 은행에 거래상황을 조회해 보는 것도 한 방법이 될 수 있으나 지능적인 사기범은 이를 이용하기도 한다. **미성년자**에게 돈을 빌려 줄 때는 보호자(부모)의 **동의**가 있어야 하고 동의가 없으면 미성년자의 보호자가 계약을 **취소**할 수 있으므로 손해를 볼 경우가 생긴다. **회사**와 거래할 경우에는 상대방이 그 회사를 대표하는 정당한 권한이 있는가를 확인하여야 하며 단지 그 회사의 임직원과 개인적으로 돈거래 하는 형식의 계약서를 만들면 손해를 보는 경우가 생긴다.

② **가정주부**에게 돈을 빌려 줄 때는 그 돈이 자녀들의 학비나 식비 등 일상 가사비용으로 사용된다면 그 남편에게도 변제책임이 있으나 **일상가사**와 관계없이 주부가 계를 한다든지 사치나 유흥비로 쓴다든지 하는 경우는 남편이 별도로 보증을 서지 않는 한, 단지 그러한 사실을 알고 있었다는 것만으로는 변제책임이 없음을 유의하여야 한다.

　③ **약속어음**을 할인하는 형식으로 돈을 빌려 줄 때에는 약속어음의 **배서**가 연속되는가를 확인하여야 하고 배서인이나 발행인이 아니면 어음상의 책임을 지지 않기 때문에 반드시 채무자의 배서를 받아야 한다.

　④ **수표**는 부도를 내는 경우에 형사처벌까지 받게 되므로 백지 수표(주로 발행일자)를 담보로 돈을 빌려 줄 때가 많은데 발행일자를 기재하지 않고 제시를 하거나 기재한 발행일자보다 **10일**이 넘은 후에 제시하여 부도가 난 경우는 발행인의 형사책임이 면제되므로 이에 유의하여야 한다.

　⑤ **도박**이나 강도와 같은 범죄에 제공될 자금인 줄 알면서 돈을 빌려 준 경우는 상대방이 임의로 갚아 주면 좋으나 갚지 않으면 법률상 청구할 수가 없는(**불법원인급여**) 것이므로 나쁜 일에 돈을 빌려 주지 말아야 하다.

## 3. 돈을 빌릴 때 유의할 점

　돈을 빌리는 사람의 입장에서도 상대방을 잘 파악해 둘 필요가 있다. 요즈음 **이자제한법**이 폐지되었음을 기회로 월 3할(예컨대 원금 1천만 원이면 한 달 이자 300만 원)이나 되는 높은 이자로 **고리대금업**을 하면서 상대방의 기업까지도 **빼앗**는 몰염치한 악덕 사채업자들이 판치고 있으므로 특히 주의해야 한다. 물론 당장 돈이 급해서 사채를 빌리는 것이기는 하지만, 이들과 돈거래를 한다는 것은 곧 파산을 의미하는 것이라고 보아도 된다. 일반적으로 돈을 빌리는 사람은 다급하기 때문에 이자나 담보관계 등에 있어서 채권자의 요구에 따라 가혹한 조건을 강요당하는 경우가 많으므로 계약서의 내용을 상세히 파악하여야 한다.

　① 원금이나 이자를 갚으면 반드시 **영수증**을 받아야 하고 원리금을 완전히 변제한 경우는 미리 교부해 주었던 차용증서나 어음, 수표 등을 회수하지 않으면 나쁜 채권자에게 이중으로 변제하여야 할 위험성이 크다.

　② 악덕 사채업자 중에는 비싼 담보물을 헐값에 취득할 목적으로 변제기일에 일부러 만나 주지 않거나 변제기일을 연기해 주겠다고 속여 안심시킨 후 변제기일을 넘겨 담보물을 처분하는 경우가 있으므로 이럴 때에는 지체 없이 **공탁절차**를 밟아야 한다.

　③ 이자는 약정이 없는 한 이를 지급할 필요가 없으나 변제기가 경과된 경우에는 **연 5푼**의 지연손해금을 지급하여야 한다.

---

### 금전차용증서

제1조(당사자) 채권자 김돌세(이하 '갑'이라 함)는 2006년 6월 29일에 금 일천만 원을 채무자 이병순(이하 '을'이라 함)에게 대여하고 을은 이를 차용한다.

제2조(변제기) 차용금의 변제기한은 2007년 6월 30일로 한다.

제3조(이자 및 지연손해금) ① 이자는 연 10%의 비율로 한다. ② 원리금의 변제를 지체했을 때에는 을은 연 20%의 비율에 의한 지연손해금을 가산해서 지불해야 한다.

제4조(변제방법) 채무의 변제는 갑의 주소지 또는 갑이 지정하는 장소에 지참 또는 송금해서 지불한다.

제5조(기한이익의 상실) 을이 다음 각 호의 1에 해당하는 경우에 있어서는 갑으로부터 기한의 이익을 상실하고 채무 전부를 즉시 변제해야 한다.

    1. 본건 이자의 지불을 3개월 이상 지체했을 때

    2. 다른 채무 때문에 강제집행, 집행보전처분을 받거나, 파산 또는 경매의 신청이 있었을 때

    3. 을이 주소를 변경하고, 그 사실을 갑에게 고지하지 않았을 때

 

갑과 을은 상기 계약을 증명하기 위하여 본 증서 2통을 작성하고, 각자 서명·날인한 후 1통씩 보관한다.

2007.  6.  30.

채권자: 제주시 이도 2동 777번지

    김 돌 세  인    주민등록번호 880707-2933000   전화번호 064-777-7777

채무자: 서귀포시 천지동 888번지

    이 병 순  인    주민등록번호 880808-1953000   전화번호 064-888-8888

---

④ 과거에는 **연 2할 5푼**을 초과하는 높은 이자의 약정은 무효이므로 초과분은 갚지 않아도 되었다. 그러나 IMF의 영향으로 1998년 1월 13일에 이자제한법이 폐지되어 연 12할(월 1할) 등 높은 이자를 약정하는 경우도 있으며 이러한 약정이 반드시 무효라고는 할 수 없다. 그러나 최근 정부는 이자제한법을 다시 제정하였다.


☞ **이자제한법[2007. 3. 29 제정, 법률 제8322호 2007. 6. 30 시행]**

**제1조 (목적)** 이 법은 이자의 적정한 최고한도를 정함으로써 국민경제생활의 안정과 경제정의의 실현을 목적으로 한다.

**제2조 (이자의 최고한도)** ① 금전대차에 관한 계약상의 최고이자율은 **연 40퍼센트**를 초과하지 아니하는 범위 안에서 대통령령으로 정한다.

② 제1항에 따른 최고이자율은 약정한 때의 이자율을 말한다.

제4강 부동산거래의 기초 법률지식  55

③ 계약상의 이자로서 제1항에서 정한 최고이자율을 초과하는 부분은 무효로 한다.

④ 채무자가 최고이자율을 초과하는 이자를 임의로 지급한 경우에는 초과 지급된 이자 상당금액은 원본에 충당되고, 원본이 소멸한 때에는 그 반환을 청구할 수 있다.

⑤ 대차원금이 **10만 원 미만**인 대차의 이자에 관하여는 제1항을 적용하지 아니한다.

**제3조 (이자의 사전공제)** 선이자를 사전공제한 경우에는 그 공제액이 채무자가 실제 수령한 금액을 원본으로 하여 제2조 제1항에서 정한 최고이자율에 따라 계산한 금액을 초과하는 때에는 그 초과 부분은 원본에 충당한 것으로 본다.

**제4조 (간주이자)** 예금(禮金), 할인금, 수수료, 공제금, 체당금(替當金), 그 밖의 명칭에도 불구하고 금전의 대차와 관련하여 채권자가 받은 것은 이를 이자로 본다.

**제5조 (복리약정제한)** 이자에 대하여 다시 이자를 지급하기로 하는 복리약정은 제2조 제1항에서 정한 최고이자율을 초과하는 부분에 해당하는 금액에 대해서는 무효로 한다.

**제6조 (배상액의 감액)** 법원은 당사자가 금전을 목적으로 한 채무의 불이행에 관하여 예정한 배상액을 부당하다고 인정한 때에는 상당한 액까지 이를 감액할 수 있다.

**제7조 (적용범위)** 다른 법률에 따라 인가·허가·등록을 마친 금융업 및 대부업에는 이 법을 적용하지 아니한다.

**부칙** (제8322호, 2007. 3. 29.)

① (시행일) 이 법은 공포 후 3개월이 경과한 날부터 시행한다.

② (경과조치) 이 법 시행 전에 성립한 대차관계에 관한 계약상의 이자율에 관하여도 이 법 시행일 이후부터는 이 법에 따라 이자율을 계산한다.

**이자제한법 제2조 제1항의 최고이자율에 관한 규정[제정 2007. 6. 28. 대통령령 제20118호]**

제2조 제1항에 따른 금전대차에 관한 계약상의 최고이자율은 **연 30퍼센트**로 한다.

부칙 (제20118호, 2007. 6. 28.)

이 영은 2007년 6월 30일부터 시행한다.

### ☞ 공탁은 어떻게 하나

공탁이란 돈이나 금전적 가치가 있는 증서 및 기타의 물건을 법원의 공탁소에 맡기는 것을 말한다. 공탁에는 변제를 위한 변제공탁, 채권이나 손해배상청구권의 담보를 위한 보증공탁, 강제집행을 위한 집행공탁 등이 있다.

① 강제집행을 위한, 즉 가압류, 가처분의 경우는 그 해당법원의 공탁과에 신청을 하고, 차임(월세) 등의 공탁은 채무이행지 관할 공탁소에 하면 된다.

② 법원 공탁소에 비치된 공탁서 2통을 작성하여 제출하며, 이때 채권자에게 보낼 공탁통지서를 첨부한다.

③ 공탁공무원은 공탁신청을 수리한 후 공탁금납입서와 공탁서의 정본을 공탁자에게 교부한다. 공탁자는 공탁물을 납입일까지 지정된 공탁물보관자(은행 또는 창고업자)에게 납입한다.

④ 신청자가 기일 내에 납입을 마치면 공탁이 이루어진다. 공탁물보관자는 공탁공무원에게 통지하고 공탁공무원은 공탁통지서를 발송하게 된다.

⑤ 공탁에 의해 채무는 없어지고 채권자는 공탁물을 인도해 갈 청구권(공탁물출급청구권)을 가지게 된다. 공탁물을 수령할 자로 기재된 채권자(피공탁자)는 공탁물을 찾아갈 수 있다.

⑥ 공탁물 회수는 착오로 공탁을 하거나, 공탁의 원인이 소멸한 때에 청구할 수 있다(공탁물회수청구권).

⑦ 공탁물이 금전일 경우에 피공탁자 또는 공탁자가 공탁물의 출급청구 또는 회수청구를 할 수 있을 때로부터 **10년간** 이를 행사하지 않으면 공탁금 출급청구권 또는 회수청구권이 시효로 소멸되므로 국고에 귀속된다.


## 4. 차용증 없이 돈을 빌려 주었거나 차용증을 분실한 경우

차용증이 있으면 채무자가 돈을 갚지 않은 경우에 채무자를 상대로 민사소송 제기, **지급명령**을 신청하거나, **파산절차**에 참가하는 등 여러 가지 청구를 할 수 있다. 또 법원의 결정으로 채무자가 재산을 팔지 못하도록 하는 가압류신청의 소명자료로 사용할 수 있어 빌려 준 돈을 받아내는 데 유리한 입장에 설 수 있다. 그뿐 아니라 차용증은 돈거래를 했다는 내용을 채권자와 채무자가 확인한 문서이므로 만약 재판을 하더라도 유력한 증거가 될 수 있다.

그러나 차용증 없이 돈을 빌려 준 경우는 어떻게 해야 할 것인가? 만약 현금카드나 텔레뱅킹, 인터넷뱅킹 등을 이용하여 송금했을 경우 거래내역으로써 증명할 수 있다. 현금을 무통장 송금했을 경우도 언제 어느 은행을 통해서 송금했는지 기억할 수 있다면 그 사실을 은행에서 확인할 수 있다. 또한 채무자의 통장으로 이체한 증거가 있는 경우에는 채무자에게 언제 얼마나 빌려 주었으며 언제까지 변제하라는 내용증명서를 보내고, 본인의 은행거래 내역서와 **내용증명서**를 첨부하여 채무자를 상대로 **대여금청구소송**을 제기하면 된다.

차용증은 받았는데, 차용증을 분실한 경우는 어떻게 해야 할까? 돈을 빌려 주는 경우에 차용증을 반드시 작성해야 하는 것은 아니다. 그러나 차용증이 없다면 돈을 빌려 주었다는 증거가 없는 것이므로 대신 **증인**을 확보할 필요가 있다. 돈을 빌려 준 사실을 아는 증인이 있다면 분쟁이 생긴 경우 민사소송에서 이길 가능성이 높다.

말하자면 차용증이 없거나 분실한 경우, 일단 돈을 빌려 주었다는 증거(증인이나 이자를 받은 내역 등)만 확보할 수 있다면 재판에 상당히 유리하다. 그리고 고의적으로 돈을 빌려 가서 갚지 않는다면 **사기죄**로 형사고발도 가능하다.

## Ⅳ. 영수증 관리하기

### 1. 영수증 쓰기

돈을 빌리는 사람이 채권자에게 써 주는 것이 차용증이라면, 돈을 갚는 사람이 채권자에게 돈 갚은 내역을 써 달라고 요구할 수 있는 것이 영수증이다. 영수증은 돈을 갚았다는 증거가 되는 것이므로 될 수 있는 한 **목적물**(무엇을 받았는지)의 표시, 영수 문언(물건 또는 돈을 받았다고 기재하는 문장), 영수인의 **서명**, **상대방**의 표시, **일자**의 기재 등을 명확히 하는 것이 좋다. 아래 영수증 서식에서, ①은 상대방 표시, ②는 영수금액 표시, ③은 목적물 표시, ④는 물건 매매의 경우 계약금, 또는 중도금, 잔금의 명목으로 수령한다는 문언의 표시, ⑤는 발행인의 주소와 성명, ⑥은 발행일을 표시를 의미한다.

```
                        영 수 증

        ① 김 돌 세     귀하
         금 ② 이백만 원정

        물건의 표시: ③ 2007형 2000cc 소나타 승용차

        상기 금액을 위 표시 물건에 대한 ④ 계약금으로 정히 영수
        하고 이에 본 영수증을 발행합니다.

        ⑤ 발행인 주소: 제주시 이도 2동 777
              성명:  이 병 순   인
        ⑥ 발행일:      2007년 6월 30일
```

민법상 채무자(돈을 빌린 사람)는 채권자(돈을 빌려 준 사람)에게 영수증을 달라고 청구할 권리가 있다.(민법 제474조) 영수증은 채권자가 작성하여 채무자에게 교부하는 것이므로 그 비용은 채권자가 부담해야 한다.

## 2. 이중 지급 위험 방지

물품을 구입하고 대금을 지급한 영수증을 받을 경우라 하더라도 그 영수증을 일정한 기간 동안 보관하여야 **이중지급**을 방지할 수 있다. 최근 일부 홈쇼핑업체에서 물품을 구입한 소비자들에게 2, 3년이 지난 뒤 물품대금을 다시 청구하는 사례가 발생하고 있다. 이러한 경우 소비자들이 물품대금을 지급한 영수증을 보관하지 않아 대금지급 사실을 입증하지 못하면 이중으로 대금을 지급하게 될 수 있으므로 유의해야 한다.

## 3. 현금영수증제도

영수증은 거래관계에서 발생한 대금지급 사실을 명확히 하는 것 외에도 국가의 재정을 튼튼하게 하는 역할을 한다. 정부는 발급된 영수증을 통해 시장에서의 거래를 투명하게 확인할 수 있고, 이를 바탕으로 물건대금에 포함된 부가가치세를 징수할 수 있는 세원을 용이하게 파악할 수 있다.

그래서 정부는 정부의 재정에 도움이 되고 소비자에게는 연말에 세금공제 혜택을 주기 위하여 2005년 1월 1일부터 '**현금영수증제도**'를 도입하였다. 이 제도는 현금영수증 가맹점에서 **5,000원 이상**의 물건을 구입할 때 구입자의 주민등록번호나 신용카드번호 또는 휴대폰번호 등을 제시하면 현금영수증을 발급하여 연말에 소득공제나 세액공제의 혜택을 주는 제도이다. 이러한 현금영수증은 가족 전체의 것을 모두 합산하므로 미성년자도 받을 수 있다

# 지목의 특성과 부동산의 특성

지적법상 지목은 총 28개로 분류되어 있다. 각 개별 지목에 따라 그 사용에 특수성이 존재한다. 나아가 토지에 관하여 쓰이고 있는 용어는 다양함으로 이에 대한 기초적인 이해가 선행되어야 한다. 이에 따른 부동산의 특성은 토지와 건물에 따라 자연적 특성과 인문적 특성으로 나누어 볼 수 있다. 이러한 부동산의 특성과 용어를 잘 알아야 부동산이용에 있어서 최유효이용이 가능하고 부동산거래활동에 있어서 효율성을 제고할 수 있으며 부동산재테크 역시 성공적으로 할 수 있다.

## Ⅰ. 지적법상 지목

지적(Land Registration)이란 국토의 전반에 걸쳐 일정한 사항을 국가 또는 국가의 위임을 받은 기관이 토지에 관한 일정한 사항을 등록하여 이를 국가 또는 국가가 지정하는 기관에 비치하는 것으로, 지적은 토지표시의 등록은 물론 위치·형태·용도·면적·권리관계 등을 밝혀 주는 공적인 기록이다. 지적법에서는 토지를 '필지'로 구분하는 외에 토지마다 그 쓰임에 따른 이름을 정하고 있다. 즉, 이러한 토지의 용도적 관점에서 토지에 붙여지는 이름을 가리켜 '지목(地目, Land Classification)'이라 하며, 지목은 토지의 주된 사용목적에 따라 토지의 종류를 구분·표시하는 명칭을 뜻한다.

☞ **필지와 획지**

필지는 토지와 관련된 권리를 구분하기 위한 지적법상 개념이며, 법률적 기준을 중심으로 구획한다. 따라서 1필지마다 고유번호가 붙여진다. 그러나 획지는 부동산의 가격수준을 구분하기 위한 부동산학적 개념이며, 인위적·물리적·자연적 기준에 따라 구획한다. 따라서 부동산 이용 및 거래의 객체가 된다.

## Ⅱ. 지목의 종류와 결정

① **전(田):** 물을 대지 아니하고 곡물·원예작물(과수류 제외)·약초·뽕나무·닥나무·묘목·관상수 등의 식물을 주로 재배하는 토지와 식용을 목적으로 죽순을 재배하는 토지를 말한다.

② **답(畓):** 물을 직접 이용하여 벼, 연, 미나리, 왕골 등의 식물을 주로 재배하는 토지를 말한다.

③ **과수원(果樹園):** 일정한 구역을 정하여 사과, 배, 밤, 호두나무 등 과수류를 집단적으로 재배하는 토지와 이에 접속된 저장고 등 부속시설물의 부지. 다만, 주거용 건축물의 부지는 대(垈)로 한다.

④ **목장용지(牧場用地):** 일정한 구역을 정하여 축산업 및 낙농업을 목적으로 가축을 사육하거나 사육하기 위하여 조성한 초지 또는 축산법 제2조 제1호의 규정에 의한 가축을 사육하는 축사 등 부속시설물의 부지를 말한다. 다만, 주거용 건축물의 부지는 대(垈)로 한다.

⑤ **임야(林野):** 산림 및 원야를 이루고 있는 수림지, 죽림지, 암석지, 자갈땅, 모래땅, 습지, 황무지 등이다.

⑥ **광천지(鑛泉地):** 지하에서 온수, 약수, 석유류 등이 용출되는 용출구 및 그 유지를 위한 부지를 말한다. 다만 온수, 약수, 석유류 등을 일정한 장소로 운송하는 송수관, 송유관 및 저장시설의 부지는 제외한다.

⑦ **염전(鹽田):** 바닷물을 끌어들여 소금을 채취하는 토지와 이에 접속된 제염장 등 부속시설의 부지를 말한다. 다만, 천일제염 방식에 의하지 아니하고 동력에 의하여 바닷물을 끌어들여 소금을 만드는 제조공장시설의 부지는 제외한다.

⑧ **대(垈):** 영구적 건축물 중 주거, 사무실, 점포와 박물관, 극장, 미술관 등 문화시설과 이에 접속된 부속시설물의 부지 및 정원과 도시계획사업 등 관계법령에 의한 택지조성사업을 목적으로 하는 공사가 준공된 토지를 말한다.

⑨ **공장용지(工場用地):** 제조업을 목적으로 하는 공장시설물의 부지와 관계법령에 의한 공장부지조성을 목적으로 하는 공사가 준공된 토지와 당해 토지와 같은 구역 안에 있는 의료시설 등 부속시설물의 부지를 말한다.

⑩ **학교용지(學敎用地):** 일정한 구역 내 학교의 교사와 이에 접속된 부속시설물의 부지 및 체육장 등이다. 그러나 학교로부터 완전히 분리된 실습지, 기숙사, 사택 등의 부지와 교육용에 직접 이용되지 않는 임야는 학교용지로 보지 않는다.

⑪ **주차장(駐車場):** 자동차 등의 주차에 필요한 독립적인 시설을 갖춘 부지와 주차전용 건축물 및 이에 접속된 부속건축물의 부지는 주차장으로 한다. 다만, 건축물의 부설주차장과 도로의 노면 또는 교통광장에 설치된 주차장과 자동차 등의 판매목적으로 설치된 물류장, 야외전시장 등 주차장법시행령 제6조 제1항에 따른 부설주차장을 설치한 때에는 제외한다.

⑫ **주유소용지(注油所用地):** 석유, 석유제품 또는 액화석유가스 등의 판매를 위하여 일정한 설비를 갖춘 시설물의 부지 및 저유소, 원유저장소의 부지와 이에 접속된 부속시설물의 부지는 주유소용지로 한다. 다만, 자동차, 선박, 기차 등의 제작 또는 정비공장 안에 설치된 급유, 송유시설 등의 부지는 제외한다.

⑬ **창고용지(倉庫用地):** 물건 등을 보관, 저장하기 위하여 설치된 보관시설물의 부지와 이에 접속된 부속시설물의 부지는 창고용지로 한다. 다만, 과수원, 공장, 학교 등 다른 용도의 부지안의 토지는 제외한다.

⑭ **도로(道路):** 일반 공중의 교통운수를 목적으로 보행 또는 차량운행에 필요한 일정한 설비 또는 형태를 갖추어 이용되는 토지와 관계법령에 의하여 도로로 개설된 토지 또는 2필지 이상의 대에 진입하는 통로로 이용되는 토지를 말한다. 도로에 연접한 고속도로 휴게소와 자동차 주차장을 포함한다.

⑮ **철도용지(鐵道用地):** 교통운수를 목적으로 하여 일정한 궤도 등의 설비와 형태를 갖추어 이용되는 토지와 이에 접속된 역사, 차고, 발전시설 및 공작창 등 부속 시설물의 부지를

말한다. 간선철도와 연결된 사설철도의 부지와 철도용지로 한다.

⑯ **제방(堤防):** 방수제, 방조제, 방파제, 방사제 등으로 조수, 자연유수, 모래, 바람 등을 막기 위하여 설치된 둑의 부지를 말한다.

⑰ **하천(河川):** 자연의 유수가 있거나 있을 것으로 예상되는 토지를 말한다. 다만, 그 규모가 특히 작은 것은 '구거'로 한다.

⑱ **구거(溝渠):** 용수, 배수를 목적으로 하여 일정한 형태를 갖춘 인공적인 수로, 둑 및 그 부속시설물의 부지와 자연의 유수가 있거나 있을 것으로 예상되는 소규모 수로를 말한다.

⑲ **유지(溜地):** 일정한 구역 내에 물이 고이거나 상시적으로 물을 저장하고 있는 댐, 저수지, 소류지, 호수, 연못 등의 토지와 연, 왕공 등이 자생하는 배수가 잘되지 아니하는 토지를 말한다.

⑳ **양어장(養魚場):** 육상에 인공으로 조성된 수상생물의 번식 또는 양식을 위하여 일정한 시설을 갖춘 부지와 이에 접속된 부속시설물의 부지는 양어장으로 한다.

㉑ **수도용지(水道用地):** 물을 정수하여 공급하기 위한 취수, 저수, 도수, 정수, 송수 및 배수시설의 부지 및 이에 접속된 부속시설물의 부지와 수도관의 매설부지를 말한다.

㉒ **공원(公園): 일반 공중**의 보건, 휴양 및 정서생활을 향상시키기 위하여 일정한 구역 내에 필요한 시설을 갖춘 토지로서 도시계획법에 의하여 공원으로 결정, 고시된 토지와 도시공원법에 의하여 도시공원 및 녹지로 결정된 토지를 말한다. 다만, 도시공원법에 묘지공원으로 결정, 고시된 토지는 '묘지'로 한다.

㉓ **체육용지(體育用地):** 국민의 건강 증진과 여가선용에 이용할 목적으로 일정한 구역 내에 체육활동에 적합한 시설과 형태를 갖춘 종합운동장, 실내체육관, 야구장, 골프장, 스키장, 승마장, 경륜장 등 체육시설의 토지와 이에 접속된 부속시설물의 부지는 체육용지로 한다. 다만 체육시설로서의 영속성과 독립성이 미흡한 정구장, 골프연습장, 실내수영장, 체육도장 등, 유수를 이용한 요트장, 카누장 등 산림을 이용한 야영장 등의 토지는 제외한다.

㉔ **유원지(遊園地):** 일정한 구역 내에 일반 공중을 위하여 위락, 휴양 등에 적합한 시설물을 종합적으로 갖춘 수영장, 유선장, 낚시터, 어린이놀이터, 동물원, 식물원, 민속촌, 경마장 등의 토지와 이에 접속된 부속시설물의 부지는 유원지로 한다. 다만 이들 시설과의 거리 등으로 보아 독립적인 것으로 인정되는 숙식시설 및 유기장의 부지와 하천, 구거 또는 유지(공유의 것에 한한다)로 분류되는 것은 제외한다.

㉕ **종교용지(宗教用地):** 일반 공중의 종교의식을 목적으로 예배, 법요, 설교, 제사 등을 하

기 위한 교회, 사찰, 향교 등 건축물의 부지와 이에 접속된 부속시설물의 부지는 종교용지로 한다. 종교용지 내에 있는 주거용 건축물도 종교용지에 해당된다. 그러나 타인의 건물을 임대하여 예배, 설교 등을 하는 교회, 사찰 등은 종교용지에 포함되지 않는다.

㉖ **사적지(史蹟地):** 문화재로 지정된 역사적인 유적, 고적, 기념물 등을 보존할 목적으로 구획된 토지를 말한다. 다만, 유적, 고적, 기념물 등이 학교용지, 공원, 종교용지 등의 구역 안에 있는 경우를 제외한다.

㉗ **묘지(墓地):** 사람의 시체나 유골이 매장된 토지와 이에 접속된 부속시설물의 부지를 말한다. 다만, 묘지의 관리를 위한 건축물의 부지는 '대'로 한다. 납골당이 포함된다.

㉘ **잡종지(雜種地):** 갈대밭, 물건을 쌓아 두는 곳, 돌을 캐내는 곳, 흙을 파내는 곳, 야외시장, 비행장, 공동우물과 영구적 건축물 중 변전소, 송신소, 수신소, 도축장, 자동차운전학원, 쓰레기 및 오물처리장 등의 부지와 다른 지목에 속하지 아니하는 토지를 말한다. 다만 원상회복을 조건으로 돌을 캐내는 곳 또는 흙을 파내는 곳으로 허가된 토지는 제외한다. 기타 야영장, 상여집, 화장장, 예비군 훈련장 등도 잡종지에 포함된다.

## Ⅲ. 토지에 쓰이는 용어

① **부지(敷地):** 부지는 건축용지 외에 하천부지, 철도용부지, 수도용부지 등의 바닥토지 등에도 사용되는 포괄적인 용어이다. 택지는 부동산 감정평가상의 용어로서 건축용지만을 의미하므로 더 작은 의미인 협의 개념이라고 볼 수 있다.

② **택지(宅地, Building Lots):** 택지란 건축물을 건축할 수 있는 토지를 의미한다. 택지는 법이 정하는 바에 따라, 개발, 공급되는 주택건설용지 및 공공시설용지를 말한다. 감정평가상의 용어로는 주거용, 상업용, 공업용으로 이용 중이거나 이용가능한 토지이다. 그러한 건축부지로 이용되거나 이용되는 것이 사회적 경제적, 행정적으로 합리적이라고 인정되는 토지를 말한다.

③ **대지(垈地):** 지적법상의 용어인 대지는 건물의 부지 및 그 부속으로 인정되거나 또는 부지와 인접되어 있는 정원, 공작물, 도급장 등과 건축물의 건축 예정지로서 도시계획사업, 기타 택지조성공사가 완료된 토지로서, 택지와 같은 의미를 가진다. 다만, 공장용지만은 그

지목을 달리하고 있는 점에 유의하여야 하는데, 공장용지는 택지이지만 대지라고는 할 수 없다.

④ **농지(農地):** 지적법상의 지목 여하에도 불구하고 그 실제적인 토지의 현상이 농경지 또는 다년생 식물재배지로 이용되는 토지와 그 개량시설의 부지이다. 용도에 따라 물을 대지 않고 식물은 재배하는 전(田), 물을 직접 이용하여 식물을 재배하는 답(畓), 과수류를 집단적으로 재배하기 위한 과수원으로 구분된다.

⑤ **임지(林地):** 산림지와 초지를 모두 포함하는 포괄적인 용어이다. 부동산 감정평가상으로는 입지지역을 재목으로 쓰기 위한 나무가 위치한 용재림지역과 숯과 땔나무 등으로 사용되는 나무가 위치한 신탄림지역으로 구분하기도 한다.

⑥ **후보지(候補地)와 이행지(履行地)**

　　㉠ **후보지:** 용도지역 중 택지지역, 농지지역, 임지지역 상호간에 전환되고 있는 토지를 말한다. **가망지** 또는 **예정지**라고도 한다. 토지의 유용성을 높이기 위해 전환되는 토지로 임지지역보다 농지지역으로, 농지지역보다 택지지역으로 이용하는 것이 토지의 유용성을 증대시킨다고 보는 것이다.

　　㉡ **이행지:** **임지지역**(신탄림지역, 용재림지역), **택지지역**(주택, 상업, 공업지 간 이행), **농지지역**(전, 답, 과수원 간의 이행) 내에서 전환이 이루어지고 있는 토지이다. 이러한 이행지는 동일 용도적 지역 내에서의 세분된 지역 상호간에만 적용되고, 다른 용도적 지역의 세분된 지역 상호간 전환 등에는 적용되지 않는다.

⑦ **대지(垈地):** 어떤 택지가 다른 택지에 둘러싸여 좁은 통로에 의해서 도로에 접하는 자루형의 모양을 띠게 되는 택지이다.

⑧ **맹지(盲地):** 타인의 토지에 둘러싸여 도로에 어떤 접속 면도 가지지 못하는 토지를 말하며, 이 위에는 건축법에 의해 건축을 할 수 없도록 되어 있다.

⑨ **필지(筆地):** 하나의 지번이 붙는 토지의 등록단위를 말한다. 지적법상의 용어로서 토지소유자의 권리를 구분하기 위한 것으로, 이것은 권리를 구분하기 위한 법적 개념이다.

⑩ **획지(劃地):** 인위적, 자연적, 행정적 조건에 의해 다른 토지와 구별되는 가격수준이 비슷한 일단의 토지이다. 행정적, 법률적, 인위적, 물리적, 자연적 기준에 따라 다른 토지와 구별되어 거래나 이용 등의 부동산활동 또는 부동산현상의 단위면적이 되는 일획의 토지이다. 적당한 면적을 갖고 하나의 거래활동 또는 이용활동의 단위를 이루는가 하면, 부동산의 등가격수준을 갖는 경우도 있다. 이것은 가격수준을 구분하기 위한 경제적 개념이다.

⑪ **나대지(裸垈地):** 택지의 지상에 건축물이 없는 토지로서, 경작이나 농업용 토지로도 이

용되지 않고 있는 빈 집터이다. 지목이 대지인 토지로서 거래에 번거로움이 없어 시장성이 높다. 공법상의 규제는 물론 사법상의 제한을 받는 토지이다. 건부지에 비하여 최유효이용이 기대되기 때문에 매매에 있어서 가격이 비싸며 토지가격에 대한 감정평가의 기준이 된다.

⑫ **갱지(更地):** 일본에서 구별되는 개념으로, 지상에 건축물이 없는 토지로서 공법상의 규제는 받지만, 사법상의 제한은 받지 않는 토지이다. 토지의 사용수익을 제약하는 사적 부담도 없는 대지, 즉 임차권, 지상권, 지역권 등 사법상의 권리가 설정되지 않은 택지를 말한다.

⑬ **공지(空地):** 필지 중 건물공간을 제외하고 남은 토지이다. 건축법에 의한 건폐율, 용적률 등의 제한으로 인해 한 필지 내에 건축하지 않고 남겨둔 토지이다.

⑭ **건부지(建附地)**

    ㉠ 건부지란 건물 등의 용도에 제공되고 있는 부지(敷地)로서

        ⓐ 건물 및 그 부지가 동일 소유자에 속하고,

        ⓑ 당해 소유자에 의해 사용되며

        ⓒ 그 부지의 사용수익을 제약하는 권리 등이 부착되어 있지 않은 택지이다.

    ㉡ 이는 건물 등과 결합하여 유기적으로 그 효용을 발휘하기 있기 때문에 건물 등과 밀접한 관련을 갖는다.

    ㉢ 건부지의 감정평가는 건물 등과 일체화해서 계속 이용하는 것이 합리적인 경우에 부지에 대하여 부분 감정평가하는 것으로 한다. 건부지의 감정평가액은 나지로서의 평가액을 한도로 하고, 배분법에 기한 비준가격 및 토지잔여법에 의하여 수익가격을 관련시켜서 결정한다.

⑮ **소지(素地):** 대지 등으로 개발되기 이전의 자연적인 상태 그대로의 토지를 뜻하며, 원지(原地)라고도 한다.

⑯ **선하지(線下地):** 고압선 아래의 토지로 보통은 선하지 감가를 행한다.

⑰ **포락지(浦落地):** 수위 또는 수로 변경으로 지반이 절토되어 무너져 하천을 이루는 토지.

⑱ **법지(法地):** 법으로만 소유할 뿐 활용 실익이 없는 토지이다. 택지의 유효지표면 경계와 인접지 또는 도로 면과의 경사된 토지 부분을 말한다. 토지의 붕괴를 막기 위하여 경사를 이루어 놓은 것인데, 측량면적에는 포함되지만 실제로 사용할 수 없는 면적이다.

⑲ **빈지(濱地):** 법지와 반대 개념이다. 법으로는 소유할 수 없으나, 활용 실익이 있는 토지이다. 주로 해변의 토지가 이에 해당한다. 일반적으로 바다와 육지 사이의 해변토지를 말하며, 공유수면관리법에서는 만조수위선으로부터 지적공부에 등록된 지역까지의 사이를 말한다.

⑳ **유휴지(遊休地)와 휴한지(休閑地)**

ㄱ **유휴지:** 바람직스럽지 못하게 놀리는 토지이다.

ㄴ **휴한지:** 농지 등이 정상적으로 쉬고 있는 토지이다.

㉑ **공한지(空閑地):** 도시 토지 중 지가상승을 기대하고 장기간 방치한 토지이다.

㉒ **한계지(限界地):** 택지이용의 최원방권(最遠方圈)의 토지로서, 행정구역상 타 지역과 인접한 지역 내의 토지이다.


# Ⅳ. 부동산의 특성


## 1. 토지의 자연적 특성


### (1) 부동성(고정성)

① 정의

토지가 가지는 지리적 위치의 고정성은 토지의 가장 큰 물리적인 특성이다. 이것은 인간의 힘으로 이동시킬 수 없다는 특정이다. 따라서 토지의 지리적 위치의 고정성은 다음과 같은 특징을 파생시킨다.

② 부동성으로부터 파생되는 내용

ㄱ 부동산과 동산의 구별에 근거를 제시한다.

ㄴ 공시방법의 차이점을 유발(등기등록)한다.

ㄷ 부동산활동 및 부동산현상을 국지화한다.

ㄹ 부동산활동을 임장활동화시킨다.

ㅁ 부동산활동을 정보활동화시킨다.

ㅂ 부동산시장을 추상적 시장으로 만든다.

ㅅ 지방자치단체의 조세의 기초자원이 된다.

ㅇ 특정위치를 갖는 토지는 특정한 지대와 임료를 발생시킨다.

ㅈ 토지의 이용방법이나 입지선정에 영향을 미친다.

③ 부동산활동과 부동산현상(부동산현상과 비교)

ㄱ 부동산활동

ⓐ 활동의 주체가 있다.

ⓑ 활동의 목표(최유효사용의 원칙)가 있다.

ⓒ 거래활동, 보유·이용활동, 행정활동 등을 말한다.

ㄴ 부동산현상

ⓐ 활동의 주체가 없다.

ⓑ 활동의 목표가 없다.

- 기술적 현상(자연적 현상)

  지진, 천재지변, 도시스프롤(Sprawl)현상, 직주분리현상, 도시화 분리현상을 나타낸다.

- 경제적 현상

  부동산 경기변동으로부터 발생하는 현상, 부동산 경기변동 형성, 지가의 변화

  현상을 일으킨다.

ㄷ 법률적 현상

토지공개념현상, 토지거래제도현상, 부동산 자체의 事象(모습)이 변화한다.

④ 부동산활동과 부동산현상의 관계

ㄱ 부동산활동 시는 부동산현상을 파악하여 접근하여야 한다.

ㄴ 부동산현상을 무시한 부동산활동은 능률 극대화의 저해요소가 된다.

ㄷ 부동산활동에 따라 부동산현상의 영역에 영향을 미친다.

ㄹ 부동산활동을 임장활동성으로 만든다.

ㅁ 부동산시장은 추상적 시장으로 만든다.

→ 불완전 시장 ⇒ 부동산시장은 서브마켓(하위시장)으로 존재, 부동산시장은 정보

가 공개화되기 힘들다. ⇒ 약성 효율적 시장의 경제

ㅂ 부동산활동은 '정보활동성'을 지니게 한다.

ㅅ 부동산은 '물리적 위치'가 고정되어 있으므로 토지의 유용성을 지배하는 역할

⑤ 부동산에 대한 시장정보(약성, 준강성, 강성)

ㄱ 과거의 정보-부동산시장의 상품에 반영된 정보-기술적 정보

ㄴ 현재의 정보-현재 상태에서의 정보-공개되어 반영된 정보, 미공개되어 반영이 안

된 정보

ㄷ 미래의 정보-미래에서 현실화 될 수 있는 정보-공개되어 반영된 정보

## (2) 불변성(영속성)

① 정의

토지를 계속하여 사용하여도 시간의 경과나 사용으로 인하여 마멸되거나 소모되지 않는다는 특성이다. 물리적 측면의 토지는 완전한 영속성을 가지지만 사회·경제적 측면의 토지는 가변적이므로 영속성을 부정한다.

② 감가의 요인 – 부동산의 가치를 하락시키는 요인

　　㉠ 물리적 감가 – ⓐ 사용으로 인한 파손, 오손, 노후화

　　　　　　　　　　ⓑ 시간 경과로 인한 파손, 오손, 노후화

　　　　　　　　　　ⓒ 우발적 손상에 의한 파손

　　　　　　　　　　ⓓ 천재지변에 의한 파손

　　㉡ 경제적 감가 – ⓐ 부동산 경기 침체로 인한 하락

　　　　　　　　　　ⓑ 시장성 감퇴

　　　　　　　　　　ⓒ 수익성의 감퇴

　　　　　　　　　　ⓓ 환경과의 부적합 = 적합의 원칙에 위배

　　　　　　　　　　ⓔ 인근지역의 낙후(인근지역의 사이클 패턴의 성숙기→쇠퇴기로 변화)

　　㉢ 기능적 감가 – ⓐ 토지의 기능적 감가 = 토지와 건물이 부적합

　　　　　　　　　　ⓑ 설계의 불량, 설비의 부족

　　　　　　　　　　ⓒ 형식의 구식화

　　㉣ 법률적 감가 – 행정적 법률에 의한 가치 하락

③ 영속성으로부터 파생되는 내용

　　㉠ 부동산의 유용성이 영속

　　㉡ 부동산활동은 끊임없이 나타난다.

　　㉢ 토지부동산은 소유권, 용익물권 모두가 존재한다.

　　㉣ 부동산가격은 소유권의 가격과 용익물권의 가격이 존재한다.

　　㉤ 하나의 부동산에 대하여 2개 이상의 가격이 존재한다.

　　㉥ 부동산의 관리의 의의를 크게 한다.

　　㉦ 부동산활동에 있어서 장기적 배려를 필요하게 한다.

　　㉧ 원칙적으로 토지는 물리적 감가상각이 해당되지 않는다.

　　㉨ 토지의 수익은 영속적으로 수익환원법으로 감정평가할 때 직접법으로 한다(건물은

감가를 하므로 직선법으로 한다).

 ⓩ 토지의 용도를 더욱 유용하게 하며, 동일한 용도에 있어서 재개발을 통하여 영속적인 이용을 가능하게 한다.

 ㅋ 토지는 소모를 전제로 하는 재생산이론이나 사고방식을 적용할 수 없게 한다.

 ㅌ 토지의 개별적 요인이 영속적이므로 건물의 이용을 지배한다.

## (3) 부증성(비생산성)

① 정의

토지는 다른 노동생산물처럼 생산비를 투입하여도 물리적 절대량을 증가시킬 수 없으며 재생산할 수 없다는 특성으로 인하여 일반 상품과는 다른 특징을 파생시킨다. 공유수면의 매립이나 택지의 조성을 통하여 다소 증가시킬 수는 있으나, 이것은 토지의 물리적인 증가라기보다는 토지자원의 이용의 전환 측면에서 파악하여야 한다.

② 부증성으로부터 파생되는 내용

 ㉠ 토지는 생산비법칙이 적용되지 않는다.

 ㉡ 토지문제의 근원이 된다. ⇒부동산 문제를 야기한다.

  ⓐ 수요의 증가에 따른 공급 증가 불가능

  ⓑ 지가고현상이 나타난다.

  ⓒ 부동산 행정활동, 정책활동의 활성화가 나타난다.

  ⓓ 부동산시장에 정부가 개입

 ㉢ 부동산시장은 수요공급에 자동조절장치인 시장원리가 적용되지 않는다.

  → 시장실패(토지의 공급은 실질적 의미에서 생산공급이 아니다).

 ㉣ 부동산시장은 균형가격이 형성되지 않는다.

 ㉤ 부동산시장에는 시장의 실패를 보완하기 위하여 정부가 개입하여 가격을 통제⇒불완전 경쟁시장

 ㉥ 부동산활동에 대하여 공공성, 사회성이 강조된다.=**토지공개념제도의 도입**

 ㉦ 토지이용을 집약화시키고, 지대를 발생시킨다.

 ㉧ 토지의 희소성을 유발시켜 균형가격의 형성이 어려우므로 부동산시장이 하위시장이 된다.

 ㉨ 토지의 공급곡선은 거의 수직에 가까우므로 가격상승에 대응하는 공급의 가격탄력성이 비탄력적이다.

    ⓩ 토지이용의 전환과 이행을 가져온다.

### (4) 개별성(비대체성, 비동질성)

① 정의

물리적으로 동일한 토지는 오직 하나뿐이라는 특성이다. 그러나 개별성이 절대적인 것은 아니다. 예를 들면 도심지에서 통근거리 1시간의 주택용지를 구한다면 광범위하게 구할 수가 있다. 사회적·경제적인 면에서 용도의 유사성이 있는 토지는 많다. 즉, 토지에는 용도의 대체성이 있다. 그러나 이것은 용도의 유사성이며 물리적으로 완전히 동일한 복수의 토지는 아니다.

② 개별성으로부터 파생되는 내용

    ㉠ 개개의 부동산을 구별하는 근거가 된다.

    ㉡ 하나의 부동산은 가격, 수익성의 개별화, 구체화시킨다.

    ㉢ 토지의 가격이나 수익이 개별적으로 형성되어 일물일가의 법칙이 적용되지 않는다.

    ㉣ 부동산학의 원리이론의 도출이 어렵다.

    ㉤ 부동산평가에서 표준지 선정을 어렵게 하며, 가치판단기준의 객관화를 어렵게 한다.

    ㉥ 부동산의 비교를 어렵게 하고, 부동산활동이나 현상을 개별화시킨다.

### (5) 인접성(연결성)

① 정의

인접성은 어떤 지역은 다른 지역과 인접하고, 각각의 토지는 그 옆의 토지와 인접한다는 특성이다. 토지는 인접토지와 긴밀한 공간관계에 있다. 따라서 특정토지의 개발과 사용은 인근토지에 커다란 영향을 미치므로 **외부경제** 및 **외부비경제**와 밀접한 관계가 있다.

② 인접성으로부터 파생되는 내용

    ㉠ 인접지와 경계분쟁을 야기시킨다. ⇒민법상 **상린관계**규정이 나타난다.

    ㉡ 토지는 인접지와 협동관계를 필연화시킨다.

    ㉢ 토지에 지가판정(감정평가) 시 지역분석을 필연화시킨다.

    ㉣ 토지용도에 전환 가능성을 내포하고 있다.

    ㉤ 특정토지의 개발과 사용은 인근토지에 커다한 영향을 주기 때문에 외부경제 및 외부불경제를 일으킨다.

ⓗ 개발이익의 사회적 환수 논리의 근거가 된다.

ⓐ 부동산의 용도 면에서 대체가능성을 존재케 한다.

## 2. 부동산의 인문적 특성(부동산활동과 밀접한 관계)

### (1) 용도의 다양성(다용도성)

토지가 여러 가지 용도에 제공될 수 있다는 특성을 용도의 다양성 또는 다용도성이라고 한다. 같은 용도의 토지일지라도 그 규모와 방법 등이 항상 같지는 않다.

① 토지의 용도는 인위적으로 변경 가능

② 용도의 경합성, 용도의 병존성, 용도의 변형성(=용도의 가변성)

③ 최유효이용의 원칙과 가장 밀접한 관계가 있다.

④ 용도의 다양성에 대한 규제

　ⓐ 공법상의 규제 ⇒ 용도 변화 시는 사회적·경제적 손실 초래

　ⓑ 용도의 비가역성

⑤ 토지이용의 전환과 이행을 가져온다.

⑥ 가격다원설의 이론적 근거가 된다.

⑦ 적지론의 이론적 근거가 된다.

⑧ 토지이용의 창조적 이용을 가능케 한다.

### (2) 합병분할의 가능성(분합성)

토지이용주체 및 토지정책 당국이 여러 가지 이용목적 등에 따라 효과적인 이용을 위하여 토지면적을 인위적으로 적정규모로 합할 수도 나눌 수도 있는 성질을 토지의 합병·분할의 가능성 또는 분합성이라 한다.

① 토지는 구획된 필지를 인위적으로 합필·분필할 수 있다.

② 경제적 이익에 반한 경우⇒부동산활동의 능률 극대화와 관계가 있다.

③ 합병분할도 공법상의 규제가 많다.

④ 용도의 다양성을 지원하는 기능을 갖게 된다.

⑤ 규모의 경제가 일어나게 하여 플롯티지현상을 발생시킨다.

⑥ 부동산의 감정평가에 있어서 가격원칙들 중에서 균형의 원칙, 적합의 원칙, 기여의 원칙 등의 지원을 가능케 한다.

⑦ 자연적 특성인 고정성과 함께 작용하여 한정가격을 존재하게 한다.

### (3) 인문적 위치의 가변성

토지의 사회적·경제적·행정적 위치는 인간의 활동에 따라 어떤 토지를 둘러싸고 있는 인문적 환경이나 제도 등이 변하면 토지의 위치로서의 가치가 변하게 된다.

① 사회적 위치의 가변성

인문적 위치의 변화는 상호 영향을 미치는 관계가 있다.

㉠ 인구의 상태, 가족구성 및 가구분리 등의 상태

㉡ 도시 형성 및 공공시설의 정비 상태

㉢ 교육 및 사회복지 등의 수준상태

㉣ 부동산거래 및 사용수익의 관행

㉤ 건축양식 등의 상태

② 경제적 위치

인간과 부동산 간의 관계개선과 밀접한 관계가 있다.

㉠ 저축·소비·투자 등의 수준 및 국제수지의 상태

㉡ 재정 및 금융 등의 상태

㉢ 물가·임금 및 고용 등의 상태

㉣ 세금부담의 상태

㉤ 기술혁신 및 산업구조 등의 상태

㉥ 교통체계의 상태

③ 행정적 위치(행정의 지배성)

㉠ 토지제도의 상태

㉡ 토지이용에 관한 계획 및 규제의 상태

㉢ 토지 및 건축물의 구조·방재 등에 관한 규제의 상태

㉣ 토지 및 주택정책의 상태

㉤ 부동산에 관한 세제의 상태

㉥ 부동산가격·임료에 관한 통제의 상태

　ⓐ 공시지가제도 및 거래규제의 상태

### (4) 국토성(국가성)

토지는 본래 사유이기 이전에 국토의 일부이다. 국가를 전제로 하지 않는 개인소유의 부동
산은 있을 수 없다. 따라서 부동산에 관한 각종 법률적 규제의 근거가 된다. 특히 부동산은
사회성·공공성이 더욱 강조된다. 또한 생존권적 기본권 보장의 차원에서 재산권 행사의 공
공복리 적합의 원칙이 요구된다.
　① 국가를 전제로 하지 않은 개인소유의 부동산은 있을 수 없다.
　② 부동산의 공익개념의 설정이 가능하다.
　③ 부동산에 대한 각종 법률적 규제의 근거가 된다.

### (5) 지역성

부동산은 자연적 조건 및 인문적 조건의 전부 또는 일부를 같이함으로써 다른 부동산과
함께 어느 지역을 구성하고 있다. 그러므로 부동산은 그가 속한 지역의 구성분자로서 그 지
역 및 다른 부동산과 상호 의존·보와·협동·대체·경쟁의 관계에 있고, 이러한 상호 관계
를 통해서 사회적·경제적·행정적 위치가 결정되는데 이를 부동산의 지역성이라고 한다. 예
를 들면 교통 및 통신의 발달은 사회적·경제적인 위치의 변화를 가져오며 부동산의 지역성
에 커다란 영향을 미친다.

## 기쁨

무엇보다도 중요한 것은
커다란 기쁨들이 아니라 작은 기쁨에서
많은 기쁨을 만들어 내는 것입니다.
"아저씨, 저는 행복의 기쁨을 발견했어요."
그것은 '현재'를 사는 거예요. 과거를 영원히 후회하거나
미래를 기대하는 것이 아니라 바로 이 순간에서
가능한 최대의 것을 얻는 것입니다.

-진 웹스터의 『키다리 아저씨』 중에서-

\* 늘 더 나은 길을 찾아 두리번거립니다.
그래서 현실에 만족하기보다 내가 가지지 못하거나,
할 수 없는 일에 더 연연하게 됩니다. 지금 있는 자리에서
얻을 수 있는 행복을 느끼면서 사는 삶이었으면 좋겠습니다.

# 부동산시장의 특성과 부동산의 경기변동

부동산은 일반 재화와는 달리 수요와 공급에 의하여 시장가격이 결정되지 않는 추상적 시장이다. 이렇듯 부동산시장은 국지적 시장으로 상품의 비표준화로 인하여 수급조절이 곤란하고, 거래가 은밀하게 행하여지는 등의 특수성이 존재한다. 그리고 부동산시장은 외부경제와 외부비경제 특성이 상존하며, 토지이용에 있어서 최유효이용의 효율성을 달성하여야 한다. 또한 도시의 지가패턴은 지가구배현상과 도시스프롤현상이 존재하기 마련이다.

## I. 부동산시장의 특성

### 1. 개념

부동산시장이란 부동산에 대한 수요와 공급이 상호 작용하여 가격을 형성하는 장소 또는 현상을 말한다. 보이스(B. N. Boyce)는 "부동산시장이란 부동산권리의 교환, 상호 유리한 교환으로서의 가액결정, 경쟁적 이용에 따른 공간배분, 토지의 공간이용의 패턴(pattern) 결정 및 수요와 공급에 의해서 가격이 결정되는 의도된 상업활동을 하는 곳"이라고 정의하고 있다.

## 2. 부동산시장의 특징

부동산은 자연적 특성을 가지고 있기 때문에 일반 상품시장과는 다른 고유한 다음의 특징을 가지고 있다.

① 추상적 시장

부동산시장은 부동산이 가지고 있는 지리적 위치의 고정성과 개별성의 특성으로 인해 구체적 시장이 아닌 시장참가자가 상정하는 추상적이고 관념적 시장의 특징을 띠게 된다. 따라서 부동산의 **정보활동**이 중시된다.

② 국지적 시장(시장의 지역성)

부동산시장은 부동산이 갖는 지리적 위치의 고정성과 지역성으로 인해 공간적 작용범위가 일정 지역에 한정되는 경향이 있다. 즉, 토지가 존재하는 지역단위로 시장이 형성되는 국지적 시장성을 띠게 된다. 따라서 **임장활동**이 중요시된다.

③ 상품의 비표준화

부동산의 특성인 개별성으로 인하여 부동산상품의 표준화가 곤란하고 견본거래가 불가능하며 **일물일가의 법칙**도 배제된다. 이러한 상품의 비표준화는 수요와 공급의 분석을 어렵게 하고 건물의 대량생산을 어렵게 한다. 최근에 이르러 주택과 건물 자체는 상당한 표준화가 진전되고 있으나, 이것은 건물 자체의 표준화이며 토지와의 결합체인 복합부동산이라는 면에서 볼 때 시장에서의 특성은 기본적으로 비동질성을 띠고 있기 때문에 표준화는 곤란하다. 결국 부동산 상품의 비표준화는 **하위시장(sub-market)**을 존속하게 하는 원인이 되면서 부동산가격을 복잡하게 만드는 요인이 된다.

④ 수급조절의 곤란성

부동산의 특성인 지리적 위치의 고정성과 부증성으로 인하여 부동산시장의 수급조절이 어렵다. 부동산시장은 공급의 **비탄력성**으로 인한 **불완전한 경쟁시장**이면서 단기간 내에 인위적인 수급조절은 곤란하다.

⑤ 거래의 은밀성(비공개성)

부동산의 특성인 개별성과 부동산 거래 시 고액자금의 필요, 행정적 규제 및 부동산 소득에 대한 부정적인 인식(**불로소득**) 등으로 인해 시장에서 통상 거래내용의 공개가 어려워지고 있다. 거래의 은밀성을 가지고 있기 때문에 시장에서의 정보수집이 곤란하고 정보탐색 비용이 발생하며 부동산가격이 불합리하게 형성되는 경우도 많다.

⑥ 매매기간의 장기성

상품으로서의 부동산은 단기적으로 거래하기가 곤란한 경우가 많다. 이러한 매매기간의 장기성은 곧 **환금성**의 곤란을 의미하기도 한다.

⑦ 시장의 비조직성

부동산시장은 지역성, 거래의 은밀성, 상품의 비표준화 등으로 인하여 시장의 조직화가 거의 불가능하다. 부동산시장이 비조직적인 것은 시장이 하위시장으로 구성되기 때문이다. 그러나 최근 경영기술의 향상과 정보전달수단의 발달은 부동산 고유의 특성에서 오는 장애를 극복하고 시장의 비조직성을 점차 개선하려는 경향으로 나타나고 있다.

⑧ 소수의 구매자와 판매자

부동산시장은 대체로 지역(국지적)시장 성격을 띠고 있기 때문에 어떤 특정지역에 소수의 구매자와 판매자가 있다. 각각의 개별 부동산시장들은 서로 다른 매수인 집단과 매도인 집단을 가지는 다양한 분리된 시장을 가지고 있다.

⑨ 제도적 특성

부동산에는 여러 가지 법적 제한이 많이 있다. 갖가지 공적·사적 제한도 역시 부동산시장을 불완전하게 만드는 요인이 된다.

⑩ 토지이용의 외부성

토지이용에는 다른 경제주체에 이로운 또는 해로운 영향을 미치는 외부성을 지니게 된다.

## Ⅱ. 부동산시장의 기능

일반 재화시장은 수요·공급에 의한 **균형가격**을 형성하고, 이 균형가격은 생산과 소비활동의 지표로서 자원의 효율적인 배분기능을 수행하게 된다. 부동산시장 역시 부동산시장의 특징으로 인하여 추상적이고 불완전하긴 하지만 일반 재화시장과 같이 중요한 기능을 수행한다.

### (1) 공간 및 자원배분의 기능

각종 부동산공간에 대한 경쟁을 통해 수요자의 이익 내지 만족을 목적으로 개별 부동산을 배분하는 역할을 하고 있다.

### (2) 교환기능

부동산과 현금, 부동산과 부동산, 소유와 임대 등 교환이 이루어진다. 이에 따라 권리의 교환도 이루어지게 된다.

① 부동산의 취득 및 처분활동(매매, 교환, 증여 및 상속, 취득시효 등)이 이루어진다.
② 부동산의 임대차 활동이 이루어진다.

### (3) 가격의 창조기능

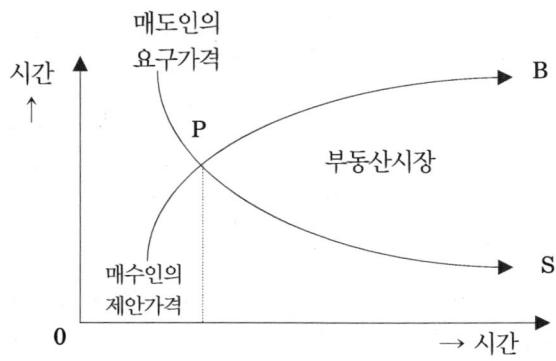

부동산 거래 시 매매당사자는 가격을 협의하게 되는데 이때 **매수인의 주관적인 요구가격** (buyer subjective valuation price) **B**는 시간이 지나감에 따라 상승하게 되고, **매도인의 주관적인 제안가격** S는 시간의 흐름과 함께 저하하게 된다. 이때 양자의 가격을 조정하는 것이 **중개업자**이며, 조정과정에서 결국 매수인이 더 이상 양보할 수 없는 **상한가격**과 매도인이 더 이상 양보할 수 없는 **하한가격**과의 만남인 **P점**에서 **거래가격**이 형성된다. 이렇게 하여 성립된 가격이 반복됨으로써 부동산가격은 창조되고 파괴된다. 그림에서 P, B, S로 둘러싸인 부분이 바로 **부동산시장이** 된다. 이렇게 하여 형성된 가격정보는 거래당사자뿐만 아니라 부동산시장의 안정과 유지를 위해 중요한 요소로 작용한다.

### (4) 정보제공기능

부동산시장은 부동산활동주체, 즉 투자자 · 건축가 · 개발업자 · 과세평가원(assessors) · 임대업자 및 중개업자에게 모두 그들의 업무상 가격결정이나 판단을 위해 부동산거래에 관한 정보를 제공한다. 그러므로 가격정보는 부동산시장의 계속적인 운용과 안정을 위해 중요하다.

일단 거래에서 지불된 부동산가격은 차후의 가격 형성에 영향을 미치게 되는데 부동산 유형에 따라 유사한 부동산에 지불된 실제가격과 비교하여 결정된다.

### (5) 양과 질의 조정기능(도시성장기능)

부동산수요를 충족시키기 위하여 공간에 대한 새로운 개발과 공급활동이 나타난다. 대체·경쟁에 의하여 토지의 **최유효이용**이 도출되고 이를 통해 부동산의 양과 질이 조정됨으로써 도시성장에 중요한 역할을 행한다.

### (6) 계속적인 부지경쟁

부동산상품은 일반 경제상의 상품과는 달리 **대체재**가 거의 없기 때문에 부동산시장도 그 기능을 원만히 할 수가 없다. 모든 부지는 잠재적 구매자들이 동일 효용으로 사용하는 데 있어서 다른 부지들과 경쟁상태에 있다. 시장이 주어진 지리적 공간의 범위 내에서 토지이용형태를 결정하는 것은 계속적인 부지경쟁의 원리를 통해서이다. 용도지역·지구제는 토지의 이용을 어떤 형태로든 제한할 수가 있다. 토지의 이용형태는 시장기능 수행의 산물이 되며 계속적인 부지경쟁을 일으키고 있다.


## Ⅲ. 부동산시장의 유형


부동산시장은 거래되는 부동산의 용도에 따라 다음과 같이 분류할 수 있다.

### (1) 주거용 부동산시장

도시주택, 전원주택, 농촌주택

### (2) 상업용 부동산시장

사무용 빌딩, 백화점, 영화관, 숙박업소

### (3) 공업용 부동산시장

공장, 광산, 창고

### (4) 농업용 부동산시장

임야, 초지, 목장, 과수원, 농작물 재배농지

### (5) 특수용 부동산시장

묘지, 교회, 골프장, 공원, 기타 공공용 부동산

## Ⅳ. 토지에 대한 수요와 토지의 공급의 특성

### (1) 토지에 대한 수요의 특성

① 파생수요의 특징이 있다.

② 일반 상품이 동일 재화의 획일화된 수요임에 반해 토지에 대한 수요는 개별성 등에 의해 차별화된 수요이다.

③ 일반 상품보다 수요이동이 자유롭지 못하다.

④ 운영관리비가 적고 담보임대차 능력이 있으므로 수요가 전무하더라도 일정 수준 이하로 가격이 하락하지 않는 특성이 있다.

### (2) 토지의 공급의 특성

① 토지의 공급은 경제적 공급을 의미한다.

② 공급의 탄력성이 작다

③ 공급에는 인식시차와 실행시차의 차이 때문에 기간이 오래 소요된다.

④ 실체이동이 불가능하다.

⑤ 건물의 공급이 제한되는 특성이 있다.

## V. 토지시장의 특징

### (1) 토지생산의 불가능성

토지의 절대량은 불변이며 생산할 수 없는 것을 말한다. 어떤 용도의 토지공급은 다른 용도의 토지공급을 희생한다는 것을 의미한다.

### (2) 토지의 개별성과 시장의 규모

토지의 개별성으로부터 토지는 각각 상이한 가치를 가지게 되며, 상호간에 대체관계를 갖는 유사한 토지가 모여 토지시장을 형성한다. 이것을 **동일수급권**이라고 하는데 토지의 용도·위치(장소)에 따라 동일수급권의 범위는 달라진다.

### (3) 토지이용의 외부성

토지이용에는 외부성을 수반하게 마련이다. 외부성 또는 외부효과란 어떤 경제활동과 관련하여 다른 사람에게 의도하지 않은 혜택이나 손해를 가져다주면서도 이에 대한 대가를 받지도 지불하지도 않는 상태를 말한다.

외부효과가 그 이름을 얻게 된 이유는 제3자에게 끼친 혜택이나 손해는 성격상 시장에서 사고팔 수 없는 특징을 가졌기 때문에 '**시장의 외부(external to the market)**'에 존재한다는 의미에서 비롯된 것이다. 시장의 테두리 밖에 존재하니까 가격이 형성되지도 않고 시장가격에 반영되지도 않는다. 외부효과는 **외부경제**와 외부비경제로 구분된다.

다른 사람에게 의도하지 않는 혜택을 입히면서 이에 대한 보상을 받지 못하는 것이 **외부경제(external economy)**이고 다른 사람에게 의도하지 않은 손해를 입히고도 이에 대한 대가를 지불하지 않는 것이 **외부비경제(eternal diseconomy)**이다.

### (4) 정보유통의 불완전성

토지시장은 토지의 개별성 및 공급의 비탄력성 때문에 거래가격이 개별사정에 의하여 이루어지는 경우가 많고, 부동산 거래 시 세금 등의 이유로 거래내용을 공개하는 것을 꺼리기 때문에 정보의 유통이 제한된다.

# VI. 주택시장의 특징

주택시장은 **불완전경쟁시장**이고 일반 상품시장과는 다른 특징을 지니고 있다.

① 주택상품의 가격은 고가이면서 비동일가격이다.

② 주택상품에 대해서 완전한 대체가 불가능하다.

③ 주택시장은 한정된 판매자와 구매자로 이루어져 있다.

④ 주택상품은 이질적인 상품이다.

⑤ 주택상품의 이동이 불가능하다.

⑥ 주택상품의 거래는 법률의 영향을 많이 받게 된다.

⑦ 주택시장에서 정보를 획득하기 위해서는 시간과 비용이 많이 소요되고, 그 정보도 제한적이다.

⑧ 주택시장은 지역성과 이질성으로 인하여 지역시장에서 거래가 이루어진다. 따라서 주택시장의 범위는 국지적이다.

⑨ 주택시장의 종류는 자가주택시장, 임대주택시장, 신규주택시장, 중고주택시장 등 그 종류가 매우 다양하다.

## (1) 주택의 입지적 속성

① 접근성(accessibility)

주택에 대한 수요는 직장, 학교, 시장 또는 중심지 등과의 거리와 교통수단에 민감하다. 따라서 통근시간 및 비용이 증가하면 주택의 상대가격은 하락한다.

② 환경요인(environmental factor)(쾌적성)

소비자는 주위의 소음 정도, 값이 싼 넓은 대지 등과 같은 여러 요인을 고려하여 주택을 구입하기 때문에 주변의 환경요인들을 중시한다. 그러나 도심지에의 접근성과 쾌적성은 서로 상반되는 요인들이다. 일반적으로 접근성의 수준은 통근시간과 비용에 따라 다르겠지만 거리에 비례한다.

## VII. 외부경제와 외부비경제

### (1) 외부경제

① 개념

시장기구에 참가한 소비자나 생산자의 경제활동으로 시장기구에 참여하지 않은 경제주체에 무상으로 효용이나 비용의 증감을 유발하는 현상

② 현상

PIMFY(Please In My Front Yard)：공원, 사회체육센터, 공공도서관, 지하철 등

③ 대책

개발이익환수제도의 활용

④ 소비의 외부경제적 효용 증가

시장수요곡선 우측이동, 생산자에게 보조금을 지급하여 공급곡선을 우측이동

⑤ 생산의 외부경제

사회적 비용 감소는 시장공급곡선 우측이동, 생산자에게 보조금을 지급하여 시장공급곡선을 우측이동

### (2) 외부비경제

① 개념

한 경제주체의 경제활동이 타 경제주체에 시장기구를 통하지 않고 응분의 보상을 받거나 지불하지 않고 불이익을 주는 경우

② 현상

NIMBY(Not In My Back Yard)：쓰레기매립장, 소각장, 장례예식장 등

③ 대책

용도지구·구역·지구제 시행, 개발손실 보상

④ 소비의 외부불경제

사회적 효용 감소는 시장수요곡선 좌측이동, 생산자에게 조세를 부과하여 공급곡선을 좌측이동

⑤ 생산자에게 조세를 부과하여 시장공급곡선을 좌측이동

## Ⅷ. 최유효이용과 토지이용

### (1) 토지이용의 집약도

토지이용에 있어서 단위면적당 투입되는 노동과 자본의 크기

**투입되는 노동과 자본의 양**

**\* 토지이용의 집약도＝단위면적**

### (2) 집약적(集約的) 토지이용

토지이용의 집약도가 높은 토지이용을 의미

① 수확체감의 법칙 적용

  ㉠ 하나의 생산요소만을 어느 수준 이상으로 투입하면, 총생산량은 증가하나 추가적인 생산량은 점점 감소

  ㉡ 집약적 토지이용에는 집약도가 높아짐에 따라 단위면적당 투입되는 노동·자본의 크기에 대한 수익의 비율은 감소

  ㉢ 어느 도시의 토지이용에 있어서 건물의 고층화에도 그대로 적용

② 집약적 한계

  투입되는 **한계비용**이 산출되는 **한계수입**과 일치되는 데까지 추가·투입되는 경우의 집약도 즉, 이윤극대화를 가져오는 토지이용의 집약도이다. 토지이용 집약도의 상한선을 의미

### (3) 조방적(粗紡的) 한계

  토지이용의 집약도가 낮은 토지이용을 의미한다. 최적의 조건하에서 겨우 생산비를 감당할 수 있는 수익밖에 얻을 수 없는 집약도, 즉 **총수입**과 총비용이 일치하는 **손익분기점**에서의 토지이용의 집약도, 토지이용집약도의 하한선을 의미한다.

### (4) 입지잉여(立地剩餘)

  동일한 용도의 토지이용이라도 입지조건이 더 양호한 경우에는 더 많은 이익을 얻을 수 있는 것을 입지잉여라 한다.

① 발생요건

어떤 위치의 가치가 조방적 한계입지 이상이고 또한 그 위치를 최유효이용할 수 있는 입지주체가 이용하는 경우에 발생한다.

② 입지조건

입지잉여는 입지조건이 나쁠수록 감소하고 좋을수록 증가하는데, 입지조건이 최악에 이르면 입지잉여는 마이너스나 영이 되고 입지조건이 최상이면 플러스나 100이 된다.

### (5) 토지이용과 지가

지가수준이 높은 경우에는 토지이용이 집약화되고, 지가수준이 낮은 경우에는 토지이용이 조방화된다. 지가수준이 높은 토지는 그것을 집약적으로 이용할 수 있는 입지주체만이 그곳에 입지할 수 있다. 일반적으로 1차산업보다 2차산업이 더 집약적이고, 2차산업보다는 3차산업이 더 집약적이다.

## IX. 지가구배(地價句配)현상과 도시스프롤(sprawl)현상

### (1) 지가구배현상

① 의의

지가구배현상이라 함은 도시의 지가패턴은 도심이 가장 높고 도심에서 멀어질수록 점점 낮아지는데, 이와 같이 지가가 도심에서 도로를 따라 외곽으로 나갈수록 점점 낮아지는 현상을 말한다.

② 행태

㉠ 대도시

도심에서 도시의 경계까지 직선적으로 가격수준이 저하되는 것이 아니라, 중간에 여러 **도시핵**이 있고 거기에는 다시 번화가도 있어서 지가수준도 다시 높아졌다가 저하되는 현상이 나타난다.

㉡ 소도시

도심의 지가구조가 비교적 단순하고 도심의 토지이용이 보다 집약적이지만, 교외로 나감에 따라 급격하게 조방화되기 때문에 지가수준도 도심에서는 치솟으나 도심에서 벗어나면 저하되는 경향을 보인다.

### (2) 도시스프롤현상

#### ① 의의

도시스프롤현상이란 급속한 도시화에 따라 확대되는 도시지역에서의 토지이용이 무질서·무계획적으로 진행되어 불규칙하게 평면적으로 확산되는 것을 말한다. 그런데 이러한 스프롤현상은 주거지역에서만 생기는 것이 아니고 상업지역이나 공업지역에서도 생기며 대도시의 도심지보다는 외곽부에서 더욱 발달한다. 결국 이러한 스프롤현상은 토지의 최유효이용에서 괴리됨으로써 일어나는 현상이라고 할 수 있다. 그리고 스프롤지대의 지가현상은 지역특성에 따라 다양하지만 예외적인 경우를 제외한다면 지가수준은 표준적 이하의 것이라고 할 수 있다.

#### ② 발생요인

도시계획·토지이용계획을 소홀히 다룬 데 그 원인이 있다.

#### ③ 특징

　　㉠ 토지의 최유효이용을 하지 못한 데서 발생되는 현상

　　㉡ 주거지역만이 아니라 상업지역이나 공업지역에서도 발생한다.

　　㉢ 대도시의 도심지보다는 외각지에서 더 발생한다.

　　㉣ 지가현상은 지역특성에 따라 다양하며, 지가수준은 표준 이하인 경우가 보통이다.


## X. 집약적 토지이용

### (1) 의의

일정 지역에서 기존의 이용주체가 새로운 인자의 침입으로 인해 새로운 이용주체로 변화하는 것이다. 인간생태학적 측면에서 연구된 **침입**(invasion)과 **계승**(succession)의 논리를 적용하여 창조적 토지이용을 전개하려는 **동태적 연구**이다.

### (2) 침입과 계승의 유인

#### ① 침입

어떤 인구집단 또는 토지이용의 형태에 새로운 이질적인 수준의 것이 개입되는 현상

② 계승

침입의 결과 새로운 차원의 인구집단 또는 토지이용 종래의 행태를 교체하는 현상

## (3) 확대적 침입과 축소적 침입

① 확대적 침입

집약적 이용이 조방적 이용을 침입하는 경우

② 축소적 침입

조방적 이용이 집약적 이용을 침입하는 경우

## (4) 적대적 토지이용

토지 자체나 인근지역의 토지이용 등에 불리한 영향을 미칠 것으로 생각되는 토지이용을 말한다.

# XI. 직·주 분리와 직·주 접근

## (1) 직·주의 분리

① 의의

직·주 분리란 직장과 주거지가 다른 것을 말하는데, 주로 직장을 도심에 두고 있는 근로자가 그 거처를 도심에서 멀리 두는 현상을 가리킨다.

② 원인

    ㉠ 도심의 환경 악화

    ㉡ 도심의 지가고 발생

    ㉢ 도심의 재개발 현상

    ㉣ 공적 규제 현상

    ㉤ 교통과 통신의 발달

③ 결과

**공동화(空洞化) 현상** - 도넛현상(인구의 시외이주로 도심의 상주인구가 감소함으로써 도심

의 주·야간 인구차가 커지는 공동화현상이 나타난다.)

### (2) 직·주의 접근

직장과 주거지를 가급적 가까운 곳에 두는 현상 – 회귀현상

① 원인

    ㉠ 정책적으로 유도

    ㉡ 도심의 지가 하락

    ㉢ 도심환경의 개선

    ㉣ 교통체증의 심화 현상

② 결과

도심의 주거용 건물이 고층화하며, 도심의 집약적 토지이용현상이 나타난다.

# XII. 한계지의 지가법칙

### (1) 의의

한계지란 특정의 지점과 시점을 기준으로 한 **택지이용의 최원방권**이다.

### (2) 특징

① 한계지는 농경지 등의 용도전환으로 개발되는 것이 대부분이나, 한계지의 지가수준은 농경지 등의 지가수준과 무관한 경우가 많다.

② 한계지의 지가와 도심부의 지가는 상호 무관하지 않고, 각 한계지의 지가 상호간에는 밀접한 대체관계가 성립한다.

③ 한계지는 철도와 같은 대중교통수단을 주축으로 하여 연장된다.

④ 한계지는 초기에 지가의 상승이 빠르다(예, 한계지 일부가 택지로 전환된 경우).

⑤ 自家의 한계지는 借家의 한계지보다 더욱 택지이용의 원방권에 위치한다.

**\* 참고[인근지역의 Cycle Pattern 요소]** ⇒ 근원은 환경성

ㄱ 성장기

지역의 성장하는 과정의 단계⇒투기발생(미성숙단계) 입주층은 젊은층이 많다.

     ⓐ 다른 단계에 비해 지가상승률이 높은 편이다.

     ⓑ 상대적으로 투기적 경쟁이 치열하다.

     ⓒ 입주하는 계층은 비교적 젊고 교육수준이 높은 경우가 많다.

     ⓓ 성숙기에 비하여 단위기간당 주민들의 유동이 많다.

     ⓔ 지역조건에 따라 종전과는 다른 새로운 문화적 양상이 형성된다.

ㄴ 성숙기

모든 지역적 기능이 절정에 이른다(지가의 최고수준). 성쇠과정 중 긴 기간으로 인식된다.

## 겸손이란

우리는 늘 겸손한 성품에 관심을 가져야 합니다.
왜냐하면 조금만 무관심하면 교만이라는 잡초가 자라기
때문입니다. 모든 잡초가 그러하듯, 잡초는 좋은 씨앗들을
쉽게 해쳐 버립니다. 겸손은 아주 피기 어려운 꽃이요,
아주 힘들게 맺는 열매와 같습니다. 그러므로
주의를 기울여 겸손이란 성품을
가꾸어야 합니다.

-강준민의 『성품 속에 담긴 축복의 법칙』 중에서-

* 겸손은 상대를 먼저 배려하고
자신을 낮추므로 이루어 갈 수 있습니다.
겸손은 우리들의 긴 인생 여정 속에서,
삶을 윤택하게 하며 풍성한 열매를 맺게 합니다.
그러나 겸손은 아주 피기 어려운 꽃이요, 힘들게 맺는 열매와 같습니다.
조금만 방심하면 우리들의 마음속에 교만이란 잡초가 자라게 되어
마음의 정원을 황무지로 만들어 버립니다.

# 부동산투자 및 투기

부동산투자나 부동산투기는 리스크가 크면 클수록 수익률이 높은 것이 일반적이다. 그러나 부동산투자는 실수요자 중심의 성숙지에 대한 정당한 기대수익을 위하여 정상가격으로 구매하는 것을 목적으로 하는 데 반하여, 부동산투기는 가수요자 중심의 미성숙지에 대한 양도차익을 목적으로 적정면적 이상을 구매하는 것을 말한다.

## Ⅰ. 부동산투자

### (1) 의의

부동산투자란 확실한 현재의 소비를 희생하여, 장래의 불확실한 수익의 획득을 목적으로 부동산에 자본을 투입하는 행위이다. 따라서 투자에는 불확실성에 대한 위험이 내포되어 있고, 투자자는 위험에 대한 보상으로서 수익률을 요구하게 된다.

### (2) 투자성 · 수익성 부동산

① 합리적 안정성과 원금의 회수 가능성

② 기업의 일부 재산으로 구성

③ 유용성의 단위

④ 생산활동에 이용될 수 있는 자산

### (3) 부동산투자의 장점과 단점

① 장점

    ㉠ **leverage의 효과** - 지렛대 효과(타인의 자금을 융통하여 보다 좋은 투자를 하는 효과)

    ㉡ **절세효과**

    ㉢ 구매력 보호

    ㉣ 소유의 기능

    ㉤ 인적통제기능

    ㉥ 사업이윤 · 자본 및 소득이윤

② 단점

    ㉠ 낮은 환금성

    ㉡ 사업위험부담 · 금융위험부담

    ㉢ 소비자의 노력 필요

    ㉣ 거래비용부담

    ㉤ 행정적 통제와 법률의 복잡성

☞ **레버리지 효과(Leverage Effect)의 사례**

    재테크에 성공한 사람들의 공통적인 특징 중의 하나는, 레버리지 효과(Leverage Effect)라는 것을 잘 활용한다는 점을 들 수 있다. 레버리지 효과는 다른 말로 지렛대 효과라고도 하는데 간단히 요약하면 '타인 자본을 이용한 자기 자본 이익률의 상승효과'라 할 수 있다. 이해하기 어려운 면이 없지 않다. 좀 더 이해하기 쉽도록 실제 사례를 통해 레버리지 효과에 대해 알아보자.

〈사례〉

K 씨와 M 씨는 지난 2006년 8월에 경기도 분당구 서현동 소재 H아파트 33평과 24평을 각각 구입하게 되었는데 K 씨는 자금사정을 고려해 전세보증금 1억 8,000만 원과 대출금 4,000만 원을 안고 33평 아파트를 4억 8000만 원에 구입하였고, M 씨는 거주목적으로 24평 아파트를 2억 6,000만 원에 구입하였다.

M 씨의 경우 구입 당시 '조금 부담이 되더라도 33평 아파트를 구입하라'는 지인들의 충고가 있었지만 대출금은 아무래도 부담이 될 것 같아 고민 끝에 24평을 선택했다고 한다. 이에 비해 K 씨의 경우에는 '당장 거주할 집도 아닌데 무리해서 전세와 대출금까지 안고 구입하는 것은 무리다', '만약의 경우 부동산 경기가 안 좋아져서 전세가 잘 나가지 않으면 어떻게 하려고 그러느냐'는 등 주로 구입에 신중을 기하라는 충고가 많았으나 향후 H아파트의 가격이 꾸준히 상승할 것이라 예상하고 용기를 내어 구입했다고 한다.

구입 후 2년이 지난 지금 K 씨가 구입한 33평 아파트의 시세는 6억 8,000만 원을 호가하고 있으며 M 씨가 구입한 24평 아파트 역시 3억 4,000만 원을 호가하고 있는 상태로 단순비교만 해도 두 사람 모두 자신들이 구입한 가격에 비해 각각 2억 원, 8,000만 원의 시세차익을 거두고 있는 상태다.

위 사례를 읽어 본 사람이라면 누구라도 "어떻게 실제 투자금액이 똑같이 2억 6,000만 원이었는데 한 사람은 2억 원의 시세차익을 거두고 다른 사람은 상대적으로 적은 8,000만 원의 시세차익을 거두는 상황이 발생했단 말인가?"라는 의문점이 생길 것이다.

위와 같은 의문을 속 시원하게 해결해 줄 수 있는 답이 바로 레버리지 효과다. 즉, 내 돈이 아닌 남의 돈(전세보증금+대출금=2억 원)을 잘 활용해서 33평 아파트를 선택했던 K 씨는 전액 내 돈만을 가지고 24평 아파트를 선택했던 M 씨에 비해 더 큰 시세차익(투자수익)을 거둘 수 있었는데 이를 가능케 해 준 것이 바로 레버리지 효과인 것이다. K 씨와 M 씨의 사례를 정리하면 다음의 표와 같다.

| | 평형 | 구입가 | 임대/대출금 | 실 투자 | 이자비용 | 현재가 | 실투자 대비 수익률 |
|---|---|---|---|---|---|---|---|
| K씨 | 33평 | 4억 8천만 | 2억 2천만 | 2억 6천만 | 480만 | 6억 8천만 | 75.1% |
| M씨 | 24평 | 2억 6천만 | 0 | 2억 6천만 | 0 | 3억 4천만 | 30.8% |

표를 보면 K 씨는 M 씨의 수익률에 비해 2.4배가 넘는 75.1%의 높은 수익률을 올리고 있음을 알 수 있다. 이처럼 레버리지 효과는 내 돈이 아닌 다른 사람의 돈을 활용해서 투자수익을 극대화를 꾀하는 투자방법인 것이다.

위에서 살펴보았듯이 레버리지 효과는 잘만 활용하면 큰 수익을 확보할 수 있는 투자방법이 될 수 있다. 하지만 레버리지 효과를 통해 큰 수익을 얻으려다 오히려 큰 손해를 볼 수도 있음을 알아야 한다. 주로 부동산 경기가 침체기 혹은 하락기에 접어들었을 때 레버리지 효과를 활용하는 경우 종종 이런 현상이 발생하게 되는데 사례를 통해 이를 꼭 기억해 두도록 하자.

# II. 부동산투기

## (1) 의의

단기간의 **양도차익**을 얻는 것을 목적으로 토지를 보유, 즉 단지 양도차익을 목적으로 스스로 개발·이용할 수 있는 규모 이상의 토지를 보유한 경우로 주로 미성숙지를 대상으로 한다.

## (2) 부동산투기의 발생요인

① 지역개발(신도시개발, 도시재개발, 광산 및 온천개발)
② 교통수단의 신설과 확산
③ 경제 및 도시성장
④ 공공개발에 의한 개발이익의 편승
⑤ 주택 및 택지가격의 상승
⑥ 부동산시장의 불완전경쟁시장적 성격
⑦ 인플레 아래서 환물투기심리
⑧ 토지에 대한 전통적인 소유욕

## (3) 부동산투기의 폐해

① 불로소득자와 일반인과의 소득격차 심화

② 기업의 신규투자 감소하고 생산활동 위축되어 실업률 증가

③ 기업의 실수요지 확보 곤란 및 물가 앙등과 수출 부진

④ 근로의욕 상실과 계층 간의 위화감 조장

⑤ 공공용지 확보 곤란 및 도시기반시설의 설치 곤란

⑥ 토지의 효율적 이용 및 개발 곤란

### (4) 부동산투기의 순기능

① 투기적 공급으로 주택문제를 다소 해결

② 택지의 투기적 공급 가능

③ 도시의 민간개발 가능

④ 1가구 1주택의 목표달성 촉진

### (5) 부동산투기 억제정책

① 종합토지세 및 양도소득세

② 토지거래계약허가제

③ 공시지가의 고시

④ 개발부담금

## Ⅲ. 부동산투자와 투기의 비교

|  | 부동산투자 | 부동산투기 |
|---|---|---|
| 주    체 | 실수요자 | 가수요자 |
| 대    상 | 택지 등 성숙지 | 미성숙지 |
| 목    적 | 정당한 기대수익 | 양도차익 |
| 가    격 | 시장가격(정상가격) | 투기가격 |
| 이용·관리 | 의사 있음 | 의사 없음 |
| 면    적 | 적정면적 | 적정면적 이상 |
| 기    간 | 장기 | 단기 |

# IV. 부동산투자의 결정

○ **일반적 요인**

(1) 전통적으로 부동산에 대한 소유욕

(2) 부동산의 이용 · 관리의 가능성

(3) 부동산의 개별성과 국지성

(4) 부동산의 영속성

○ **투자 시 고려요인**

(1) 투자의 안전성

(2) 투자자금의 환금성

(3) 산출의 확실성

(4) 자본가치의 증대

(5) 거리에 대한 인식 - 시간거리, 의식거리, 운임거리, 실측거리

(6) 세제 면에서 이익

(7) 경영관리의 부담 여부

(8) 순수익 재투자

(9) 지레의 작용 - 투자의 극대화

# V. 재산 3분법과 부동산투자의 위험분석

☞ **투자활동의 3대 위험부담**

　㉠ **원금의 위험부담** - 안전성 문제

　㉡ **환금의 위험부담** - 환금성 문제

　㉢ **경제가치의 위험부담** - 수익성 문제

○ **재산 3분법**

**(1) 의의**

재산을 보전함에 있어서 어느 한 가지에만 집중시키지 않고 분산시킴으로써 경기변동 등
에서 오는 **위험부담**으로부터 벗어나고 수익도 취하자는 데 목적을 둔 재산관리지침

**(2) 투자재산의 비교**

| 구분 | 예금 | 증권 | 부동산 |
|---|---|---|---|
| 안전성 | 조금 높다 | 조금 낮다 | 아주 높다 |
| 수익성 | 아주 낮다 | 조금 높다 | 아주 높다 |
| 환금성 | 아주 높다 | 조금 높다 | 아주 낮다 |

**(3) 자산선택에 영향을 미치는 요인**

① 투자자의 소득수준
② 투자물건의 가격수준

# VI. Portfolio Theory(포트폴리오 이론)

**(1) 의의**

여러 개의 자산에 분산 투자함으로써 하나에 집중되어 있을 때 발생할 수 있는 위험을 제
거하여, 분산된 자산으로부터 안정된 결합편익을 획득하도록 하는 자산관리의 방법이나 원리
를 말한다.

**(2) 체계적 위험과 비체계적 위험**

① 체계적 위험
시장의 힘에 의해서 야기되는 것으로, 모든 부동산에 영향을 주는 '**피할 수 없는 위험**'(경

기변동이나 이자율의 변동 및 인플레의 악화 등)을 말한다.

② 비체계적 위험

개별적인 부동산의 특성으로부터 야기되는 것으로 투자대상을 다양화하여 분산투자를 함으로써 '**피할 수 있는 위험**'을 말한다.

○ **투자의 위험과 수익**

(1) 부동산투자의 위험

① 사업상의 위험 - 시장위험, 운영위험, 위치적 위험

② 금융적 위험

③ 법적 위험

(2) 기대수익률과 요구수익률과 관계

| |
|---|
| 기대수익률 ≥ 요구수익률 ⇒ 투자채택<br>기대수익률 〈 요구수익률 ⇒ 투자기각 |

① 기대수익률

투자로 인해서 기대되는 예상수익률(내부수익률)

② 요구수익률

투자에 대한 위험이 주어졌을 때 투자자가 대상 부동산에 투자하기 위해 충족되어야 할 최소한의 수익률

③ 실현수익률

투자가 이루어지고 난 후에 현실적으로 달성된 수익률

(3) 투자가치와 시장가치

| |
|---|
| 투자가치 ≥ 시장가치 ⇒ 투자채택<br>투자가치 〈 시장가치 ⇒ 투자기각 |

(4) 위험과 수익과의 관계

① 위험에 대한 투자자의 태도

기대수익률이 동일한 두 개의 투자대안이 있을 경우에 위험이 덜한 쪽을 선택하는 경우로서 '위험혐오적'이라 한다.

② 위험·수익의 상쇄관계

일반적으로 위험과 수익은 비례관계이다.

## 부부사랑

부부사랑은
침실에서만 이뤄지는 게 아니다.
손을 마주잡고 아파트단지 내 산책로를 잠깐 걷는
몇 분 동안에도 사랑은 가슴에서 온몸으로 전해져 온다.
갈등은 모든 부부에게 생길 수 있다. 그러나 대화를 많이
나누는 부부에게 '위기'는 비집고 들어올 틈이 없다.
부부사이에 갈등을 해소하고 예방하는 데
대화만큼 중요한 것은 없다.

– 김영희의 『만남, 사랑 그리고 헤어짐』 중에서 –


\* 세상사, 인간사의 중심은 가정입니다.
가정의 중심은 부부이며, 부부의 중심은 사랑입니다.
부부사랑은 한순간에 타올랐다 사그라지는 불꽃같은 사랑이 아니라,
은근한 온기가 오래오래 이어지는 군불 같은 사랑입니다.
손을 잡고, 얼굴을 맞대고, 도란도란 나누는 이야기 속에
군불 같은 사랑이 모락모락 피어오릅니다.

# 부동산금융의 기초지식

부동산은 금융이용 측면에서도 중요한 위치를 차지하고 있다. 부동산금융은 일정한 자금을 확보하여 무주택서민과 주택건설업자에게 장기 저리로 대출해 주어 주택공급을 확대할 수 있고, 나아가 주택구입을 보다 용이하게 할 수 있다. 그리고 부동산세법에 관하여 정부의 부동산세제정책과 앞으로의 세제개편방안을 검토하여 절세할 필요가 있다. 그러므로 부동산금융을 잘 이용할 수 있는 능력을 배양하는 것이 성공적인 부동산재테크가 될 수 있는 방안일 것이다.

## I. 부동산금융의 기능

### 1. 부동산금융의 기능

일정한 자금을 확보하여 그것을 무주택서민과 주택건설업자에게 **장기 저리**로 대출해 줌으로써 주택의 공급을 확대하는 한편 주택구입을 용이하도록 하는 특수금융을 말한다. 부동산금융의 기능은 다음과 같다.

① 주택거래의 활성화
② 주택시장의 수급 조절
③ 자가주택의 공급 확대
④ 저축유도와 주택자금의 조성
⑤ 경기조절
⑥ 주거의 안정


## 2. 부동산금융의 원칙

### (1) 자금의 확보

부동산에 소요되는 자금은 방대한 것이기 때문에 부동산금융의 재원을 정부재정에만 의존한다는 것은 어려움이 있다. 따라서 부동산의 소요자금은 정부예산은 물론 민간자금을 적극적으로 유치해야 한다.


### (2) 대출금리의 책정

부동산금융은 주로 저소득계층과 중간계층을 위한 장기적인 대출이기 때문에 대출금리는 장기저리이며 안정적이어야 한다.


### (3) 부동산대출채권의 유동화

부동산자금 대출의 상환주체는 가계이고 대출금이 거액이기 때문에 20~30년에 걸쳐 상환되는 장기대출이다. 이러한 대출은 금융기관이 보통 단기로 조달하는 자금을 장기 고정화시키는 결과가 되어 자금의 조달과 공급 면의 차질을 초래하여 더 많은 부동산자금융자를 제한하게 된다. 이러한 장기 고정화된 부동산대출채권을 저당증서 또는 기타의 방법을 매개로 유동화시켜 자금화함으로써 부동산자금의 원활한 공급이 촉진된다.

여기서 **저당권의 유동화**란 저당권 자체를 하나의 상품으로 유통하게 하는 것으로, 즉 **부동산저당권**을 다시 유통시켜 신용창조의 수단으로 활용하는 것을 말한다.

### (4) 부동산채권보전

부동산금융은 개인을 상대로 장기 대출해 주는 것이기 때문에 상환에 대한 보장이 불확실하여 금융기관에서 부동산(주택)융자에 참여하기를 꺼린다. 이것이 부동산 부문으로 자금이 유입되지 않는 또 하나의 이유가 되고 있다. 채권보전에 대한 보장은 부동산금융의 발전을 좌우하는 중요한 요인이므로 신용 보완책으로서의 여러 가지 조치가 강구되어야 한다. 따라서 채권확보에 대한 보장이 보전되며 부동산금융에 대한 자금유입을 조정하는 계기가 될 수 있다.


## II. 부동산의 저당대출제도


### 1. 저당의 개념과 종류

저당(mortgage)은 부동산을 담보로 해서 필요한 자금을 융통하는 것을 말한다. 저당의 종류에는 여러 가지로 나눌 수 있으나 여기서는 몇 가지만 살펴보기로 한다.


### (1) 정부지원저당

정부에서는 저소득층을 보호하기 위해서 여러 가지 형태의 주택보증 프로그램을 실시하고 있는데, 차입자가 채무를 불이행하였을 경우 정부에서 대출자의 손해를 대신 보상해 준다는 것을 보증하는 것이 정부보증 프로그램이다.


### (2) 재래적 저당

각종 금융기관에서는 정부지원저당 외에도 일반 대출자들을 상대로 저당대부를 해 주고 있는데 이 같은 제도는 정부지원저당제도가 생기기 전부터 있어 왔던 것으로 재래적 저당(전통적 저당)이라 한다. 재래적 저당은 정부지원저당보다 대부기간이 짧고 부동산가치에 대한 대부비율도 낮은 것이 일반적이다.

### (3) 건축대부

건축대부는 부동산을 건설하는 공급자에게 제공되는 대부의 일종이다. 건축대부는 일반적인 저당대부와는 다른 몇 가지 특징이 있는데, 이것은 기간이 짧고 이자율도 상당히 높다. 또한 건축대부에는 수반되는 위험이 많기 때문에 자금도 일시불로 제공되지 않고 단계적으로 제공된다. 그러나 대출자금의 상환은 건축의 완성과 더불어 일시불로 이루어져야 한다.

## 2. 저당대출의 의의

오늘날 저당대출이란 용어는 특수한 법률적인 의미를 벗어나 저당금융을 통칭하는 광범위한 용어로 쓰인다. 즉, 부동산을 담보로 제공하고 신용을 공여 받는 금융의 형태를 지칭한다. 저당제도란 금전대차관계에 있어서 차주의 채무변제를 담보하기 위해서 차주 또는 제3자 소유의 부동산에 설정하는 저당권 내지 일체의 우선변제특권 등을 말하며, 채권자는 담보물상의 이권을 채무불이행 시에 행사함으로써 자기 채권을 충족시킬 수 있는 제도이다.

## 3. 저당의 유동화 제도: MBS(Mortgage Backed Securities)

저당권 자체를 하나의 상품으로 유통되게 하는 것을 저당권의 유동화라 한다. 즉, 부동산 저당권을 다시 유통시켜 신용창조의 수단으로 활용하는 것을 말한다. 이러한 저당채권의 유동화는 당초 부동산자금융자를 한 기관 외에 다른 기관을 부동산저당채권에 투자하게 하여 간접적으로 자금이 부동산 부문으로 흘러 들어오게 한다.

## 4. 저당방법

### (1) 원리금 균등상환방법

원리금 균등상환방법은 부동산금융에서 가장 보편화된 차금지불방법으로 특히 단일가구 주택금융이나 아파트단지와 쇼핑센터 같은 소득을 창출하는 건물의 장기저리 대부에 이용된다. 이와 같은 지불형태는 원금에 대해서 일정 기간에 일정률의 이자를 매월 지불하는 것을 말하는데, 매 지불 시마다 원금이 일부 포함되어 있기 때문에 근저당이 끝날 때에는 원금이 완전히 변제되며 채권자는 근저당 동안 매월 고정이자를 얻는다.

### (2) 부분 원리금 상환방법

부분 원리금 상환방법은 차주(借主)와 대주(貸主) 간에 변제만기일이 되어도 완전히 상환되지 않음을 합의한 특별금융을 말한다.

### (3) 수요금융으로서 이자 매월상환방법

수요금융으로서 이자 매월상환방법은 원금은 만기일에 일시불로 변제하고 매월 이자만 지불하는 금융을 말한다.

### (4) 체증식 융자금 상환방법

체증식 융자금 상환방법은 초기에는 지불금이 낮은 수준이나 차주의 수입이 증가함에 따라 지불금도 점진적으로 증가하는 방식이다.

### (5) 변동이자율(가변이자율) 저당대부방법

변동이자율 저당대부방법은 대주와 차주와의 특약에 의해서 이자율이 달라지는 것으로 고정률 저당대부보다 자주 사용하지는 않으나 주택금융 등에서는 중요성이 점증되고 있다. 대부 후 예상치 못한 인플레이션 급증에 따른 우려 때문에 비교적 장기간 고정이자율로 대부하기를 꺼리는 대주들은 보통 이 방법을 이용한다.

### (6) 재협정률 저당대부방법

재협정률 저당대부방법은 저당에 의해서 재협정률에 의한 대부금이 확보되는 것이 특징이다. 즉, 이자율이 미리 정해진 지수에 의해 결정되는 것이 아니라 일정 기간마다 차입자와 대출자 간의 재협상에 의해 결정된다.

### (7) 조정이자율저당

조정이자율저당은 가변이자율저당과 유사하다. 즉, 조정이자율저당도 가변이자율저당과 같이 이자율이 지수에 따라 변화하는데 그 지수가 가변이자율저당의 그것보다 다양하여 대출자에게 더 많은 재량을 부과한다는 점에서 차이가 난다.

### (8) 가격수준조정저당

가격수준조정저당은 이자율을 변화시켜 인플레이션 위험에 대처하는 것이 아니라 예상된 인플레이션의 이율에 따라 저당가격수준(저당잔금액)을 정기적으로 조정하여 이에 대처한다.

## 5. 저당담보증권

### (1) 부동산증권

① **지분증권:** 지분증권이란 부동산개발회사나 투자회사에서 지분금융을 얻기 위해 발행하는 증권을 말한다(주식, 출자지분).
② **부채증권:** 부채증권이란 부채금융을 얻기 위해 발행하는 증권이다(채권).

### (2) 저당담보증권의 개념

저당담보증권이란 저당대출기관, 저당회사, 기타 기관투자자들이 자신들이 설정하거나 사들인 저당을 담보로 해서 발행하는 증권이며, 가변이자율로 발행할 수도 있고 저당을 여러 개로 나누어 발행할 수도 있다. 차입자가 비록 채무불이행을 하더라도 투자자는 매 기간마다 원금과 이자를 보장받을 수 있다.

### (3) 저당담보증권의 형태

① **무기명형:** 증서상에 소유자의 이름·주소 등이 명시되어 있지 않은 형태이다.
② **등록형:** 등록사무소에 소유자의 주소·이름 등이 등록되어야만 원금이나 이자를 받을 수 있는 형태이다.
③ **장부기재형:** 소유권을 나타내는 어떤 증서도 발행되지 않고 컴퓨터장부에만 기입하는

형태로서, 이 경우 소유자는 아무런 증서도 소지하지 않는다.

### (4) 저당담보증권의 종류

① **이체증권:** 이체증권이란 차입자가 지불하는 부채서비스액이 저당관리비용을 제하고 투자자에게 지불되는 것을 말한다.

② **저당채권:** 투자자들은 저당채권을 구입함으로써 만기 전 변제의 위험에서 상당히 벗어날 수가 있다. 저당채권은 매수인이 콜방어(call protection: 매수인이 발행자의 만기 전 변제에 대해 방어하는 것)를 할 수 있는 장치가 마련되어 있다. 즉, 저당채권의 발행자는 비록 저당차입자가 만기 전에 모저당을 변제한다고 하더라도 저당채권을 사전에 변제하지 않는다는 약속을 한다.

③ **참여증서:** 참여증서는 담보가 되는 모저당을 저당담보증권의 형태로 여러 사람이 공동 소유하는 것을 의미한다. 따라서 참여증서를 산다는 것은 모저당에 대한 공동 소유권을 사는 것을 의미한다.

④ **담보저당채권:** 저당채권의 총 발행액을 몇 개의 그룹으로 배분한 후 각 그룹마다 상이한 이자율을 적용하고 원금이 지급되는 순서를 다르게 정할 수 있는데, 이처럼 나누어진 그룹의 순서에 따라 원금의 지불이 연속적으로 이루어지는 형태의 저당채권을 담보저당채권이라 하며, 이때 나누어진 각 그룹을 트렌치(trench)라 한다. 담보저당채권(CMO)은 이체증권과 저당채권의 두 가지 성질을 다 가지고 있다.

# Ⅲ. 우리나라 부동산금융제도

## 1. 부동산금융의 자금조달 및 공급형태

### (1) 공공 부문의 부동산금융(국민주택기금)

국민주택채권의 발행은 국민주택기금의 조성에 있어서 가장 큰 비중을 차지하며, 국민주택기금의 운용관리는 원칙적으로 건설교통부장관이나 국민은행이 위탁관리하고 있고, 국민주택채권은 강제매입제도로 운영된다.

① 정부의 출연금 또는 예탁금

② 국민주택채권의 발행

③ 주택복권의 발행

④ 외국자본의 차입금

⑤ 국민주택을 분양받고자 하는 자의 저축자금 등

### (2) 민간 부문의 부동산금융

① 국민은행의 민영주택자금

② 일반은행의 민영주택자금

③ 보험회사의 주택자금

### (3) 민간주택 금융기관

① 주택할부금융회사

  ㉠ 1996년 제도가 도입되었다.

  ㉡ 대출상한액은 분양가의 50~60% 선이며, 1~30년으로 다양하다.

  ㉢ 상환방식은 원금 균등분할방식, 원리금 균등분할방식, 상환액이 매년 체증하는 체증식 상환방식 등이 있다.

② 시중은행

## 2. 우리나라 주택금융의 문제점

우리나라 주택자금은 비제도권 금융에서 대부분 충당되고 있어 제도권 주택금융이 취약하다. 우리나라 주택금융의 자금조달구조에 있어 문제점은 다음과 같다.

① 단기성 예금 위주로 조성된 자금이 장기대출에 투여되고 있다.

② 경기 의존적이다.

③ 주택의 대출금리가 낮기 때문에 주택의 수지를 악화시키고 여타 은행의 주택 부문 참여에 장애가 되고 있다.

## Ⅳ. 주요은행별 이율비교표

| 구분 | 농협 | | 조흥·우리은행 | | 제일은행 1개월 이자 면제 감안 | |
|---|---|---|---|---|---|---|
| | 이율 | 이자 | 이율 | 이자 | 이율 | 이자 |
| 6개월간 | 4.87% | 4,870,000 | 4.32% | 4,320,000 | 4.37% | 3,641,667 |
| 1년간 | 4.87% | 9,740,000 | 6개월 4.32% 이후 4.87% | 9,190,000 | 6개월 4.37% 이후 5.07% | 8,711,667 |
| 2년간 | 4.87% | 19,480,000 | 상동 | 18,930,000 | 4.87% | 18,668,334 |
| 3년간 | 4.87% | 29,220,000 | 상동 | 28,670,00 | 4.87% | 28,408,334 |
| 4년간 | 4.87% | 38,960,000 | 상동 | 38,410,000 | 3년간 4.87% 이후 5.07% | 38,548,334 |

2억 원 기준, 이자만 납부하는 것으로 계산하였음, CD금리 3.987%(2007년 5월 현재)

설명) 1. 약 3년 9개월까지 제일은행이 조흥이나 우리은행보다 유리하고, 3년 이상 확정적으로 사용하는 경우 농협이 설정비 감안 시 제일 유리하다. 제일은행은 1개월 이자를 먼저 할인해 줌으로 811,66원(2년 이내는 728,33원) 차감 후 금액임. 농협은 설정비 약 990,000원(약 0.5%) 면제는 가능하나 3년 이내 상환 시 중도상환수수료 1.5~0.5% 추가부담. 우리은행은 설정비 은행부담 시에도 10%씩 연 2회 상환 가능함.

## Ⅴ. 담보대출 절세하는 방법

주택담보대출의 이자부담이 커지는 만큼 대출이자에 대해 소득공제를 받을 수 있는가도 꼭 챙겨 봐야 한다. 소득공제대상이 되면 연간 1,000만 원 한도 내에서 대출이자 전액을 소득공제 받게 되어 이자부담을 상당히 덜 수 있다.

대출이자에 대한 소득공제를 받기 위해서는 우선 국민주택규모(전용면적 85㎡ 이하) 이하이면서 기준시가 3억 원 이하인 주택을 담보로 하는 대출이어야 한다. 대출 방식도 만기 15년 이상의 장기 분할 상환이어야 하며 거치기간은 3년 미만이어야 한다. 서민들의 대출이자부담을 덜어주면서 주택담보대출을 장기 분할 상환 방식으로 유도하기 위한 세제혜택인 셈이다.

아울러, 대출자가 근로자인 세대주여야 하며 2주택자는 해당되지 않는다. 또 소유권이전등기일부터 3개월 이내에 성립된 대출만 해당된다.

대출자의 소득 규모에 따라 절세효과가 다르겠지만, 소득공제를 받게 되면 연간 금리를 1% 포인트 이상 낮추는 효과가 있다. 예컨대 소득세율 18.7%가 적용되는 연봉 4,000만 원인 근로자가 1억 원을 연 6.5%에 대출받았을 경우 연간 이자는 650만 원. 이 대출자가 소득공제를 받게 되면 650만 원×0.187로 121만 원을 되돌려 받을 수 있다. 그렇다면 실제 이자는 529만 원으로, 연 이자를 1.2% 포인트 정도 낮춘 셈이 된다.

## VI. 보유기간 3년 못 채워도 양도세 절세하는 방법

보통 부동산을 사고 팔 경우 매도자와 매수자는 매매계약을 체결한 뒤 바로 매매대금 전액을 주고받는 것이 아니라, 계약 체결 당시 계약금을 일부 지급하고 이후 중도금을 거친 뒤 마지막으로 매수자는 잔금을 지급하면 매도자는 매매거래용 인감증명서를 건네준다.

이처럼 실제 부동산을 파는 시점(계약 체결 시점)에서 잔금을 청산하거나 등기를 이전하기까지는 1~2개월 정도의 기간이 소요되는 만큼, 잔금 지급일자를 조절하면 보유기간 3년이 얼마 남지 않은 1가구 1주택자도 양도세 비과세 혜택을 받을 수 있는 것이다.

이는 현행 세법에서 양도시기를 ① 대금청산일이 분명한 경우에는 잔금청산일, ② 대금청산일이 분명하지 아니한 경우에는 소유권이전등기접수일, ③ 대금청산 전에 소유권이전등기를 한 경우에는 등기접수일 등으로 정하고 있기 때문이다.

만약 빚 때문에 불가피하게 주택을 넘기게 됐을 경우에도 주택을 먼저 넘겨 준 뒤 3년이 지난 다음에 소유권이전등기를 하게 되면 양도세를 피할 수 있는 것이다. 물론 보유기간이 3년을 채우기까지 턱없이 많은 기간이 남은 경우에는 이 같은 절세방법도 크게 소용이 없다는 것을 유념해야 한다.

## Ⅶ. 재개발사업에 있어서 1가구 2주택에 대한 특례

세법에서는 1세대 1주택자의 주택이 재개발사업의 시행으로 사업시행기간 거주용으로 취득한 다른 주택(대체주택)을 양도하는 경우 비과세하는 특례규정을 두고 있다. 그 요건을 보면 다음과 같다.

① 사업시행인가일 이후 대체주택을 취득하고 1년 이상 거주(보유기간의 제한을 받지 않음)할 것

② 재개발주택 완공 전 또는 완공 후 1년 이내에 대체주택을 양도할 것

③ 재개발주택 완공 후 1년 이내에 신축주택으로 세대 전원이 이사하고 1년 이상 거주할 것. 취학, 근무상 형편, 질병요양 등의 경우는 세대원 일부가 이사하지 않더라도 가능

대체주택 양도 시 비과세되기 위해서는 위 ①의 요건에 따라 대체주택은 사업시행인가일 이후 취득하여야 하는바, 이 경우는 현 거주주택을 사업시행인가가 나기 전에 취득하였으므로 대체주택 비과세특례규정은 적용되지 않는다.

따라서 대체주택 양도 시는 1세대 2주택자의 양도에 해당되고 양도 당시 기준시가가 1억 원을 초과하면 중과세율(50%)이 적용된다. 그러나 재개발 빌라 철거일 이후 입주권을 먼저 양도하는 경우에는 중과세율이 적용되지 않는다.

## Ⅷ. 2007년도 세제개편(안) 주요내용

⇒ 2007년 8월 22일에 정부가 발표한 세제개편(안)의 주요내용이다.

□ 중산·서민층 소득세 연 18~72만 원 덜 내게 된다.

→ 11년 만에 과표구간 전격 조정·내년 시행

→ 성실자영업자 의료·교육비 공제 허용

→ 주택장기보유공제 매년 3% 포인트 상향

□ 종합소득세를 매기는 데 기준이 되는 과세표준구간이 내년 1월 1일부터 조정돼 근로자

나 자영업자 등 중산·서민층의 소득세가 급여와 가족 수 등에 따라 연간 18~72만 원 줄어든다.

□ 세금 성실신고 등 요건을 갖춘 이른바 '**성실 자영업자**'들은 내년부터 연말 소득공제 시 의료비와 교육비 공제를 받을 수 있게 된다.

□ 1세대 1주택자가 집을 장기 보유했을 때 양도소득세를 깎아 주는 특별공제제도도 3년 보유 시 10%에서 시작해 매년 3%씩 늘어나는 방식으로 변경된다.

□ 재정경제부는 이 같은 내용을 중심으로 하는 세제개편안을 2007년 8월 22일에 열린 세제발전심의위원회에서 확정, 국무회의 등을 거쳐 올해 정기국회에 제출해 항목별로 이르면 내년 1월 1일부터 시행할 방침이라고 밝혔다.

□ 개편안은 지난 96년부터 적용해 온 종합소득세 과표구간을 11년 만에 전격 조정하여, 1천200만 원까지는 8%, 1천200만 원 초과~4천600만 원 이하 17%, 4천600만 원 초과~8천800만 원 이하 26%, 8천800만 원 초과 35%를 부과하게 했다.

□ 이번 과표구간 조정으로 연급여 4~6천만 원 수준의 3인 또는 4인 가구는 각종 공제를 감안했을 때 소득세 부담이 연간 18만 원, 7천만 원 급여 가구는 42~55만 원, 8천만~1억 원 가구는 72만 원이 각각 경감될 전망이다.

□ 내년부터 의료비와 교육비 공제를 받는 성실 자영업자 기준은 ▲신용카드, 현금영수증 가맹 ▲복식장부 기장, 비치 및 신고 ▲사업용 계좌 개설 및 금융기관을 통해 사용해야 할 금액의 3분의 2 이상 사용 ▲전년대비 수입금액 1.2배 초과 신고, 소득금액 1배 이상 유지 ▲3년 이상 계속 사업 영위 등으로 이 조건을 모두 충족해야 한다.

□ 자영업자가 의료비·교육비 공제를 근로자 평균만큼인 730여만 원 정도 받는다고 가정하면 4인 가족, 소득 3천만 원인 경우 세부담이 124만8천 원가량 줄어든다.

□ 6억 원 이상 고가주택을 장기 보유했을 때 양도소득세를 깎아 주는 방식도 개선하여 현재 3년 이상~5년 미만은 양도차익의 10%, 5년 이상~10년 미만은 15%, 10년 이상은 30%, 15년 이상은 45%인 것을 앞으로는 3년 보유 시 10%로 시작해서 이후 매년 3%씩 올려 15년 이상 보유했을 때 공제비율이 45%가 되도록 했다.

□ 배우자 간 공제한도도 현행 3억 원에서 내년부터 6억 원으로 대폭 상향조정했다

□ 국내 투자에만 적용하던 임시투자세액감면제도를 개성공단에도 적용키로 했으며 특별소비세 명칭은 '개별소비세'로 바꾸고 내년부터 경마, 경륜 외에 경정 입장에도 회당 200원씩 부과하기로 했다.

□ 승용 자동차 가운데 특소세가 부과되지 않는 경차의 배기량도 현행 800cc에서 1천cc로 상향조정, 기아자동차의 '모닝'도 경차로 분류된다.

□ 세제개편안은 또 해외 스타들이 방한해 벌어들인 소득에 대해 과세할 수 있도록 "비과세 외국 연예, 체육법인에 연예인 및 체육인의 제공대가를 지급할 때 지급액의 20%를 원천징수한다."는 내용의 조항을 신설했다.

□ 개인 지정기부금 공제한도도 현행 소득금액의 10%에서 내년 15%로 확대하고 2010년부터는 20%로 높이기로 했다. 가짜 영수증에 대한 가산세는 현행 1%에서 2%로 높인다.

□ 공익법인의 동일 기업 주식출연, 취득제한을 현행 5%에서 20%로 확대하고 계열기업 주식보유 한도는 총자산가액의 30%에서 50%로 높이기로 했다.

□ 내년 10월 납부분부터 개인사업자의 소득세, 부가가치세, 종합부동산세, 관세 등은 200만 원 한도 내에서 신용카드로 납부할 수 있다.

□ 정부는 또 한미FTA 발효에 대비, 배기량 2천cc 이상 자동차의 특별소비세를 FTA 발효 첫해에 8%로 낮춘 뒤 향후 3년간 매년 1% 포인트씩 낮춰 5%로 인하하고 등유에 붙는 특소세율은 현행 $\ell$당 181원에서 내년 $\ell$당 90원으로 대폭 낮추기로 했다.

□ 재정경제부는 이번 세제개편으로 내년부터 2013년까지 총 3조 5천억 원 수준의 세수경감이 있을 것이라면서 소득세 과표구간 조정으로 1조 1천억 원, 균형발전지원 1조 원, 자동차 특소세율 인하 7천억 원, 등유세율 인하 3천억 원 등이라고 설명했다.

## 무엇이 삶을 공허하게 만드는가

사람들은 사랑하기에는
너무 많은, 바퀴 큰 장난감 자동차를 가지고 있다.
그것이 오히려 삶을 공허하게 만들 수 있다.
암에 걸린 후에야 비로소 새로운 삶을 살게 된
어느 여인은 암에 걸리기 전에는 늘 공허했다고 말했다.
"그래서 저는 점점 더 많은 물건들을 사들였어요.
더 공허했지요. 항상 내가 충분히 갖지 못해서
공허하다고 생각했으니 얼마나 바보였는지 몰라요."
이제 물건도 훨씬 적어지고 만나는 사람의 수도
줄어드니까 오히려 제 안에 텅 빈 듯한
공허한 느낌이 없어졌어요.
"아마도 사랑할 수 있는 그만큼만 소유하면
그것으로 충분할 거예요."

— 레이첼 나오미 레멘의 『할아버지의 축복』 중에서 —


* 여유와 만족이 없으면 삶은 늘 공허합니다.
잔뜩 쌓으면 채워질 것 같지만
오히려 그것들의 덧없음이 사람을 더욱 공허하게 만듭니다.
'수집가'가 아닌 바에야 장난감 자동차도 하나나 둘이면 됩니다.
그 하나나 둘의 소중함과 넉넉함을 깨닫지 못하면
항상 공허한 채로 살게 됩니다.

## 부동산의 용도별 입지선정

주택의 입지조건은 남동쪽이 트이고 완만한 경사를 이루어야 좋으며, 상업용 건물의 입지조건은 배후지와 고객의 교통수단 접근성이 좋아야 하고, 공업지의 입지조건은 교통수단 및 사회적·행정적 접근수단이 뛰어난 곳이어야 한다. 그리고 농업지의 입지조건은 배수관계가 원활한 곳이어야 한다.

# Ⅰ. 입지선정의 의의와 중요성

## (1) 의의

입지란 어떤 경제활동의 주체가 차지하고 있는 주택·공장·상점·학교·사무실 등이 자리 잡고 있는 자연 및 인문적 위치를 말한다. 그러므로 입지선정이란 부동산활동을 수행함에 있어서 부동산입지선정자가 부동산현상을 분석하여 대상 부동산의 입지를 선정하는 작업을 말한다.

**(2) 중요성**

① 입지선정이 잘못되면 경영관리상 노력의 낭비를 가져와 사업의 실패를 초래하게 된다.

② 입지선정의 과정에서 더 유리한 이용을 하려는 입지경쟁이 전개되고, 그 결과는 토지이용을 집약화시키고, 토지의 단위면적당 노동과 자본의 투자비율을 높인다.

③ 집약적 토지이용의 결과는 지가를 상승시키고 건물의 고층화를 불가피하게 하며, 용도적 토지부족 등의 토지이용에서 발생하는 부동산문제를 발생시키는 요인으로 작용한다.

④ 부동산입지선정에서는 부동산가치의 창조에 있는 대상 부동산의 최유효이용을 할 수 있도록 하는 데 전문성이 요구된다.

⑤ 대상 부동산의 위치와 관련된 주위의 다른 부동산과의 균형성에 전문가의 전문성이 요구된다.

⑥ 부동산은 일단 사용되면 그 용도를 마음대로 바꾸기 어려운 **비가역성**을 갖고 있기 때문에 전문성이 특히 요구된다.

## II. 입지계수[입지상＝LQ(Location Quotient)]

입지계수란 어떤 지역의 산업이 전국의 동일 산업에 대한 상대적인 중요도를 측정하는 방법으로서 그 **산업의 상대적인 특화 정도**를 나타낸 지수이다.

(1) LQ=Z지역의 I산업의 구성비＝전국 I산업에 대한 Z지역의 산업의 구성비 전국의 I산업의 구성비. 전국 총 고용인구에 대한 Z지역에서 차지하는 구성비

(2) LQ＞1→지역의 조사된 산업은 전국에 비해 지역에서 특화된 산업이다.

LQ＜1→지역의 조사된 산업은 전국에 비해 지역에서 전문화되지 못한 산업이다.

LQ=1→지역의 조사된 산업은 전국의 수준과 동일한 산업이다.

## Ⅲ. 용도별 입지선정

### 1. 주거지의 입지선정

#### (1) 주거지의 입지조건

① 자연적 조건

　㉠ 지형 · 지세

지형은 남동쪽이 트이고 완만한 경사를 이루며 북서쪽은 차가운 계절풍을 막아주는 산이나 숲이 있는 곳, 즉 앞이 낮고 뒤가 높은 곳이 좋다. 이러한 곳을 주택지의 최적지로 보는 이유는 **일조권**과 여름철의 통풍이 유리하기 때문이다. 터가 낮거나 저습지이면 지하수위도 높고 일조가 적으며, 장마 시에 수해를 입을 우려가 있다. 또 언덕배기나 절벽 밑은 붕괴의 위험이 있고 바람받이는 그늘이 지기 쉬워 피하는 게 좋다. 또한 우뚝 솟은 봉우리는 바람받이가 되어 나쁘고 움푹 파여 들어간 소형분지 또한 좋지 않다.

　㉡ 토지의 성질과 지질 · 지반의 상태

　㉢ 기상조건

② 사회적 · 행정적 조건

　㉠ 공해 · 위험 · 혐오시설의 유무

　㉡ 도로 · 교통여건

　㉢ 공공시설의 정비 상태

　㉣ 공법상의 규제상태

주택을 건축하는 데에는 도시개발법, 건축법, 국토의계획및이용에관한법률 등에 의해 여러 가지 조건과 제약이 따른다. 이들 제한규정들은 해당토지의 유용성을 좌우한다.

　㉤ 지역의 사회적 환경

해당지역 거주자들의 직업, 지위, 소득수준, 재산, 연령 등은 그 지역의 사회적 환경의 질에 상당한 영향을 미친다. 외국뿐만 아니라 우리나라에서도 사회적 환경에 대한 중요성이 점차 높아지고 있다.

## (2) 주택지입지평가의 요인

① 지역요인

  ㉠ 기상상태

  ㉡ 사회적 환경(거주자의 직업·직위·직장·소득수준·재산·연령 등)

  ㉢ 가로의 폭·포장 등의 상태

  ㉣ 도심의 거리 및 교통수단의 상태

  ㉤ 상점가의 배치상태

  ㉥ 상·하수도, 가스·전기 등 공급·처리시설의 형태

  ㉦ 학교·병원·공원 등의 배치상태

  ㉧ 위험·혐오시설 등의 유무

  ㉨ 재해발생의 위험성

  ㉩ 공해의 발생상태

  ㉪ 획지의 면적과 배치 및 이용 등의 상태

  ㉫ 지역의 자연적 환경

  ㉬ 지역의 규모 등

  ㉭ 토지이용에 관한 공법상의 규제상태

② 개별요인

  ㉠ 획지의 면적·현상·일조·건습

  ㉡ 교통시설과의 거리

  ㉢ 획지의 고저, 각 획지, 기타 접면가로와의 관계

  ㉣ 공급·처리시설의 상태 및 접근의 정도

  ㉤ 접면도로의 개통·구조 등의 상태

  ㉥ 인접 부동산 등 주위의 상태

  ㉦ 공공시설 등에 접근 정도 및 상점가의 접근 정도

## 2. 상업지의 입지선정

### (1) 상업지의 입지조건

상업지의 유용성은 입지조건이 상업활동에 미치는 영향의 양부에 의존한다.

① 사회·경제적 조건

　㉠ 배후지 및 고객의 양과 질

배후지를 **상권 또는 시장지역**이라고도 한다. 상업활동은 고객을 상대로 하므로 그들이 존재하는 배후지가 가장 중요하다. 따라서 인구밀도와 지역면적이 크고 고객의 소득수준이 높아야 유리하다.

　㉡ 고객의 교통수단과 접근성 정도

상점가의 가치는 고객의 교통인구가 많은 곳이 좋다. 이때 교통인구는 단순한 통과인구가 아닌 고객인구라야 한다. 배후지가 아무리 잘 발달되어 있고 소득이 높다 하더라도 교통수단이 발달되어 있지 않으면 고객을 흡인할 수 없기 때문에 접근성이 나빠 불리하다.

　㉢ 번영의 정도

당해 지역이 지역 사이클로 볼 때 어떤 국면에 있으며, 현재 얼마나 번영하고 있는가를 살펴야 한다. 당해 지역의 지가수준, 임료수준, 매상고, 교통량, 입지경쟁 등의 상태를 파악하면 알 수 있다.

② 물리적 조건

　㉠ 가로의 구조

상점가에 있어 가로의 구조는 특히 중요한 역할을 한다. 보·차도의 구별의 유무, 포장상태, 가로의 풍치, 일방통행 등은 가로의 이용도를 좌우한다.

커브를 이룬 가로는 외부 쪽보다 내부 쪽이 유리하고, 역·정류장 등을 향한 가로는 우측, 비탈길은 하부, 동서로 된 가로는 서쪽 등이 일반적으로 유리하다. 그러나 이 원리는 구체적인 업종에 따라서 달라진다. 예컨대 한대지방의 스키장에서는 아침에 태양이 비치는 동쪽이 유리하고, 변질성 상품을 다루는 업종에는 석양이 불리하다.

**부인용품점**은 오후에 그늘지지 않는 곳이 좋으며, **식료품점**은 강한 석양이 상품을 상하게 하기 쉬우므로 피해야 하고, **양복점·서점·가구점**은 도로의 남쪽이나 서쪽의 대지를 정하여 직사광선에 의한 상품의 퇴색 또는 파손을 피하는 것이 바람직하다. **음식점**은 양지바른 쪽이 좋으며, **여름상품**을 판매하는 상점은 남쪽이 좋다. 가로의 길이가 500m 이상의 직선인 경우는 상가로 유리한 위치가 못 되지만 100m 이내에서 끊어지는 경우도 역시 불리하다.

　　ⓛ 접면의 너비

　상업지는 상품의 전시를 위하여 가급적 가로와 접한 폭인 바깥길이가 넓은 것이 유리하다. 가로의 폭은 지나치게 넓지도 좁지도 않은 것이 유리하다.

　　ⓒ 지반 및 고저

　사무용 빌딩요지나 상업용 빌딩 등 하중이 큰 건물을 건축할 곳은 지반에 대한 조사가 요구되는바, 주거지는 가로보다 낮으면 불리하나 상업지는 지하실 등을 파기 때문에 상관이 없다.


## (2) 상업지입지평가의 요인

① 지역요인

　　㉠ 배후지 및 고객의 질과 양

　　ⓛ 고객의 교통수단의 상태

　　ⓒ 영업의 종류 및 경쟁의 상태

　　ⓔ 당해 지역의 경쟁들의 창의와 자력 등

　　ⓜ 당해 상업지역의 번화가 상태

　　ⓗ 상가성장의 외형적 흐름

　　ⓢ 소매점포의 기업화

　　ⓞ 점포건설용지

　　ⓩ 입지경쟁의 특징

　　ⓧ 공법상 규제

② 개별적 요인

　　㉠ 고저 · 각 획지 · 접면가로와의 관계

　　ⓛ 접면가로의 개통관계 · 구조 등의 상태 및 그 위치관계

　　ⓒ 고객의 통행패턴 및 적합성

　　ⓔ 번화가에의 접근성

　　ⓜ 인접 부동산 등 주위의 상점 · 부동산 등의 상태

### (3) 점포의 종류와 입지

① 유형별 점포입지

㉠ 집심성 점포

배후지의 중심지에 입지(도매점, 백화점, 고급음식점, 요리점, 보석점, 귀금속점, 미술품점, 피복점, 의류점, 장식품점, 화장품점, 시계점, 약국, 서점, 영화관)하여야만 유리한 업종을 말한다.

㉡ 집재성 점포

동일 업종이 서로 한곳에 모여서 입지하여야 하는 유형(은행, 보험회사, 상사의 사무실, 관공서, 서점, 기계점, 가구점, 전기부품점)의 업종을 말한다.

㉢ 산재성 점포

서로 분산하여 입지하여야 하며, 한곳에 입지하면 불리하다(잡화점, 어물점, 과자점, 조미료점, 양화점, 주방용품점, 이발소, 공중목욕탕, 세탁소, 일용품점, 동업종의 소매품점).

㉣ 국부적 집중성 점포

동 업종의 점포끼리 국부적 중심지에 입지하여야 하는 점포(농기구점, 석재점, 철공소, 비료상점, 종묘점, 어구점, 기계기구점)를 말한다.

② 상품에 의한 분류

㉠ 편의품점

편의품점이란 근처의 가게에서 사는 상품으로 일상생활필수품이 대부분이며 주로 저차원 중심지에 입지한다. 편의품점은 고객 가까이에 위치해야 하므로 상권은 도보로는 10~20분 이내, 거리로는 1,000m를 넘지 않는 범위가 적당하다. 상품이 주로 가정용이므로 고객도 주부가 많으며, 늘 통행하는 길목에 상점이 위치하는 경우가 대부분이다. 이러한 상점은 인근 지역에 많고, 2차 상업지역에도 많지만, 도심 상업지역에는 많지 않다.

㉡ 선매품점

선매품이란 고객이 상품의 가격·스타일·품질 등을 여러 상점을 통해서 비교한 후 구매하는 것을 말하며, 선매품점은 그러한 상품을 주로 판매하는 상점을 말한다. 이 상품의 특징으로서는 편의품에 비해 가격수준이나 이윤율이 높고, 구매빈도가 적으며, 고객의 취미 등이 잘 반영되어야 하므로 표준화되기 어려운 것이다. 예컨대 가구·부인용 의상·보석류 등이 있다.

㉢ 전문품점

고객이 특수한 매력을 찾으려는 상품으로서 구매를 위한 노력을 아끼지 않고, 가격수준도 높으며, 광고된 유명물이 많다. 상품은 고급양복·고급향수·고급시계·고급카메라·고급자

동차 등이다. 상품의 성격상 구매결정에 신중을 기해야 하는 것들이며, 구매빈도는 낮은 편
이나 이윤율은 높다. 전문품점은 고차원 중심지에 입지하는 경우가 많다.

### (4) 공간균배의 원리

경쟁관계에 있는 점포 사이에 공간을 서로 균배하는 이론

```
---------------------------------------------------------------
X1        A         B              M1            C          X2
```

① 상권이 X1과 X2의 공간에 전개되어 있고, 동질적인 소비자가 균등하게 분포되어 있다
고 가정하자.

② 점포 갑이 먼저 A 지점에 입지하였으나 얼마 후 새로운 점포 을이 나타나서 B 지점에
다시 입지하였다고 하자. 그 결과 갑이 종전에 차지하였던 쪽의 상권은 차단되고 만다.

③ 대세가 불리해진 갑은 다시 상권의 중심부로 옮기게 된다. 그러자 종래 유리한 위치에
있던 을이 불리하게 되어 을 역시 M1 쪽으로 이전한다.

④ 이제 두 점포는 더 이상 다툼을 할 공간이 없어진다. 이와 같이 하나의 상권을 놓고 두
점포가 다툰다면, 서로 나란히 중앙에 입지할 수밖에 없는 경우가 생기기도 한다.

⑤ 이것은 운송비 과다에 관계없이 소비자의 수량이 일정한 경우, 즉 수요의 탄력성이 영
(0)인 경우에만 해당된다.


\* 참고[시장과 탄력성과의 관계]

㉠ 시장이 좁고 탄력성이 작은 경우

　집심적 입지의 현상이 나타난다. – 규모의 경제

㉡ 시장이 넓고 탄력성이 큰 경우

　분산입지의 현상이 나타난다. – **규모의 불경제**


☞ **규모의 경제 (Economy of scale)란 무엇인가**

생산요소 투입량의 증대(생산규모의 확대)에 따른 생산비 절약 또는 수익향상의 이익을

말한다. 이에 관하여는 일반적으로 대량생산의 이익, 대규모 경영의 이익이라는 말이 알려져 있다. 대량생산의 이익이 기업의 생산설비가 일정한 때 발생하는 규모의 경제를 뜻하는 데 비하여, 대규모 경영의 이익은 생산설비의 확대 또는 동일 기업에서 플랜트 수의 증가를 포함한 규모의 경제를 의미한다.

생산비에는 생산량의 증대에 따라, 원재료비, 노무비같이 정비례적으로 증가하는 비례적 비용, 감가상각비, 지대, 이자 같은 일정한 고정비용, 감독비같이 불비례적으로 변동하는 불비례적 비용이 있다.

따라서 생산량이 증대함에 따라 그 단위당 평균비용이 일정한 A, 체감하는 B, 어떤 생산량까지는 체감하고 이후 체증하는 C에 의하여 구성되므로 B·C의 체증 부분이 상쇄되는 점까지 평균비용은 저하할 것이다. 이 점을 최적규모라고 하며, 여기에 이르기까지 대량생산의 이익이 발생하게 된다.

평균비용은 어떤 점까지 체감하고, 그 다음에는 얼마 동안 불변을 유지하다가, 곧 체증으로 전환하는 경우가 많다. Mi의 생산량을 최소한의 최적규모, Ma를 최대한의 최적규모라 하며, 대부분의 산업은 현실의 생산량이 양자의 중간에 있다고 할 수 있다. 최소한의 최적규모에 도달하고 있는 공장을 복수로 가지고 있는 기업의 경우에는 기업 전체의 평균비용이 공장단위의 평균비용보다 작은 경우가 많다. 그것은 대규모 관리의 이익, 대량판매의 이익, 대량구입의 이익 등에 의하는 것이고 이것을 일반적으로 대규모 경영의 이익이라고 한다.


## 3. 공업지의 입지선정

### (1) 공업지의 입지조건

① 자연적 조건

　㉠ 기후: 기온, 우량, 습도, 청천일수, 적설, 결빙, 서리 등의 기간

　㉡ 용지: 면적, 가격, 지반, 형상, 조달 용이성

　㉢ 용수: 수량, 수온, 수질(경도, 산도, 미생물, 혼탁도), 가격 안정성, 조달 용이성, 배수 용이성

② 사회적·행정적 조건

　㉠ 시장: 수요, 규모, 가격, 기호성, 안정성, 성장성, 접근성

　㉡ 건물: 면적, 높이, 구조, 재질, 내용연수

　㉢ 원재료: 양, 질, 가격, 안정성, 접근성

　㉣ 노동력: 양, 질(숙련도·기술), 종류(성별, 연령, 기질, 비상근자, 통근 가능성 등), 임금, 노동조합관계, 접근성

　㉤ 자금: 양, 질, 이자, 접근성, 공공적 자금원조

　㉥ 세금: 지방세, 감면세 조치

　㉦ 교통: 도로, 철도, 내륙수로, 항만, 공항

　㉧ 통신: 우편, 전신, 전화

　㉨ 정보기관: 대학, 연구소, 관공서, 업계단체, 저널리즘

　㉩ 관련산업: 협력업자, 경쟁업자

　㉪ 재해: 태풍, 홍수, 지진, 화재, 공해관계

　㉫ 생활환경 및 지역사회: 기후, 풍경, 관광자원, 학교, 병원, 경찰, 소방서, 상하수도, 전기, 가스, 통신기관, 레크리에이션, 인정, 풍습, 지방당국 및 주민의 수용태도, 협력성, 지방정치의 상황

## (2) 공업지평가의 요인

① 지역적 요인

　㉠ 판매시장 및 원재료 구입시장의 위치관계

　㉡ 간선도로·항만·철도 등 수송시설의 상태

　㉢ 동력자원 및 용·배수 관한 비용

　㉣ 연관산업과의 위치관계

　㉤ 온도·습도·풍설 등의 기상상태

　㉥ 공해발생의 위험성

　㉦ 행정상의 조장 및 규제 정도

② 개별적 요인

　㉠ 면적·형상 및 지반

　㉡ 항만·철도·간선도로 등 수송시설과 위치관계

ⓒ 용·배수 등의 공급처리시설의 정비 상태

### (3) 입지인자(비용절약의 이익)

생산과정에서 소요되는 비용을 항목별로 세분한 하나하나의 비용항목을 입지단위라고 하며, 입지단위가 특정한 공업입지에 견인한다면 그 장소를 다른 장소와 비교할 때 발생될 수 있는 이익을 생각할 수 있다. 입지단위로 보아 다른 장소 이상으로 이익을 가져오기 때문에 특정장소에 견인함으로써 얻게 되는 비용절약상의 이익을 입지인자라 한다.

### (4) 공업입지결정의 3단계

① 시장의 결정 ② 지역의 결정 ③ 지점의 결정

### (5) 공업입지의 지향성

① 자원 및 원료 지향성 – 무연탄, 철광, 중석, 연, 시멘트공업
② 시장 및 소비자 지향성 – 맥주, 간장, 청량음료, 제빙
③ 용수 지향성 – 청량음료, 제지, 제철
④ 에너지 지향성 – 제철공업
⑤ 노동 지향성 – 섬유, 방직, 농산물
⑥ 교통 지향성 – 제철, 농산물
⑦ 임해 지향성 – 제철, 정유, 제강
⑧ 연구개발 지향성 – 대륙붕 공업

## 4. 농업지와 임업지의 입지선정

### (1) 농업지의 입지조건

① 농업지역의 지역요인

일조·온도·습도·풍우 등 기상상태, 기복·고저 등 지세상태, 토양의 양부, 수리 및 수질의 상태, 소비지와의 거리 및 수송시설의 상태, 출하의 집하지와 출하시장과의 관계, 홍수·사태 등의 재해발생의 위험성, 취락과의 위치관계, 행정상 조장과 규제의 정도

② 농업지평가의 개별적 요인

토양 및 일조, 경작의 난이, 관계배수의 상태, 농로의 상태, 촌락과의 접근 정도, 출하지역과의 접근 정도, 재해위험성의 정도

### (2) 임업지의 입지조건

① 임업지의 지역요인

임도 등의 상태, 일조 · 온도 · 습도 등의 상태, 표고 · 지세 등의 자연 상태, 재해위험성의 정도

② 임업지평가의 개별적 요인

임목의 반출 · 운반 등의 난이, 일조 · 건습 · 우량 등의 상태, 표고 · 지세 등의 상태, 토층의 상태, 공법상의 규제, 관리의 낙후

# 부동산의 권리분석의 기초지식

부동산을 거래하는 경우 자주 발생하는 것이 부동산거래사고이다. 이러한 사고를 미연에 방지하기 위해서는 무엇보다도 부동산에 대한 권리분석을 철저히 할 필요가 있다. 이러한 부동산거래사고는 법률적 측면만이 아니라 경제적 측면에서의 사고나 기술적 측면에서의 사고를 모두 포함한다.

## I. 부동산권리분석의 의의와 유형

### 1. 부동산권리분석의 의의

부동산권리분석은 부동산소유권의 내용이 어떻게 이루어지고 있는가를 판정하는 것을 뜻한다. 그 판정은 특정한 부동산을 대상으로 하는 것이며, 그 부동산소유권은 누구에게 있고 어떠한 내용을 지니는가 하는 것을 알기 위한 일련의 과정이기도 하다. 부동산권리분석에 관한 여러 정의에서 공통적인 점을 추출하면, 대체로 안전한 부동산활동을 목적으로 부동산권리에 대한 상태나 흠을 정확히 인식하기 위한 작업이라 할 수 있다.

## 2. 성격

① 권리관계를 취급하는 활동
② 비권력적 행위
③ 사후 확인행위
④ 주관성과 객관성
⑤ 과학성과 기술성
⑥ 사회성과 공공성

## 3. 부동산거래사고의 유형

우리나라의 부동산거래사고는 형식적 심사주의로 인해 부실등기가 행해지고, 등기의 공신력을 인정하지 않으므로 인해 부동산거래에 있어서 발생할 수 있는 제 문제에 대한 제도적 보완장치가 없기 때문에 부동산거래사고는 발생한다.

① 권리의 취득이 불가능한 경우
② 불법점유로 인한 인수가 불가능한 경우
③ 토지이용에 관한 공법상·사법상의 제한으로 그 이용이 불가능한 경우
④ 수용 또는 징발의 대상인 부동산의 취득
⑤ 과다하거나 불합리한 세금의 부담
⑥ 부적합한 부동산의 취득

## 4. 부동산거래사고의 복합 측면

### (1) 법률적 측면의 사고

권리의 취득 불가능, 인수 불가능, 이용 불가능, 수용 또는 징발의 대상인 부동산의 취득, 과다하거나 불합리한 세금의 승계부담, 부적법한 건물의 취득

## (2) 경제적 측면의 사고

거래가격이나 임료가 불합리한 경우, 순수익이나 관리비용이 표준적이 아닌 경우, 개발사업을 위한 입지선정이 잘못된 경우, 수익성부동산에 수익판단이 잘못된 경우, 최유효이용의 상태를 오판하고 거래한 경우, 부동산의 유통이 원활하지 않은 경우

## (3) 기술적 측면의 사고

건물의 견고성·내용연수 등에 대한 오판, 설계·설비의 불량, 기술적 요인으로 소기의 이용이 순조롭지 않은 경우, 물리적·기능적 흠이 있는 경우

### 5. 권리분석의 위험사례

① 협잡성(挾雜性)의 위험사례 – 부동산사기사건
② 조작성의 위험사례
③ 선의의 위험사례

## Ⅱ. 부동산권리분석의 성격과 특별원칙

### 1. 부동산권리분석의 성격

① 권리관계를 취급하는 활동
② 비권력적 행위
③ 사후 확인행위
④ 주관성과 객관성
⑤ 과학성과 기술성
⑥ 사회성과 공공성

## 2. 부동산권리분석의 특별원칙

(1) 능률성의 원칙

   이전의 원리, 보족의 원리, 분담의 원리, 연결의 원리, 표준의 원리, 분발의 원리

(2) 안전성의 원칙

   하자전제의 원칙, 완전심증의 원칙, 범위확대의 원칙, 차단의 원칙, 유동성 대비의 원칙

(3) 증거주의의 원칙

(4) 탐문주의의 원칙


## 3. 권리분석자료의 판독

임장활동의 전 단계 활동으로 여러 가지 물적 증거를 수집하여 탁상 위에서 검토함으로써 1차적으로 하자의 유무를 발견하는 작업이다.


○ **내용**

① 수집자료의 진위판단

② 부동산현황과 부합판단

③ 부동산등기부의 갑구와 을구 확인 판단

④ 공법상 이용제한 및 거래규제의 확인 판단

⑤ 특별법상 거래규제의 확인 판단

⑥ 판례를 통한 위험사항의 분석 판단


○ **판독 시 주의사항**

① 부동산활동

   소유권이동의 빈도가 높은 부동산, 관리상태가 불안전한 부동산, 부동산의 규모와 소유자 간의 불균형, 장기간 방치되었던 부동산의 갑작스런 이동, 거래가격이 저렴한 부동산, 휴일에 거래한 부동산, 대리인을 통해서 거래한 부동산, 비밀리에 소유 또는 거래된 부동산

② 등기부상

   등기기간이 짧은 부동산, 회복등기된 부동산, 판결에 의한 부동산, 특별간이 순서에 의해

등기된 부동산, 상속대상인 부동산

## Ⅲ. 부동산의 권리보증제도

### 1. 권리요약서

권리요약서(title abstract)는 대상 부동산에 관한 소유권이 계속해서 이전되어 온 역사적 사실을 요약해 놓은 것이다. 권리요약서에는 요약서의 보증서가 첨부되어 있다. 권리요약자는 권리보증을 하거나 권리에 대해서 의견을 개진하는 것은 아니지만 중요한 사항이 빠지거나 무지로 누락되었을 경우 그것을 신뢰한 사람이 입은 손해에 대해서는 책임을 진다.

### 2. 권리증서

부동산 매매계약이 체결되면 매수인은 매도인으로부터 권리요약서를 넘겨받게 되나, 이 자체로서 이와 관련된 거래사고가 발생할 시에 아무런 보증역할을 수행하지 못하므로 이를 전문적인 지식과 능력을 갖춘 사람에게 감정을 의뢰하게 된다. 이 일을 주로 행하는 전문가를 **권리조사자**라 한다.

권리조사자는 권리요약자가 작성한 권리요약서를 검토하고, 또한 권리요약자가 검토하지 못한 사항까지 권리분석을 행하며, 이에 대한 자신의 견해를 제시한다. 이것을 권리증서라고 한다.

### 3. 권리보험

권리요약자나 권리조사자가 아무리 철저하게 조사하였다고 하더라도 인간인 이상 권리관계의 하자를 발견하지 못하는 경우도 있다. 이런 경우 부동산 매수자의 법적 위치는 불안할 수밖에 없으며, 더욱이 매수자가 권리조사자 등이 행한 권리분석이 잘못되었다는 것을 밝히는 과정이 시간과 비용이 많이 소요되는 등 쉽지가 않은 것이 일반적이다.

따라서 대상 부동산의 매수자에 대한 사실상의 보증역할을 하는 것이 권원보험이라고 할 수 있다. 권리보험회사는 부동산 매수자가 입은 손해를 먼저 보상해 주고, 그 대신에 권리보험회사는 권리조사자 등을 상대로 소송을 제기하여 **구상권을** 행사할 수 있다.

## 4. 토렌스제도(권원등기제도)

### (1) 의의

토렌스제도(Torrens system)란 미국의 몇몇 주에서 채택되고 있으며, 부동산의 권리를 관할법원에 등록하게 하고, 법원이 등록된 부동산에 대한 권리를 보증하는 제도이다.

### (2) 토렌스제도로써 권리를 보증하는 절차

① 부동산의 소유자는 관할법원에 권리의 등록(registration)을 신청한다.

② 관할법원은 대상 부동산의 권리를 조사하기 위하여 청문회를 개최하여 대상 부동산에 대해서 권리를 가지고 있거나 소유권에 이의가 있는 사람들의 의견을 수렴한다.

③ 관할법원은 소유자의 권리와 거기에 대한 타인들의 권리를 확정하고 등록한다.

④ 권리가 등록되면 대상 부동산의 소유자는 등록증서를 교부받는다.

⑤ 대상 부동산을 타인에게 이전한 경우에는 양도자는 등기증서와 등록증서를 양수자에게 준다.

⑥ 등기공무원은 양수자의 등기증서와 등록증서를 토대로 하여 이상의 절차를 밟아 권리를 다시 확인한다. 권리가 확인되면 과거의 등록증서를 말소하고 새로운 등기증서와 등록증서를 발부해 준다.

### (3) 장점

① 권리를 인수받은 사람은 권리증서상에 나타나지 않은 사항에 대해서 아무런 책임을 지지 않는다는 것이다.

② 매수자에게 손해가 발생하였을 경우에는 관할법원이 보상해 준다.

### (4) 단점

① 시간과 비용이 많이 든다.

② 현재의 소유자보다는 미래의 소유자를 지나치게 보호한다는 비난이 있다.

# Ⅳ. 부동산거래사고의 해결방안

## 1. 부동산거래사고의 일반적인 해결방안

중개사고가 발생했을 때 분쟁을 해결할 수 있는 방법은 쌍방합의, 분쟁조정위원회의 조정, 민사소송 등 세 가지이다. 그중 가장 **빠르고** 간편한 방법은 중개인과 직접 합의를 보는 것이다.

합의가 이루어지지 않으면 **중개업분쟁조정위원회**에 조정을 신청하거나 법원에 **민사소송**을 내야 한다. 중개업분쟁조정위원회는 소비자와 중개업자 간의 분쟁을 조정·처리하기 위하여 각 시·구청이 운영하고 있으므로 과다한 중개수수료 등의 문제를 해결할 수 있는 가장 적당한 방안이다.

공인중개사와 합의가 이루어지거나 중개업분쟁조정위원회의 조정을 받아들인다면 손해배상합의서를 허가관청에 제출해 공제금 지급 **사유발생확인신청**을 한다. 소송의 경우 법원이 확정한 판결문이 신청서를 대신한다. 신청을 받은 허가 관청이 공제금 지급 사유발생확인서를 중개업자의 업무를 보증하고 있는 기관(공제조합, 보증보험회사, 공탁기관)으로 발급하면 비로소 손해배상을 받을 수 있다.

소비자가 현실적으로 받아낼 수 있는 최대금액은 중개법인의 경우 1억 원, 공인중개사는 5천만 원 선이다. 손해액이 이보다 클 경우에는 별도로 법적 절차를 밟아 공인중개사로부터 직접 받아내야 한다. 만일, 공인중개사가 보증보험이나 공제에 가입해 있지 않으면 이런 절차도 아무런 소용이 없다. 따라서 소비자는 거래를 하기 전에 중개업소에서 게시한 **업무보증서**를 반드시 확인하고 계약서를 작성한 후에는 업무보증서 사본을 받아두는 게 좋다. 만에 하나 중개사고가 생겨 법원에 소송을 제기하려면 업무보증서가 소명자료로 필요하기 때문이다.

## 2. 부동산중개사고와 관련 판례

① 세입자가 임대차계약 전에 직접 등기부 등본을 열람하는 등 소유권을 확인하지 않고 입주했다가 전세금을 돌려받지 못한 경우, 세입자 본인과 부동산 중개업자가 각각 50%씩 과실책임을 져야 한다.(서울 민사지법 항소 4부. 1994. 11. 12. 판결)

② 부동산중개업자가 아파트 당첨권에 대한 매매를 알선하는 것은 위법이 아니다.(대법원 형사 3부. 1990. 4. 28.) 따라서 분양권 없는 딱지를 확인도 하지 않고 중개업자를 통해 구입했다면 구입자가 80%의 책임을 져야 한다.(서울 고법 민사 9부. 1994. 11. 30.)

③ 부동산 중개인이 법정 수수료보다 많은 중개료를 받았을 경우 비록 사전에 손님과 합의 과정을 거쳤더라도 위법으로 인정, 벌금 150만 원 부과.(서울 지법 1995. 6. 3.)

④ 매도자와 중개인 등이 서로 짜고 매도 의뢰 가액을 숨긴 채 무척 높은 가액으로 중개 의뢰인에게 부동산을 매도하고 그 차액을 취득한 행위는 불법이다.(대법원 1991. 12. 24.)

# 부동산거래행위에 있어서 의사표시

부동산거래는 물건을 파는 사람과 사는 사람의 일정한 행위에 의하여 이루어진다. 여기서 일정한 행위가 바로 의사표시인 것이다. 이러한 의사표시를 표시하는 자를 표의자라고 하고 그 다른 쪽을 상대방이라 한다. 그러므로 표의자의 의사표시가 진의 아닌 의사표시인 경우와 통정허위표시인 경우, 그리고 착오에 의한 의사표시와 사기·강박에 의한 의사표시의 법률행위가 문제가 된다.

## Ⅰ. 의사와 표시의 불일치

### 1. 의의

마음속에 있는 **효과의사**와 외부에 나타난 **표시행위**가 일치하지 않는 것을 말한다. 즉, 내심적 효과의사와 표시상의 효과의사가 일치하지 않는 경우를 의사와 표시의 불일치라 한다.

* 참고[의사주의와 표시주의]
  ㉠ 내심의 효과의사에 중점 ⇒ **의사주의** ⇒ 표의자의 이익보호
  ㉡ 외부의 표시행위에 중점 ⇒ **표시주의** ⇒ 상대방의 이익보호(거래안전)
  ㉢ 의사주의＋표시주의 ⇒ **절충주의**( ＝우리 민법의 태도)

# Ⅱ. 진의 아닌 의사표시

## (1) 의의

의사표시가 일치하지 않는다는 것을 표의자가 알면서 하는 의사표시를 진의 아닌 의사표시 또는 비진의표시라고 한다. 이는 표의자가 단독으로 의사표시를 하므로 상대방과 통정하는 통정행위와 구별된다.

## (2) 요건

① 의사표시가 있어야 한다.
② 표시와 진의가 일치하지 않아야 한다.
③ 표의자가 스스로 그 불일치를 알고 있어야 한다.
④ 표의자가 그러한 행위를 하는 이유나 동기는 묻지 않는다.

## (3) 효과

① **원칙:** 원칙적으로 표시된 대로 효력이 발생한다.(제107조 1항) 유효하다.
② **예외:** 상대방이 표의자의 진의 아님을 알았거나 알 수 있었을 경우에는 그 의사표시는 무효이다.(제107조 1항 단서)
③ 의사표시의 무효는 선의의 제3자에게 대항하지 못한다.(제107조 2항)

## (4) 적용범위

① 상대방 없는 단독행위에 있어서의 심리유보도 적용된다.  → 항상 유효

② 혼인·입양과 같은 가족법상 신분행위에는 적용이 없다.

③ 공법상 법률행위에는 적용이 없다.

④ 주식인수청약 등에 적용이 없다. 주식인수의 청약은 비진의표시라도 유효하다.(상법 제302조 3항 참조)

### (5) 관련판례

진의 아닌 의사표시에 있어서의 '진의'란 특정한 내용의 의사표시를 하고자 하는 표의자의 생각을 말하는 것이지 표의자가 진정으로 마음속에서 바라는 사항을 뜻하는 것은 아니므로 표의자가 의사표시의 내용을 진정으로 마음속에서 바라지는 아니하였다고 하더라도 당시의 상황에서는 그것이 최선이라고 판단하여 그 의사표시를 하였을 경우에는 이를 내심의 효과의사가 결여된 진의 아닌 의사표시라고 할 수 없다.(대법원 2003.4.25, 선고 2002다11458 판결)

## Ⅲ. 통정허위표시

### (1) 의의

상대방과 **통정**해서 하는 진의 아닌 의사표시를 허위표시라 한다.

### (2) 요건

① 의사표시가 있어야 한다.

② 표시된 내용과 진의가 일치하지 않아야 한다.

③ 표시와 진의의 불일치를 표의자가 스스로 알고 있어야 한다.

④ 진의와 다른 의사표시를 하는 데 있어서 상대방과 사이에 합의가 있어야 한다.

### (3) 효과

① **당사자 간의 효력:** 당사자 사이에는 언제나 무효이다.(제108조 1항)

② **제3자에 대한 효력:** 이 무효를 가지고 선의의 제3자에게 대항하지 못한다.(제108조 2항)

## (4) 적용범위

① 허위표시는 민법 제746조의 불법원인급여의 적용이 없다.

② 선의의 제3자도 허위표시의 무효를 주장할 수 있다(통설).

③ 계약과 상대방 있는 단독행위에 적용(상대방 없는 경우 적용될 여지가 없다).

④ 합동행위, 신분행위, 은닉행위, 신탁행위에는 적용이 없다.

## (5) 관련판례

상대방과의 통정허위표시에 기하여 가장채권을 취득한 자에 대하여 나중에 파산선고가 있게 된 경우 그 상대방은 파산관재인에 대하여 통정허위표시를 이유로 채권·채무관계의 무효를 주장할 수 없다고 한 사례.

파산관재인은 파산자의 포괄승계인과 같은 지위를 가지게 되지만, 파산이 선고되면 파산채권자 전체의 공동의 이익을 위하여 선량한 관리자의 주의로써 그 직무를 행하므로 파산자와 독립하여 그 재산에 관하여 이해관계를 가지게 된 제3자로서의 지위도 가지게 된다. 따라서 파산자가 상대방과 통정한 허위의 의사표시를 통하여 가장채권을 보유하고 있다가 파산이 선고된 경우 그 상대방은 파산관재인에 대하여 그 채권의 무효를 주장할 수 없다.

# Ⅳ. 착오

## (1) 의의

의사와 표시가 일치하지 않음을 표의자 자신이 모르는 경우를 말한다.

## (2) 모습

① 표시상의 착오 - 표시기관의 착오 포함

② 내용의 착오

③ 동기의 착오

동기의 착오는 원칙적으로 착오의 문제가 되지 않으나, 예외적으로 동기가 표시되거나 계약의 조건을 이룬 경우에 한하여 취소할 수 있다(통설·판례).

### (3) 중요부분의 착오 판단기준

주관적으로는 표의자가 그러한 착오가 없었더라면 그 의사표시를 하지 않았으리라 생각될 정도로 중요한 것이어야 하고, 객관적으로는 보통 일반인도 표의자의 입장에 섰다면 그러한 의사표시를 하지 않았으리라고 생각할 정도로 중요한 것이어야 한다(통설·판례).

### (4) 판례의 판단기준(법률행위의 내용의 중요부분)

① **부정**-지적의 부족, 매매목적물의 시가
② **긍정**-토지의 현황·경계에 관한 착오, 근저당권 설정계약 시 채무자의 동일성에 관한
　　　　물상보증인의 착오

### (5) 효과

① **원칙**-**중요부분**의 착오가 있는 경우 → 취소(○)할 수 있다.
② **예외**-표의자에게 중대한 과실이 있는 경우 → 취소(×)할 수 없다.
③ 의사표시의 취소는 선의의 제3자에게 대항하지 못한다.

### (6) 관련사례

① 질의

저의 아들인 '갑'이 교통사고로 인해 의식불명인 상태에서, 저는 위 교통사고가 오로지 피해자인 '갑'의 과실로 인하여 발생한 것이라는 상대방 보험회사 직원의 말만 믿고 사고 10일 후 치료비 일부만을 받고 일체의 손해배상청구권을 포기하기로 합의하였으나, 그 후 가해자의 과실이 경합되어 발생한 사실이 밝혀진 경우 착오를 이유로 위 합의계약을 취소할 수 있는지요.

② 답변

민법상 법률행위의 내용의 중요한 부분에 착오가 있는 경우 의사표시자의 중대한 과실이 없는 한 착오로 취소할 수 있으나, **화해계약**에 있어서는 착오를 이유로 취소하지 못하고, 다만 화해당사자의 자격 또는 화해의 목적인 분쟁 이외의 사항에 착오가 있는 때에 한하여 취소할 수 있습니다.(민법 제733조) 위 규정에서 화해의 목적인 분쟁 이외의 사항이라 함은 분쟁의 대상이 아니라 분쟁의 전제 또는 기초가 된 사항으로서 쌍방당사자가 예정한 것이어서 상호 양보의 내용으로 되지 않고 다툼이 없는 사실로 양해된 사항을 말한다. 그러므로 이 사

건 사고가 '갑'의 과실로 인하여 발생하였다는 사실은 쌍방당사자 사이에 다툼이 없어 양보의 대상이 되지 않았던 사실로서 화해의 목적인 분쟁의 대상이 아니라 그 분쟁의 전제가 되는 사항에 해당하는 것이므로 이 사건 사고발생에 가해자의 과실이 경합되어 있는데도 '갑'의 일방적 과실에 의한 것으로 착각하여 위와 같은 합의를 한 것이라면 착오를 이유로 위 합의, 즉 **화해계약을 취소할 수 있다.**(대법원 1997. 4. 11 선고 95다48414 판결)

# V. 하자 있는 의사표시

## 1. 사기에 의한 의사표시(제110조)

### (1) 의의

타인으로부터 기망을 당하여 착오에 빠지고 그 결과로서 행하여진 의사표시를 말한다.

### (2) 요건

① 사기자에게 고의가 있을 것(2단의 고의가 필요)
② 기망행위가 있을 것
③ 착오가 있을 것
④ 착오에 의하여 의사표시를 하였을 것
⑤ 위법할 것

## 2. 강박에 의한 의사표시

### (1) 의의

타인의 강박행위에 의하여 공포심을 일으켜 그 해악을 피하기 위하여 마음에 없는 의사를 표시하는 것을 말한다.

### (2) 요건 – 사기와 같다

## 3. 하자 있는 의사표시의 효과

### (1) 상대방의 사기·강박 → 언제나 취소할 수 있다

### (2) 제3자의 사기·강박의 경우

① 상대방 없는 의사표시 → 언제든지 취소할 수 있다.
② 상대방 있는 의사표시 → 상대방이 제3자의 사기나 강박을 알았거나 또는 알 수 있었을 경우에 한하여 취소할 수 있다.
③ 취소를 가지고 선의의 제3자에게 대항할 수 없다.(제110조 3항)

## 4. 관련판례

① 임차권 양도에 관한 임대인의 동의 여부 및 임대차 재계약 여부에 대한 설명 없이 임차권을 양도한 것은 사기에 해당한다.(대판 1996. 6. 14. 94다41003)
② 가옥이 반복하여 침수되는 것, 무허가건물이라는 것, 토지가 도시계획선에 걸려 있다는 것을 침묵하는 것은 사기에 해당한다.(대판 1971. 5. 24. 70다2678)
③ 백화점의 이른바 변칙세일은 물품구매동기에 있어서 중요한 요소인 가격조건에 관하여 기망이 이루어진 것으로 그 사술의 정도가 사회적으로 용인될 수 있는 상술의 정도를 넘어선 것으로 위법성이 있다는 것이 판례이다.(대판 1993. 8. 13. 92다52665)
④ 피용인에게 손해배상책임이 발생한 사실을 숨기고 신원보증계약의 기간을 갱신하는 계약을 체결한 것은 사기에 해당한다.(대판 1967. 12. 5. 67다1875)
⑤ 상대방 또는 제3자의 강박에 의하여 의사결정의 자유가 완전히 박탈된 상태에서 이루어진 의사표시는 효과의사에 대응하는 내심의 의사가 결여된 것이므로 무효라고 볼 수밖에 없으나, 강박이 의사결정의 자유를 완전히 박탈하는 정도에 이르지 아니하고 이를 제한하는 정도에 그친 경우에는 그 의사표시는 취소할 수 있음에 그치고 무효라고까지 볼 수 없다.(대판 1984. 12. 11. 84다카1402)
⑥ 상대방 있는 의사표시에 관하여 제3자가 사기나 강박을 한 경우에는 상대방이 그 사실을 알았거나 알 수 있었을 경우에 한하여 그 의사표시를 취소할 수 있으나, 상대방의 대리인

등 상대방과 동일시할 수 있는 자의 사기나 강박은 제3자의 사기·강박에 해당하지 아니한 다.(대판 1999. 2. 23. 98다60828, 60835)

⑦ 법률행위가 사기에 의한 것으로서 취소되는 경우에 그 법률행위가 동시에 불법행위를 구성하는 때에는 취소의 효과로 생기는 부당이득반환청구권과 불법행위로 인한 손해배상청 구권은 경합하여 병존하는 것이므로, 채권자는 어느 것이라도 선택하여 행사할 수 있지만 중 첩적으로 행사할 수는 없다.(대판 1993. 4. 27. 92다56087)

⑧ 제3자의 사기행위로 인하여 피해자가 주택건설사와 사이에 주택에 관한 분양계약을 체 결하였다고 하더라도 제3자의 사기행위 자체가 불법행위를 구성하는 이상, 제3자로서는 그 불법행위로 인하여 피해자가 입은 손해를 배상할 책임을 부담하는 것이므로, 피해자가 제3자 를 상대로 손해배상청구를 하기 위하여 반드시 그 분양계약을 취소할 필요는 없다.(대판 1998. 3. 10. 97다55829)

⑨ 과장광고에 의하여 용도가 특정된 특수시설을 분양받은 경우 기망성을 결여한 것이라 고 본 사례이다. 상품의 선전광고에 있어서 거래의 중요한 사항에 관하여 구체적 사실을 신 의성실의 의무에 비추어 비난받을 정도의 방법으로 허위로 고지한 경우에는 기망행위에 해 당한다고 할 것이나, 그 선전광고에 다소의 과장·허위가 수반되는 것은 그것이 일반 상거래 의 관행과 신의칙에 비추어 시인될 수 있는 한 기망성이 결여된다고 할 것이고, 또한 용도가 특정된 특수시설을 분양받을 경우 그 운영을 어떻게 하고, 그 수익은 얼마나 될 것인가와 같 은 사항은 투자자들의 책임과 판단하에 결정된 성질의 것이므로 상가를 분양하면서 그곳에 첨단 오락타운을 조성하고 전문경영인에 의한 위탁경영을 통하여 일정 수익을 보장한다는 취지의 광고를 하였다고 하여 이로써 상대방을 기망하여 분양계약을 체결하게 하였다거나 상대방이 계약의 중요부분에 관하여 착오를 일으켜 분양계약을 체결하게 된 것이라고 볼 수 없다.(대판 2001. 5. 29. 99다55601·55618)

⑩ 교환계약의 당사자가 목적물의 시가를 묵비한 경우 기망에 해당하는지 여부(소극). 일 반적으로 교환계약을 체결하려는 당사자는 서로 자기가 소유하는 교환 목적물은 고가로 평 가하고 상대방이 소유하는 목적물은 염가로 평가하여 보다 유리한 조건으로 교환계약을 체 결하기를 희망하는 이해상반의 지위에 있고 각자가 자신의 지식과 경험을 이용하여 최대한 으로 자신의 이익을 도모할 것이 예상되기 때문에, 당사자 일방이 알고 있는 정보를 상대방 에게 사실대로 고지하여야 할 신의칙상의 주의의무가 인정된다고 볼 만한 특별한 사정이 없 는 한, 어느 일방이 교환 목적물의 시가나 그 가액 결정의 기초가 되는 사항에 관하여 상대

방에게 설명 내지 고지를 할 주의의무를 부담한다고 할 수 없고, 일방 당사자가 자기가 소유하는 목적물의 시가를 묵비하여 상대방에게 고지하지 아니하거나 혹은 허위로 시가보다 높은 가액을 시가라고 고지하였다 하더라도 이는 상대방의 의사결정에 불법적인 간섭을 한 것이라고 볼 수 없다.(대판 2002. 9. 4. 2000다54406)

⑪ 기망행위의 해석과 관련하여, 매수인이 목적물의 시가를 알면서도 시가보다 싼 금액을 시가라고 말한 경우에도 이로써 매도인의 의사결정에 불법적으로 간섭을 한 것이 아니므로 기망행위가 되지 않는다.(대판 1959. 1. 29. 4291민상139)

⑫ 판례는 "민법 제569조가 타인의 권리의 매매를 유효로 규정한 것은 선의의 매수인의 신뢰이익을 보호하기 위한 것이므로, 타인의 물건을 매도인의 것으로 알고 매수한다는 의사표시를 하였고 만일 타인의 물건인 줄 알았더라면 매수하지 아니하였을 사정이 있는 경우에는 매수인은 민법 제110조에 의하여 매수의 의사표시를 취소할 수 있다고 해석해야 할 것이다."라고 판시하였다.(대판 1993. 10. 23. 73다268) 즉, 판례는 사기와 매도인의 담보책임은 경합한다는 태도이다.

⑬ 판례는 일반적으로 부정행위에 대한 고소, 고발은 그것이 부정한 이익을 목적으로 하는 것이 아닌 때에는 정당한 권리행사가 되어 위법하다고 할 수 없으나, 부정한 이익의 취득을 목적으로 하는 경우에는 위법한 강박행위가 되는 경우가 있고 목적이 정당하다 하더라도 행위나 수단 등이 부당한 때에는 위법성이 있는 경우가 있을 수 있다고 판시한다.(대판 1992. 12. 24. 92다25120)


## VI. 의사표시의 효력발생


## 1. 의사표시의 효력발생시기(민법 제111조) = 도달주의 원칙

### (1) 상대방 없는 의사표시

의사표시가 성립된 때에 효력발생

**(2) 상대방 있는 의사표시**

① 원칙 – 도달주의

　　㉠ 발신 후 도달 전이면 언제든지 철회가능하나, 도달 후에는 임의로 철회하지 못한다.

　　㉡ 의사표시의 불착·연착은 모두 표의자의 불이익으로 돌아간다.

　　㉢ 표의자가 그 통지를 발신한 후 사망하거나 행위능력을 상실하여도 의사표시의 효력
　　　에는 영향을 미치지 못한다.

② 예외 – 발신주의

　　㉠ 격지자 간의 계약의 성립시기(제531조) – 승낙의 통지를 발송한 때

　　㉡ 무권대리인의 상대방의 최고(제131조) – 본인이 상당한 기간 내에 확답을 발하지 않
　　　으면 추인을 거절한 것으로 본다.

## 2. 의사표시의 수령능력(제112조)

　의사표시를 수령한 자가 무능력자인 경우에는 표의자는 의사표시의 효력을 주장하지 못한
다. 그러나 법정대리인이 그 도달을 안 후에는 그러하지 아니한다. 무능력자 측에서 의사표
시의 효력을 주장하는 것은 무방하다.

## 3. 의사표시의 공시송달(제113조)

　표의자가 과실 없이 상대방을 알지 못하거나 상대방의 소재를 알지 못한 경우에는 의사표
시는 민사소송법 공시송달의 규정에 의하여 송달할 수 있다. 공시송달에 의한 의사표시는 게시
한 날로부터 2주일이 경과한 때에 상대방에게 도달한 것으로 간주한다.(민사소송법 제181조)

# 부동산담보와 보증제도

부동산담보는 사람이 생활하면서 자금이 필요한 경우에 자기 부동산에 저당(근저당 포함)을 설정하여 일정한 자금을 빌려 쓰고 차후에 갚아 나가는 것이 보통이다. 그러나 담보물이 없거나 부족한 경우에는 보통 보증인(연대보증인 포함)을 요구하게 된다.

## Ⅰ. 머리말

자본주의 사회에서의 자금은 자연인에게 있어서나 법인에게 있어서 피와 같은 역할을 한다. 즉, 자금의 유통이 원활할수록 발전 속도가 빨라지는 것이다. 한편 자금을 가진 자와 능력이 있는 자 사이의 자금의 대차를 용이하게 연결해 주는 것이 **채권담보제도**이다. 채무자가 임의로 변제하지 않을 경우에는 채권자는 채무자의 일반 재산에 대하여 집행을 하여 경제적으로 채권의 변제를 받을 수 있는 것이 원칙이므로 채무자의 일반 재산은 채권의 담보물이다.

그러나 채무자의 일반 재산은 모든 채권자가 그것으로부터 평등하게 변제를 받을 수 있을 뿐 아니라(채권자평등의 원칙) 부단히 증감하는 것이므로, 채권의 담보로서는 매우 불충분하다. 그래서 채무자의 일반 재산보다도 강력한 변제수단의 확보가 거래사회에서 필요하게 된다.

이것이 채권담보의 제도이다. 이에는 인적담보**(보증제도)**와 **물적담보(저당권 등)제도**가 있다.

## Ⅱ. 인적담보(보증)제도

### 1. 보증이란?

금전소비대차 등에서 채권자는 채무자가 계약을 지키지 않고 채무의 내용을 이행하지 않을 경우를 대비하여 채권의 확보방안으로, 채무자 이외의 제3자의 재산으로 채권을 담보하는 제도가 보증이다. 이 경우 채무자 이외의 제3자를 '**보증인**'이라 하고, 보증인이 부담하는 채무를 '**보증채무**'라고 하며, 보증채무를 발생케 하는 계약을 '**보증계약**'이라고 한다. 보증은 보증인의 일반 재산으로 채권을 담보하나 다른 채권자에 우선할 수 있는 우선변제권이 없다는 점에서, 채권자가 다른 채권자에 우선하여 부동산이나 동산·주식 등의 특정재산으로부터 우선변제를 받을 수 있는 저당권, 질권 등 **물적담보제도**와 구별된다.

### 2. 보증은 언제 어떻게 성립하는가?

#### (1) 보증계약의 당사자

보증은 주 채무자로부터 보증인이 되어 달라는 부탁을 받고 보증인이 되는 경우와 자청하여 보증인이 되는 경우가 있는데 어느 경우나 보증인과 채권자가 보증계약의 당사자이고, 주 채무자는 보증계약과는 직접관계가 없다. 그러나 현실적으로는 주 채무자가 보증인의 사전허락을 받아 대리인으로서 채권자와 보증계약을 체결하는 경우가 많이 있다. 보증인이 채권자와 보증계약을 함에 있어서 주 채무자에 의하여 기만당하거나 채무자의 자력, 담보 등에 관하여 **착오**가 있더라도 이를 보증계약의 내용으로 하지 않는 한 보증계약을 취소할 수 없다.

보증계약은 특별한 방식을 요구하지 않으므로 보증에 관한 당사자 간(보증인과 채권자)의 합의만 있으면 성립하나, 다툼을 피하기 위해서는 서면으로 명확히 할 필요가 있다.

### (2) 보증인의 자격

보증계약도 일반 계약능력 및 **행위능력**은 필요하다. 한편 법률상 또는 계약상 보증인을 세워야 할 의무가 있는 경우에는 그 보증인은 행위능력과 변제능력이 있어야 하고, 보증인이 변제자력이 없게 된 경우에는 채권자는 자신이 특정인을 보증인으로 지명한 때 이외에는 그 요건을 갖춘 자로 보증인의 변경을 요구할 수 있다.

### (3) 보증채무와 주 채무의 관계

보증채무는 주 채무의 존재를 필요로 하므로 주 채무가 성립하지 않거나 소멸하였을 때에는 무효이며, 주 채무가 취소된 때에는 보증계약도 소급하여 무효가 되고, 주 채무가 조건부로 효력이 생길 때에는 보증채무도 조건부로 효력이 생긴다. 장래의 채무를 위한 보증이나 장래 증감하는 결산시기에 있어서 일정한 한도액까지 보증하는 **근보증** 또는 계속적 보증도 가능하다.

## 3. 보증의 내용

### (1) 일반 보증

보증의 내용은 보증계약에 의하여 정해진다. 보증채무의 범위는 주 채무의 범위보다 넓어서는 안 되며, 만약 넓은 때에는 주 채무의 한도로 감축된다. 그러나 보증채무가 주 채무보다 적은 것은 무방하다. 특약이 없는 한 보증채무는 주 채무의 이자, 위약금, 손해배상 기타 주 채무자에 종속한 채무를 포함하나, 보증계약 성립 후에 주 채무자와 채권자가 계약으로 주 채무의 내용을 확장하는 경우 등과 같이 동일성이 없는 경우에는 보증채무가 확장되지 않는다.

### (2) 근보증 또는 계속적 보증

계속적 보증계약에 기간의 약정이 없는 때에는 보증인은 보증계약 체결 후 상당한 기간이 경과되면 보증계약을 해지할 수 있으며, 계속적 보증은 원칙적으로 상속되지 않는다. 또한 보증계약 체결 당시 예상할 수 없었던 특별한 사정, 즉 주 채무자의 자산상태가 급격히 악화된 경우에는 상당한 기간이 경과되지 않더라도 보증계약을 해지할 수 있다.

## 4. 보증의 효력

### (1) 보증채무청구

채권자는 주 채무자가 채무의 이행을 하지 않는 때에는 보증인에게 보증채무의 이행을 청구할 수 있다.

### (2) 보증인의 최고ㆍ검색의 항변권

보증인은 채권자가 주 채무자에게 청구하여 보지도 않고 보증인에게 청구해 온 때에는 주 채무자에게 변제능력이 있다는 사실 및 그 집행이 용이하다는 것을 증명하여, 먼저 주 채무자에게 청구할 것과 그 재산에 대하여 집행할 것을 요구할 수 있는데, 이를 **최고ㆍ검색의 항변권**이라 한다. 다만 **연대보증인**은 이 최고ㆍ검색의 항변권이 인정되지 않는다. 최고ㆍ검색의 항변권을 행사하였음에도 불구하고 채권자가 주 채무자에게 청구하는 것을 게을리 하여, 그 후 주 채무자로부터 주 채무의 전부나 일부를 변제받지 못하게 된 때에는 곧 청구하였으면 변제받을 수 있었을 한도에서 보증인은 그 채무를 면하게 된다. 보증인은 주 채무자가 채권자에 대하여 가지는 항변 사유로 채권자에게 대항할 수 있다.

### (3) 주 채무자와 보증인에 발생한 사유의 효력

주 채무자에 관하여 생긴 사유는 원칙적으로 모두 보증인에게 효력이 생긴다. 따라서 주 채무가 소멸하는 때에는 보증채무도 소멸한다. 그러나 주 채무자가 파산법상 파산선고나 개인채무회생법상 면책결정을 받거나, 주 채무자에 대하여 회사정리법상 정리절차가 개시되더라도 보증인의 채무에는 아무런 영향이 없다. 한편, 보증인에게 생긴 사유는 주 채무를 소멸시키는 행위(**변제, 대물변제, 공탁, 상계** 등) 이외에는 주 채무자에게 영향을 미치지 않는다.

## 5. 보증인의 구상권

보증인은 채권자에 대한 관계에 있어서는 자기의 채무를 변제하는 것이지만, 주 채무자에 대한 관계에 있어서는 타인의 채무를 변제하는 것이 된다. 따라서 보증인의 변제 등으로 주 채무자가 채무를 면하게 된 경우에는 보증인은 주 채무자에 대하여 구상할 수 있는 권리를 가진다.

주 채무자의 부탁으로 보증인이 된 자가 과실 없이 변제 기타의 출재로 주 채무의 전부 또는 일부를 소멸하게 한 때에는, 출재한 금액의 한도 내에서 주 채무자에게 구상할 수 있는 권리를 가진다. 주 채무자의 부탁 없이 보증인이 된 자가 변제 기타 자기의 출재로 주 채무의 전부 또는 일부를 소멸하게 한 때에는 채무를 면하게 한 행위 당시 또는 구상권을 행사할 당시에 주 채무자가 이익을 받고 있는 한도 내에서 구상할 수 있는 권리를 가진다.

보증인이 통지의무를 게을리 하면 구상할 수 있는 권리가 제한된다. 즉, 보증인이 주 채무자에게 미리 통지하지 않고 변제 기타 출재로 주 채무를 소멸하게 한 경우에 주 채무자가 채권자에게 대항할 수 있는 사유가 있었을 때에는 그 사유로 보증인에게 대항할 수 있어 그 범위에서 보증인의 구상권이 제한된다. 한편 주 채무자가 통지를 게을리 하여 부탁받은 보증인이 선의로 이중 변제를 한 경우에는 보증인은 주 채무자에게 구상할 수 있다.

## 6. 연대보증

연대보증이라 함은 보증인이 주 채무자와 연대하여 채무를 부담함으로써 주 채무의 이행을 담보하는 보증채무를 말한다. 연대보증은 채권의 담보를 목적으로 하는 점에서 보통의 보증과 같으나 보증인에게 최고·검색의 항변권이 없으므로 채권자의 권리담보가 확실하다. 채권자는 연대보증인이 수인인 경우 어느 연대보증인에 대하여서도 주 채무의 전액을 청구할 수 있다. 연대보증은 보증인이 주 채무자와 연대하여 보증할 것을 약정하는 경우에 성립한다. 연대보증인에게는 최고·검색의 항변권은 없으나 주 채무자가 채권자에 대하여 가지는 항변권과 구상권 등은 가지고 있다.

## 7. 보증보험제도

보증보험제도는 특수한 보증제도로서 보증보험회사와 이용자가 보증보험계약을 체결하고 그 보험증권으로 보증을 대신할 수 있는 제도이다. 인적담보제도는 보증인의 자력(資力)에 의존하는 것이므로 그 자력이 부족하면 채권을 담보할 수 없게 되므로 보증인의 자력 확보가 문제였으나 이를 보완할 수 있는 제도가 보증보험제도이다.

보증보험은 가압류, 가처분 등의 보증 공탁 시 공탁금을 보증보험증권으로 대체함으로써 비교적 많은 금액을 현금으로 납입해야 하는 불편을 덜어 주며, 각종 할부구매, 신원보증의 경우는 물론 형사사건의 보석보증금 납부 필요시에도 이용된다. 보증보험계약 체결 시 보증 보험회사에 납부하여야 할 보험료는 보험상품에 따라 차등이 있으나, 공탁보증보험의 경우 보험가입금액의 0.75%, 보석보증보험의 경우 보험가입금액의 0.8%의 저렴한 보험료로 각종 보증을 대신할 수 있는 편리한 제도이다. 보증보험 청약서와 약정서 등을 작성할 때에는 그 내용을 정확히 알고 있어야 뜻하지 않게 불이익을 당하는 것을 피할 수 있다.

## Ⅲ. 물적담보제도

물적담보제도에는 민법 물권 편에서 규율하고 있는 전형적 담보제도와 거래계에서 발달되어 온 비전형적 담보제도가 있다. 이에 대하여서는 제14강 부동산용익물권의 이해 및 제15강 부동산담보물권의 이해에서 설명하기로 한다.

## Ⅳ. 맺음말

지금까지 인적담보제도인 보증과 연대보증, 그리고 물적담보제도인 저당권, 유치권, 질권, 가등기담보 등에 대하여 간단히 살펴보았다. 오늘날 금융거래를 통하여 자본을 확보하는 현대 산업사회에 있어서는 이 담보제도는 정말로 유용한 사회적 기능을 하고 있다. 그러나 아무리 좋은 제도라 할지라도 그 제도를 잘 이용하면 큰 가치가 있는 것이지만, 잘못 이용하거나 제도를 잘 모를 경우에는 선의의 피해를 보는 경우가 종종 생긴다. 최근에 보증 때문에 집이나 가재도구는 물론 직장에서 받는 봉급까지 압류당하여 하루아침에 길거리에 내쫓기는 신세가 된 사람이 한둘이 아니다. 그러다 보니까 우리는 마치 보증제도가 잘못된 것처럼 인식하게 된다. 정부에서도 사람의 신용도에 따라서 보증을 설 수 있는 한도를 정하는 등, 보증제도를 개선하려고 노력해 보지만 보증 때문에 부도나는 사람은 계속 생겨나고 있다.

　가까운 친구나 형제 사이에 보증을 서 달라고 하는데 거절하기는 힘들다. 그러나 보증 내지는 연대보증(오늘날 금융거래에 있어서 대부분의 보증은 연대보증이다)을 선 사람의 책임은 주 채무자의 책임과 마찬가지임을 아는 사람은 별로 없다. 주 채무자가 변제능력이 없어서 갚지 못했을 때는 채권자는 언제든지 연대보증인에게 갚도록 조치할 수 있다. 심지어 요즘에는 갚을 능력이 있으면서도 갚지 않는 채무자들도 있고, 이 경우에도 연대보증인은 채무를 갚아야 할 의무가 있는 것이다.

## 생각의 뿌리, 행복의 뿌리

끝까지 성공하여
행복하게 사는 사람은
강하고 두뇌가 좋은 사람이 아니라
생각의 뿌리가 튼튼한 사람이다.
즉, 자연, 생명, 사랑, 지혜에 튼튼하게 내린
생각의 뿌리가 행복의 뿌리이다.

         -이경복의 『마음의 문을 여는 100가지 물음 '생각의 뿌리'』 중에서-

* 나무도 뿌리가 튼튼해야 잘 자라듯이
사람 또한 생각의 뿌리가 튼튼해야 좋은 삶을 누릴 수 있습니다.
사람의 생각의 뿌리는
자연, 생명, 사랑, 지혜에 깊게 뻗어야 튼튼하다 하네요.
뿌리만 튼튼하면, 아무리 세상이 어렵게 변하고 비바람이 몰아쳐도
잘 자라서 좋은 꽃이 피고 탐스러운 열매가 달립니다.

# 부동산용익물권의 기초지식

부동산용익물권은 지상권(법정지상권 및 관습법상법정지상권 포함), 지역권, 전세권을 말하는데, 이하에서는 용익물권의 특수성과 다른 유사권리와의 비교검토를 통하여 부동산거래에 있어서 용익물권의 특질과 역할에 대하여 검토한다.

## I. 지상권

### (1) 의의

타인의 토지에 건물 기타 공작물이나 수목을 소유하기 위하여 그 토지를 사용할 수 있는 권리(제279조)를 말한다. 공작물의 예(교량, 탑, 전주, 기념비, 담 등)

### (2) 성질

① 타인의 토지의 사용
② 건물 기타 공작물이나 수목을 소유하는 것

③ 지료는 지상권의 요소가 아니다.

## (3) 지상권의 취득

법률규정에 의한 취득-등기 불요(단, 처분 시에 등기 요)

① 상속 · 판결 · 경매 · 공용징수 · 취득시효 기타 법률의 규정에 의한 취득

② **법정지상권**-동일인 소유 토지와 건물 중 일부가 타인의 소유로 된 경우

　　㉠ **건물에 전세권 설정 후 토지소유자가 변경된 때(제305조 1항)**

　　　　ⓐ 대지와 건물이 동일한 소유자에 속한 경우에 건물에 전세권을 설정한 때에는 그 대지 소유권의 특별승계인은 전세권 설정자에 대하여 지상권을 설정한 것으로 본다. 그러나 지료는 당사자의 청구에 의하여 법원이 이를 정한다.

　　　　ⓑ 대지소유자는 타인에게 그 대지를 임대하거나 이를 목적으로 한 지상권 또는 전세권을 설정하지 못한다.

　　㉡ **저당권 시행으로 소유자가 달라진 때(제366조 1항)**

　　　　토지에 저당권이 설정된 이후에 그 토지에 축조된 건물에는 법정지상권의 성립을 인하지 않는다(통설과 판례). 다만, 일괄경매를 인정하고 있을 뿐이다.(제365조)

　　㉢ **가등기담보권 등이 실행되어 소유자가 달라진 때(가등기담보법 제10조)**

　　　　토지 및 그 지상의 건물이 동일한 소유자에게 속하는 경우에 그 토지 또는 건물에 대하여 경매 기타 사유로 인하여 소유권을 취득하거나 담보가등기에 기한 본등기가 행하여진 경우에는 그 건물의 소유를 목적으로 그 토지 위에 지상권이 설정된 것으로 본다.

　　㉣ **토지와 입목의 소유자가 어떤 원인으로 달라진 때(입목에관한법률 제6조)**

　　　　입목이 경매 기타 사유로 인하여 토지와 그 입목이 각각 다른 소유자에게 속하게 되는 경우에는 토지소유자는 입목소유자에 대하여 지상권을 설정한 것으로 본다.

## (4) 지상권과 임차권의 차이점

| 구 분 | 지상권 | 임차권 |
|---|---|---|
| 의의 | 타인의 토지에 건물 기타 공작물이나 수목을 소유하기 위하여 그 토지를 사용하는 권리(제279조) | 당사자 일방이 상대방에게 목적물을 사용·수익하게 할 것을 약정하고 상대방이 이에 대하여 차임을 지급할 것을 약정함으로써 그 효력이 있다.(제618조) |
| 본질적 차이 | 목적물을 직접 지배할 수 있는 권리 | 목적물을 사용·수익을 임대인에게 청구할 수 있는 채권 |
| 대 상 | 토지 | 물건(동산·부동산) |
| 성립요건 | 물권적 합의와 등기 | 채권계약 |
| 존속기간 | 최단기간(30년, 15년, 5년) | 최장기간(원칙적으로 20년을 넘지 못함) |
| 소멸청구 해지 | 지료 약정이 있는 경우 2년분 이상의 지료지급 연체 시 소멸청구 | 차임연체액이 2기에 달하거나 임대인의 동의 없는 양도·전대 시에는 해지 |
| 대가관계 | 지료지급이 요소가 아님 | 차임지급이 요소 |
| 대 항 력 | 제3자에 대한 대항력 있음 | 제3자에 대한 대항력 없음(단, 등기된 부동산 임차권은 대항력 있음) |
| 양 도 | 설정자의 동의 없이 양도 가능 | 임대인의 동의를 요함 |

## (5) 지상권의 존속기간(최단기간 제한만이 있음)

○ 약정하는 경우

① 최단기간(제280조)

    ㉠ **30년:** 석조·석화조·연와조 또는 이와 같은 견고한 건물이나 수목소유의 목적인 때

    ㉡ **15년:** 이외의 건물의 소유목적

    ㉢ **5년:** 건물 이외의 공작물

      위 기간보다 짧게 정한 경우에는 위 기간까지 연장

② 최장기간 – 규정이 없음

○ 약정하지 않은 경우

① 존속기간을 정하지 않은 경우에는 위의 '최단존속기간'으로 한다.(제281조 1항)

② 설정계약 당시 공작물의 종류와 구조를 정하지 않은 때에는 15년을 최단존속기간으로 한다.(제281조 2항)

### ○ 지상권자의 갱신청구권

① 지상권이 소멸한 경우에 건물 기타 공작물이나 수목이 현존한 때에는 지상권자는 계약의 갱신을 청구할 수 있다.(제283조 1항)

② 지상권 설정자가 계약의 갱신을 원하지 아니하는 경우에는 지상권자는 상당한 가액으로 공작물이나 수목의 매수를 청구할 수 있다.(제283조 2항)

### ○ 계약갱신과 존속기간

당사자가 계약을 갱신하는 경우에는 지상권의 존속기간은 갱신한 날로부터 최단존속기간보다 단축하지 못한다. 그러나 당사자는 이보다 장기의 기간을 정할 수 있다.(제284조)

## (6) 지상권의 효력

### ○ 지상권자의 토지사용권

① 목적범위 내에서 토지사용(제279조)

지상권 설정자의 소극적 의무(임대인 - 적극적 의무)

② 상린관계 준용(제290조)

③ 점유권과 물권적 청구권

○ 지상권 설정자의 동의 없이 양도·상속·임대 등이 자유

### ☞ 보충

㉠ 전세권

전세권자는 전세권을 타인에게 양도 또는 담보로 제공할 수 있고 그 존속기간 내에 그 목적물을 타인에게 전전세 또는 임대할 수 있다. 그러나 설정행위로 이를 금지한 때에는 그러하지 아니한다.(제306조)

㉡ 임차권

임차인은 임대인의 동의 없이 그 권리를 양도하거나 임차물을 전대하지 못한다. 임차인이 위 규정에 위반하는 때에는 임대인은 계약을 해지할 수 있다.

ⓐ 지상권의 양도·임대 금지 특약 - 무효(강행규정 - 제289조)

전세권의 양도·임대 금지 특약 - 유효

ⓒ 지료증감청구권

　　ⓐ 당초 지료가 합당하지 않은 경우에는 당사자는 지료의 증감을 청구할 수 있다.

　　ⓑ 지상권자가 2년 이상 지료를 지급하지 않으면 지상권 설정자는 지상권의 소멸청구(제287조)

ⓔ 지상권의 소멸 사유

　　ⓐ 물권일반의 소멸 사유 – 목적물 멸실·혼동·소멸시효 등

　　ⓑ 존속기간의 만료(제287조)

　　ⓒ 지상권의 포기

　　ⓓ 지료체납에 의한 지상권 설정자의 소멸청구

ⓜ 지상권의 소멸효과

　　ⓐ 지상물수거권

지상권자는 지상물을 제거하고 토지를 원상회복시켜야 한다.(제285조 1항)

　　ⓑ 지상물매수청구권

지상권 설정자의 매수청구권(제285조 2항)과 지상권자의 매수청구권(제283조 2항) – 형성권

　　ⓒ 유익비상환청구권


○ **구분지상권(제289조의2)**

지하 또는 지상의 공간은 상하의 범위를 정하여 건물 기타 공작물을 소유하기 위한 지상권의 목적으로 할 수 있다.


○ **분묘기지권(판례)**

타인의 토지에 분묘를 설치한 자는 그 분묘기지에 대하여 지상권에 유사한 일종의 물권을 취득(소유자의 승낙이 있는 경우, 소유자의 승낙이 없이 20년간 공연·평온하게 분묘의 기지를 점유하는 경우, 자기소유토지에 분묘 설치 후 특약 없이 토지매매 하는 경우)한다.

조선고등법원판결을 통하여 인정된 분묘기지권은, 그 후 우리 대법원에 의해 20년 넘게 그 유효성이 인정되어 오다 **장사등에관한법률 제23조 제3항**에 따라 **2001년 1월 12일부터**는 배제되게 되었다.

○ **관습법상 법정지상권**

① 의의

토지와 건물이 같은 소유자의 소유에 속하였다가 그 건물 또는 토지가 매각 또는 그 밖의 원인으로 각각 소유자를 달리하게 된 때 건물의 철거특약이 없는 경우 건물소유자에게 그의 건물소유를 위하여 법률상 당연히 생기게 되는 법정지상권을 말한다.

② 성립요건

    ㉠ 토지와 건물이 동일인의 소유

    ㉡ 경매 기타 원인으로 토지와 건물의 소유자가 다르게 된 경우

    ㉢ 당사자 사이에 건물을 철거한다는 특약이 없는 경우


# Ⅱ. 지역권


## 1. 지역권의 의의

일정한 목적을 위하여 타인의 토지를 자기의 토지의 편익에 이용하는 권리, 즉 자기의 토지의 편익을 위하여 타인의 토지를 통행하거나 타인의 토지로부터 물을 끌어오거나, 또는 타인의 토지에 자기 토지에서 바라보는 관망을 방해하는 공작물을 건조 못 하게 하는 경우처럼 타인의 토지(**승역지**)를 자기의 토지(**요역지**)의 편익에 이용하는 것을 내용으로 하는 물권을 말한다.

☞ **지역권과 상린관계의 비교**

| 구 분 | 지역권 | 상린관계 |
|---|---|---|
| 성 질 | 독립한 물권 | 소유권의 내용 |
| 권리발생 | 설정계약과 등기 | 법률규정에 의해 |
| 인 접 성 | 불요 | 요 |

## 2. 법적 성질

### (1) 토지편익성

① 지역권은 타인의 토지를 자기 토지의 편익에 이용하는 권리를 말한다.

② 지역권은 반드시 토지소유자 상호간에 성립하는 것이 아니라 지상권자·전세권자·임차권자 등도 지역권을 설정할 수 있다.

요역지(자기 토지)는 1필의 토지이어야 하나, 승역지(타인 토지)는 1필지의 일부라도 무방하다.

### (2) 부종성(수반성)

지역권은 요역지의 권리에 종된 권리이다.(제292조) 따라서 요역지의 소유권이 이전되면 지역권도 요역지와 함께 이전된다.(제292조)

### (3) 불가분성

① 토지공유자의 1인은 지분에 관하여 그 토지를 위한 지역권 또는 그 토지가 부담한 지역권을 소멸하게 하지 못한다.(제293조 1항)

② 공유자 1인이 지역권을 취득한 때에는 다른 공유자도 이를 취득한다.(제295조 1항)

③ 공유자 1인의 지역권 소멸시효 중단·정지는 다른 공유자에게도 영향을 미친다.(제296조)

## 3. 지역권의 취득과 소멸

### (1) 지역권의 취득

① 지역권은 설정계약이나 유언에 의하여 취득하기도 하고 시효로 취득하기도 한다.

② 시효에 의한 취득

　　㉠ 평온·공연하게 점유한 경우는 20년

　　㉡ 등기된 상태에서 평온·공연·선의·무과실로 점유하는 경우는 10년

　　㉢ '계속되고 표현된 것'에 한하여 인정(제294조) – 등기를 요한다.

☞ **판례**: 지역권을 시효취득하기 위해서는 요역지의 소유자가 타인의 토지를 20년간 통행했다는 사실만으로는 부족하고 요역지의 소유자가 승역지 상의 도로를 개설하여 항시 사용하고 있는 상태가 일정 기간(제245조의 기간) 계속한 사실이 있어야 한다.

### (2) 지역권의 소멸

지역권은 20년간 행사하지 않으면 시효로 소멸한다.(제162조)

## 4. 지역권의 존속기간

민법에 규정이 없으므로 자유로이 정할 수 있고, 또 영구무한의 지역권도 인정된다고 본다.

## 5. 특수지역권(제302조)

어느 지역의 주민이 집합체의 관계로 각자가 타인의 토지에 초목, 야생물 및 토사의 채취, 방목 기타의 수익을 하는 권리를 특수지역권이라 한다(관습의 우선적용).

## Ⅲ. 전세권

## 1. 의의와 성질

### (1) 의의

전세금을 지급하고 타인의 부동산을 그의 용도에 좇아 사용·수익하는 물권으로, 전세권이 소멸하면 그 부동산 전부에 대하여 후순위 권리자 기타 채권자보다 전세금의 **우선변제**를 받을 수 있는 물권을 말한다. 다만 **농경지**는 전세권의 목적으로 하지 못한다.(제303조)

## (2) 성질

### ① 타물권성

타인의 부동산(단, 농경지는 제외) – 부동산의 일부, 즉 1필 토지의 일부나 건물의 일부에도 전세권을 설정할 수 있다.

### ② 용익물권성

목적부동산을 점유하여 사용·수익할 있는 권리

### ③ 전세금의 지급은 전세권의 요소이다. 지상권의 지료의 지급은 요소가 아니다.

### ④ 양도성과 상속성

### ⑤ 담보물권성(제303조 1항) – 용익물권이지만 담보물권성도 가진다.

### ⑥ 부종성, 수반성, 불가분성, 물상대위성

## 2. 전세권의 존속기간

### (1) 기간을 약정한 경우

#### ① 최장기 제한

토지와 건물 전세권은 10년을 넘지 못한다. 당사자의 약정기간이 10년을 넘는 때에는 10년으로 단축된다.(제312조 1항)

#### ② 최단기 제한

건물전세권은 1년 미만으로 정한 때는 1년으로 한다.(제312조 2항)

#### ③ 계약의 갱신

전세권의 설정은 이를 갱신할 수 있으나 10년을 넘지 못한다.(제312조 3항) – 토지전세권은 없고, 건물전세권에 한하여 법정갱신이 있다 – 자동갱신

### (2) 기간을 약정하지 않은 경우

각 당사자는 언제든지 전세권의 소멸 통고를 할 수 있고, 전세권의 소멸 통고 후 6개월이 지나면 전세권은 소멸한다.(제313조)

## 3. 전세권의 효력

### (1) 전세권자의 사용·수익권과 우선변제권

① 전세권자는 목적부동산을 그 용도에 좇아 사용·수익할 권리를 갖는다. 용법에 위반 시 전세권 설정자는 소멸청구를 할 수 있다.

② 타인의 토지 위에 건물을 소유하는 자가 그 건물에 전세권을 설정한 경우 그 전세권의 효력은 그 건물의 소유를 목적으로 하는 지상권 또는 임차권에 미친다.(제304조 1항) 따라서 전세권 설정자는 전세권자의 동의 없이 지상권 또는 임차권을 소멸케 하는 행위를 하지 못한다.(제304조 2항)

③ 전세권 설정자는 소극적인 인용의무만 부담한다.

### (2) 건물의 전세권과 법정지상권

① 건물에 전세권을 가지고 있는데, 후에 토지의 소유자가 달라져도 법정지상권이 성립하므로 전세권자는 그대로 보호된다.(제305조)

② 법정지상권이 성립하는 경우에는 지료는 당사자의 청구에 의해 법원이 정한다.

### (3) 전세권자의 유지·수선의무

전세권자가 부담하므로 전세권 설정자는 필요비상환청구권이 없다. 유익비상환청구권은 인정된다.

### (4) 전세권자의 물권적 청구권

물권적 청구권이 인정된다. 상린관계규정도 준용된다.

### (5) 전세금의 증감청구권(제312조의2)

### (6) 전세권의 처분의 자유(특약에 의한 제한 가능)

전세권자는 전세권을 타인에게 양도하거나 담보로 제공할 수 있고, 존속기간 내에 목적물을 타인에게 전전세 또는 임대할 수 있다.(제306조) 다만, 전세금 처분금지의 설정행위는 등기함으로써 제3자에게 대항할 수 있다.(부동산등기법 제139조 1항)

## 4. 전전세

### (1) 의의

전전세란 전세권자의 전세권을 기초로 해서 다시 그 전세권을 목적으로 하는 전세권을 설정하는 것을 말한다.(제306조 참조)

### (2) 요건

① 전전세권의 합의와 등기가 있어야 한다.

② 당사자는 원전세권자와 전전세권자이다. 전세권 설정자의 동의는 요하지 않는다.

③ 존속기간은 원전세권의 존속기간 내이다.

④ 전세금의 지급이 요건이다. 전전세의 전세금은 원전세의 한도 내이어야 한다.

### (3) 효과

① 전전세권의 설정으로 원전세권은 소멸하지 않는다.

② 원전세권이 소멸하면 전전세권도 소멸한다.

③ 전전세권이 존속하는 동안 전세권자는 원전세권을 소멸시키지 못한다.

④ 전세권자는 불가항력으로 인한 손해에 대해 책임을 부담한다.

⑤ 전전세권자도 경매권이 있다. 단 원전세권도 소멸하고 원전세금 반환을 지체하는 경우에만 성립한다(채권자 대위).

## 5. 전세권의 소멸

### (1) 전세권의 소멸원인

목적부동산의 일부가 불가항력으로 소멸하면 그 멸실된 부분의 전세권 소멸, 단 일부 멸실로 전세권의 목적달성이 불가능한 경우에는 전세권 설정자에게 전세권 전부의 소멸을 통고할 수 있다.

   ㉠ 불가항력에 의한 경우(제314조)

  **전부멸실**－전세권 소멸

  **일부멸실**－잔존 부분으로 목적달성 불능－전세권 소멸

             잔존 부분으로 목적달성 가능－잔존 부분 유효

   ㉡ 전세권자의 귀책사유로 인한 경우에는 손해배상책임을 부담하며, 전세권 설정자는 전세권 소멸 시 전세금에서 손해배상에 충당할 수 있다.(제315조)

**\* 보충 [물권법상 전세권과 관행의 채권적 전세의 차이점]**

|  | 전세권 | 채권적 전세 |
|---|---|---|
| 근 본 적 | 물권 | 채권 |
| 처 분 상 | 양도·임대·전전세할 수 있고, 담보 제공할 수 있다. | 임대인의 동의 없이 처분할 수 없다. 임대차에 해당 |
| 존속기간 | 10년을 넘지 못한다. | 20년을 넘지 못하나, 주택임대차보호법에 의하여 주택인 경우 2년 보장 |
| 전세금의 반환확보 | 경매권이 인정 | 경매권이 인정되지 않음 |

# 부동산담보물권의 기초지식

부동산용익물권에 이어 부동산담보물권은, 부동산(토지와 건물) 전부에 인정되며 공시방법이 특별이 없는 유치권과 부동산(토지와 건물)담보의 대표적인 저당권(근저당, 공동저당, 양도담보)에 대하여 검토한다. 다만, 이하에서는 동산과 권리의 대표적 담보물권인 질권에 대해서는 생략한다.

## I. 용익물권과의 담보물권의 비교

| 구 분 | 용익물권 | 담보물권 |
|---|---|---|
| 의 의 | 타인의 물건을 일정한 범위 내에서 사용·수익할 수 있는 제한물권 | 채권보호를 위해 채무자 또는 제3자의 물건 또는 권리위에 설정된 제한물권 |
| 차 이 점 | 사용가치 파악, 사용·편익을 위한 제도 | 가치권, 채권담보를 위한 제도 |
| 종 류 | 지상권, 지역권, 전세권 | 유치권, 질권, 저당권 |
| 목 적 물 | 부동산 | 유치권(부동산·동산), 질권(동산·권리), 저당권(부동산) |
| 점유 요·불요 | 점유 요한다. | 유치권·동산질권(점유요), 저당권(점유 불요) |

# Ⅱ. 유치권

## 1. 의의

유치권이라 함은 타인의 물건 또는 유가증권을 점유한 자가 그 물건이나 유가증권에 관하여 생긴 채권이 변제기에 있는 경우에는 변제를 받을 때까지 그 물건 또는 유가증권을 유치할 수 있는 권리가 있다. 이는 공평의 원칙을 실현하기 위한 것이다.

## 2. 유치권과 동시이행항변권과의 차이

### (1) 공통점

유치권과 동시이행항변권은 다 같이 공평의 원리에 입각하여, 쌍방이 채권, 채무를 가지는 경우에 자기의 채무는 이행하지 않으면서 상대방에 대한 채권을 청구한다면 청구를 받은 상대방은 그것을 거절할 수 있다는 점에서 양자는 그 취지가 동일하다.

### (2) 차이점

| 구  분 | 유치권 | 동시이행항변권 |
|---|---|---|
| 법적 성질 | 독립의 물권 | 쌍무계약에서 발생하는 채무에 따른 권능에 불과 |
| 권리행사대상 | 항상 타인의 물건 | 자기소유의 물건 |
| 제3자에 대한 대항력 | 제3자에 대항력 가능 | 제3자에 대항력 없음 |
| 거절할 수 있는 급부 | 목적물 인도 | 제한 없다. |
| 소멸원인 | 타 담보 제공, 점유 상실 | 특별한 소멸 사유 없음 |

## 3. 유치권의 성립요건

○ **목적물**
부동산·동산·유가증권이어야 한다. 부동산유치권은 등기 요하지 않음

○ **채권**

유치권이 성립하기 위해서는 첫째, 목적물에 관하여 생긴 채권이어야 하고, 둘째, 그 채권은 변제기에 있어야 한다. 목적물과 채권의 견련성

○ **점유**

유치권이 성립하려면 목적물에 대한 점유를 상실하지 않아야 한다. 점유는 적법한 점유이어야 한다.

○ **기타**

채무자는 반드시 소유자일 필요가 없고, 유치권을 배제하는 특약이 없어야 한다.

## 4. 유치권의 효력

### (1) 유치권자의 권리

① 목적물을 유치할 권리(제320조 1항)

채권의 변제를 받을 때까지 목적물의 점유를 계속하고 인도를 거절하는 것을 말한다.

② 목적물을 경매할 권리(제322조 1항)

유치권자는 채권의 변제를 받기 위해 유치물을 경매할 수 있다.

유치권자에게 우선변제권은 없다. 그러나 채무자 또는 제3자(경락인)가 인도받으려면 유치권자에게 변제해야 하므로 실제로는 우선변제권을 갖는 것이나 다름없다.

③ 간이변제충당권(제322조 2항)

정당한 이유가 있을 때 감정인의 평가에 의하여 유치물을 직접 변제에 충당할 것을 법원에 청구할 수 있다. 이 경우에 유치권자는 미리 채무자에게 통지하여야 한다. 경매비용의 과다로 유치권자가 변제받지 못할 것을 고려한 예외이다.

④ 과실수취권(제323조)

유치권자는 유치물의 과실을 수취하여 다른 채권자보다 먼저 그 채권의 변제에 충당할 수 있다. 그러나 과실이 금전이 아닌 경우에는 경매해야 한다.

⑤ 유치물 사용권(제324조 2항 단서)

유치권자는 유치물의 보존에 필요한 범위 내에서 채무자의 승낙 없이 유치물을 사용할 수 있다.

⑥ 비용상환청구권(제325조 1항)

유치권자는 유치물에 대해 필요비를 지출한 경우 소유자에게 그 상환을 청구할 수 있다.

### (2) 유치권자의 의무(제324조)

① 유치권자는 유치물을 선량한 관리자의 주의로 점유해야 한다.

② 유치권자는 채무자의 승낙 없이 유치물의 사용·대여 또는 담보제공을 하지 못한다(단 보존에 필요한 사용을 가능).

③ 유치권자가 상기의 내용의 의무에 위반한 경우에는 채무자는 유치권의 소멸을 청구할 수 있다.

## 5. 유치권의 소멸

### ○ 일반적 소멸 사유

유치권도 물권일반의 소멸원인으로 소멸한다. 다만 유치권 자체는 소멸시효에 걸리지 않는다. 그러나 유치권을 행사하고 있더라도 피담보채권의 소멸시효는 영향을 받지 않고 그대로 진행한다.(제326조)

### ○ 특유한 소멸 사유

① 유치권은 점유의 상실로 소멸한다.(제328조)

② 피담보채권이 소멸하면 유치권도 소멸한다.(제324조)

③ 채무자의 소멸청구로 소멸한다.

④ 다른 담보 제공을 하고 소멸을 청구할 수 있다.(제327조)

# Ⅲ. 저당권

## 1. 의의 및 특징

### (1) 의의

저당권은 채권자가 채무자 또는 제3자(물상보증인)가 채무의 담보로 제공한 부동산을 인도받지 않고 후일 채무자의 변제가 없는 경우에 그 목적물로부터 자기채권의 우선변제를 받는 약정담보물권이다.

### (2) 특징

① 저당권은 채무자 또는 제3자가 목적물의 점유를 이전하지 아니하고 그대로 보유하는 약정담보물권이다.

② 설정자(채무자 또는 제3자)가 목적물을 계속 점유하고 있기 때문에 유치적 효력을 갖지 않는다.

## 2. 저당권의 성질

○ **약정담보물권**

당사자 간의 합의와 등기에 의해 성립하는 약정담보물권이다. 다만, 예외적으로 법률규정에 의해 당연히 성립하는 법정저당권이 있다.

○ **우선변제적 효력**

저당권자가 목적물로부터 다른 채권자에 앞서 우선변제를 받는 것을 본체로 하는 담보물권이다.

○ **공시방법의 필요성**

저당권은 목적물의 점유를 설정자가 그대로 보유하는 담보물권이며, 저당권의 존재는 반드시 등기 또는 등록에 의해 공시하여야 한다. 즉, 점유를 수반하지 않은 권리이다.

○ **담보물권으로서의 통유성**

① 타물권성(제한물권성)

저당권은 채무자 또는 제3자의 목적물의 위에 성립하는 타물권이다.

② 부종성

저당권으로 담보한 채권(피담보채권)이 시효의 완성 기타 사유로 인하여 소멸한 때에는 저당권도 소멸한다.(제369조) 부종성의 완화 - **근저당**

③ 수반성

피담보채권이 양도·상속 등으로 그 동일성을 유지하면서 이전되는 때에는 저당권도 역시 동일성을 잃지 않고 그대로 이전한다.

④ 불가분성

저당권자는 채권의 전부 변제를 받을 때까지 목적물의 전부에 대하여 그의 권리를 행사할 수 있다.(제321조, 제370조) **공동저당**은 예외

⑤ 물상대위성

저당권은 목적물의 멸실·훼손·공용징수 등으로 저당권 설정자가 받게 될 금전 기타 물건에 대하여도 행사할 수 있다.(제370조, 제340조)

## 3. 저당권의 성립

○ **약정저당권 - 당사자 간의 설정계약과 등기에 의해 성립한다**

① 저당권설정계약

저당권자는 피담보채권의 채권자에 한한다. 그러나 저당권 설정자는 채무자 또는 제3자가 될 수 있다.

② 저당권설정등기

저당권설정계약은 등기해야 효력이 발생한다.(제186조) 등기가 무효로 된 이후 당사자가 그 무효등기의 합의 이전에 등기부상 이해관계 있는 제3자가 나타나지 않는 한 유효(통설·판례)하다.

## ☞ 저당권의 등기사항

채권자, 채무자(물상보증인의 경우), 채권액, 변제기, 이자의 발생기 및 지급시기, 원본 또는 이자의 지급장소, 제358조(저당권의 효력범위)의 단서의 약정, 채권이 조건부인 경우 그 조건의 내용이다.(부동산등기법 제140조 1항)

### ○ 저당권의 객체

① 민법상 인정되는 저당권의 객체

부동산(토지와 건물), 부동산물권(지상권과 전세권)

② 특별법상 인정되는 저당권의 객체

등기된 선박, 등기된 입목, 자동차, 항공기, 중기, 공장재단, 광업재단.

### ○ 피담보채권

① 저당권을 설정할 수 있는 채권

저당권을 설정할 수 있는 채권은 대부분 금전채권이나 이에 한하지 않는다. 즉, 피담보채권이 처음부터 금전채권일 필요는 없으나, 다만 저당권을 실행할 시기에 금전채권으로 될 수 있으면 된다.

② 장래채권

원칙상 피담보채권은 현존하는 특정의 채권이어야 한다. 다만 예외적으로 장래에 발생한 특정채권을 위해서도 저당권을 설정할 수 있다. 또한 장래의 증감·변동하는 불특정채권을 위하여 그 최고액만을 정하고 저당권을 설정할 수 있다.(제357조의 근저당)

### ○ 부동산공사 수급인의 저당권설정청구권

부동산공사의 수급인은 자기의 보수에 관한 채권을 담보하기 위해 그 부동산을 목적으로 한 저당권을 설정할 수 있다.(제666조)

### ○ 임차인의 건물에 대한 법정저당권

토지임대인이 변제기를 경과한 후 2년의 차임채권에 기하여 그 지상에 있는 임차인 소유의 건물을 압류하면 그 압류등기가 있는 때에는 법률상 당연히 저당권을 취득한다. 압류등기

시 법정저당권이 성립된다.

## 4. 저당권의 효력

○ **피담보채권의 범위**

피담보채권의 범위는 원본, 이자, 위약금, 채무불이행에 의한 손해배상 및 저당권의 실행비용 등이다.

① 원본

원본채권의 전부 또는 일부를 등기하면 피담보채권이 된다. 단 금전채권이 아닌 경우에는 가액으로 환산하여 등기해야 한다.

② 이자

무제한 담보된다.

③ 위약금

등기되지 않은 위약금은 피담보채권의 범위에 속하지 않는다.

④ 지연이자

원본의 이행기일을 경과한 후 1년분에 한한다. 후순위 권리자 또는 저당부동산의 제3취득자의 보호를 위한 규정이다. 지연이자는 등기 없이도 피담보채권의 범위가 된다.

⑤ 저당권의 실행비용

부동산감정비용, 경매신청·등록세 등의 비용도 포함된다. 등기 없이도 피담보채권의 범위에 속한다.

○ **저당권의 효력이 미치는 목적물의 범위**

① 저당부동산의 부합물과 종물에도 미친다.(제358조)

　　㉠ 원칙

저당권의 효력은 저당부동산에 부합된 물건이나 종물에 미친다.(제358조 본문) 저당권설정 당시는 물론 그 후를 묻지 않는다.

　　㉡ 예외

법률에 특별한 규정이나 다른 약정이 있으면 그러하지 아니한다.(제358조 단서) 건물에 대한 저당권의 효력은 건물소유를 목적으로 하는 지상권에도 미친다(판례).

② 과실

　　㉠ 원칙

목적부동산에서 생기는 과실에는 원칙적으로 저당권의 효력이 미치지 않는다.

　　㉡ 예외

저당권의 실행으로 저당부동산에 대한 압류가 있은 후에 저당권 설정자가 그 부동산으로부터 수취한 과실 또는 수취할 수 있는 과실에 대해서는 효력이 미친다. 그러나 이 경우에도 그 부동산에 대한 소유권, 지상권 또는 전세권을 취득한 제3자에 대해서는 압류한 사실을 통지한 후가 아니면 대항하지 못한다.(제359조)

③ 저당의 목적물인 토지 위에 건물을 축조한 경우 – 일괄경매

토지와 건물은 별개의 부동산이므로 다른 쪽으로 영향을 미치지 않는다. 토지를 목적으로 하는 저당권을 설정한 후에 그 저당권 설정자가 저당토지 위에 건물을 축조한 경우에는 저당권의 실행을 쉽게 하기 위해 저당권자는 토지와 함께 그 건물에 대하여도 경매를 청구할 수 있다. 그러나 그 건물의 경매대금에 대해서는 우선변제를 받을 권리가 없다.(제365조)

○ **우선변제를 받을 권리**

① 저당권에 기한 우선변제를 받는 경우

채권의 변제기가 도래했음에도 불구하고 채무자가 변제하지 않으면 저당권자는 저당권의 목적물로부터 우선변제를 받을 권리가 있다.(제356조) 저당부동산에 대해 다른 채권자, 전세권자, 후순위 저당권자 등의 실행이 있는 경우 저당권자는 자신이 가지는 우선순위에 따라 당연히 우선변제를 받는다. 저당부동산의 매각대금으로부터 완전히 변제되지 않은 잔여채권은 무담보의 채권으로 남는다. 채무자의 다른 재산으로부터 변제를 받을 수 있다.

② 일반채권자로부터 변제를 받는 방법

저당권자는 자신의 저당권을 실행하지 않고 먼저 채무자의 일반 재산에 대하여 일반 채권자로서 집행할 수 있으나 일정한 제한을 받는다.

○ **실행방법**

① 경매에 의한 저당권의 실행(임의 경매) – 민사집행법에 의한 저당권의 실행

**경매신청 → 경매개시결정 → 경매기일공고 → 경매 → 경매허가결정 → 경락대금의 배당**

② 민사집행법에 의하지 않은 저당권의 실행(**유저당계약**)

㉠ 의의

저당권의 설정계약에서 또는 변제기 도래하기 전에 특약으로 채무의 이행이 없는 경우 변제에 갈음하여 저당목적물의 소유권을 저당권자가 그대로 취득하기로 하거나, 법률이 정한 방법이 아닌 임의의 방법으로 저당목적물을 환가하기로 정하는 당사자 간의 약정을 **유저당**이라 한다. 원칙적으로 유효하다.

㉡ 경매에 의하지 않은 유저당 특약에 의해 저당권자가 저당목적물의 소유권을 취득하거나 법률이 정한 방법이 아닌 기타의 방법으로 저당목적물을 제3자에게 환가 내지 처분할 수 있으나, 저당권자는 **청산의무**를 부담하기 때문에 그 저당목적물의 가액에서 피담보채권액을 공제한 잔액을 저당권 설정자에게 반환해야 한다.

## ○ 법정지상권(제366조)

저당물의 경매로 인하여 토지와 그 지상건물이 다른 소유자에 속한 경우에는 토지소유자는 건물소유자에 대하여 지상권을 설정한 것으로 본다. 그러나 지료는 당사자의 청구에 의하여 법원이 정한다.

그 요건으로서는 토지와 건물 중 하나의 부동산이 저당권의 실행으로 경매된 때, 토지와 건물이 동일인의 소유자이어야 한다. 등기를 요하지 않는다(단 처분하기 위해서는 등기 요). 그리고 법정지상권의 배제특약은 무효이다.(강행규정 제366조)

## ○ 제3취득자의 보호

저당물의 소유권·지상권·전세권 등을 취득한 제3자는 저당권자에게 그 부동산으로 담보된 채권을 변제하고 저당권의 소멸을 청구할 수 있다.(제365조)

## 5. 저당권침해에 대한 구제수단

### ○ 물권적 청구권

저당권도 물권이므로 저당권자는 그 저당권의 침해가 있는 경우에 **방해제거청구권, 방해예방청구권**을 행사할 수 있다. 그러나 저당권자는 목적물을 점유하지 않기 때문에 **반환청구권**은 인정되지 않는다.

○ **손해배상청구권(제750조)**

저당목적물의 침해로 인해서 저당권자가 채권의 완전한 만족을 얻을 수 없는 때에는 저당권의 실행 이전이라도 **불법행위**가 있은 후 곧 **손해배상**을 청구할 수 있다(통설).

○ **저당물보충청구권(제362조)**

저당권자의 책임 있는 사유로 인하여 저당물의 가액이 현저히 감소한 때에는 저당권자는 저당권 설정자에 대하여 그 **원상회복** 또는 상당한 **담보제공**을 청구할 수 있다. **저당물보충청구권**을 행사하게 되면, 채무자에 대한 손해배상청구나 기한의 이익의 상실로 인한 즉시 변제청구를 할 수 없다(통설).

○ **기한의 이익(제388조 1호)**

채무자가 담보를 손상·감소 또는 멸실하게 한 때에는 기한의 이익을 상실하기 때문에 저당권자는 곧 변제를 청구할 수 있거나 저당권을 실행할 수 있다.

## 6. 저당권의 처분과 소멸

○ **저당권의 처분**

① 저당권의 처분제한

저당권은 그 담보한 채권과 분리하여 타인에게 양도하거나 다른 채권의 담보로 하지 못한다. 따라서 **피담보채권**과 분리하여 저당권만을 양도하지 못하며 언제나 피담보채권과 함께 처분할 수 있을 뿐이다.(제361조)

② 저당권자가 투하자본을 회수하는 방법

피담보채권과 함께 저당권을 양도하거나 **입질(入質)**하는 수밖에 없다.

○ **저당권의 소멸**

① 물권에 공통된 소멸원인에 의해 소멸한다.

② 경매·제3취득자의 변제 등에 의해 소멸한다.

③ 수개의 저당권 중 한 저당권의 실행되는 경우 모든 저당권은 소멸한다.

④ 피담보채권이 소멸하면 저당권도 소멸한다.

⑤ 지상권 · 전세권을 목적으로 하는 저당권에 있어서 지상권 · 전세권이 소멸하면 저당권도 소멸한다.

## ○ 근저당

### ① 의의

계속적 거래관계로부터 발생하는 채권에 관하여 최고액을 정하고, 결산 시에 이 최고액까지를 담보로 하는 저당권이다. 근저당은 장래에 확정한 불특정의 채권을 담보하는 것이다(**저당권의 부종성의 완화**). 즉, 증감, 변동하는 일단의 채권을 결산기에 있어서 일정한 한도액까지 담보한다.

### ② 효력

채무의 이자는 최고액 중에 산입하는 것으로 간주되므로 원본과 이자를 합한 것이 최고액을 넘으면 초과 부분은 담보하지 못한다.

### ③ 처분

근저당의 기초가 되는 거래관계와 함께 근저당을 양도하는 것은 가능하다. 이 경우 근저당의 양도는 근저당권자, 양수인 및 채무자의 **3면계약**으로 하여야 한다.

### ④ 근저당의 소멸

근저당은 증감, 변동하는 채권을 일정액까지 담보하는 제도이므로 일시적으로 피담보채권이 영(0)이 되더라도 근저당은 소멸하지 않고 피담보채권의 발생 가능성이 확정적으로 없게 된 때에 소멸하게 된다.

## ○ 공동저당

### ① 의의

공동저당이란 동일한 채권을 담보하기 위하여 수개의 부동산 위에 설정된 저당권을 말하며, **총괄저당**이라고도 한다. 공동저당은 저당권의 불가분성을 이용하여 담보력을 강화하기 위한 것으로 저당권자에게 유리한 제도이다(토지와 건물).

### ② 저당부동산을 동시에 집행하는 경우

공동저당의 부동산 전부를 경매하여 동시에 그 대가를 배당하는 때에는 저당권자는 각 부동산의 경매대가에 비례하여 그 채권의 분담을 정한다.(제368조 1항)

③ 저당부동산을 순차적으로 집행하는 경우

저당부동산 중 일부의 경매대가를 먼저 배당하는 경우에는 그 대가에서 그 채권 전부의 변제를 받을 수 있다. 이 경우에 그 경매한 부동산의 차순위 저당권자는 선순위 저당권자가 동시 집행하는 경우에 배당받을 수 있는 금액의 한도에서 선순위자를 대위하여 저당권을 행사할 수 있다.(제368조 2항)

○ **재단저당** - 공장저당(공장저당법), 광업저당(광업재단저당법)

○ **입목저당** - 입목에관한법률

○ **동산저당** - 자동차(자동차저당법), 항공기(항공기저당법), 중기(중기법), 선박저당(선박법).

○ **양도담보**

① 양도담보의 유효성과 사회적 작용

㉠ 의의

양도담보라 함은 채권담보의 목적으로 재산을 이전하고 변제가 없으면 목적물로부터 우선변제를 받고 변제가 있는 때에는 반환하는 방법에 의한 담보를 말한다.

㉡ 유효성

양도담보에 있어서 소유권의 이전은 가장행위인 **허위표시**로서 무효가 아니고, 질권에 있어서 **점유개정**의 부인과 **유질계약 금지**에 대한 탈법행위로서 무효가 아니므로 종래부터 판례는 그 유효성을 인정하고 있다.

㉢ 사회적 작용

채무자가 계속, 사용·수익하면서 담보를 제공하여 신용을 얻을 필요가 있으나 저당권은 인정되지 않은 경우에, 특히 중소기업자가 시설을 이용하면서 자금을 얻는 데 많이 이용되고 있다. 그러나 유의할 것은 채무자에게 가혹하게 될 위험성이 있다.

② 종류

㉠ 강한 양도담보

내외 모든 소유권이 이전하는 양도담보로서 '**매도담보**'라 한다. 변제가 없는 경우 목적물을 바로 변제에 충당한다.

㉡ 약한 양도담보

외부적으로만 소유권이 이전하는 것으로서 특약이 없으면 약한 담보로 추정하며, 변제가 없을 때 목적물을 환가하여 **청산**하여야 한다.

③ 설정

당사자 간에 소비대차계약을 체결하여 금전을 융통하고 담보물의 소유권을 채권자에게 이전함으로써 성립한다. 목적물은 부동산, 동산, 채권 등 양도할 수 있는 재산권 모두 포함한다.

④ 효과 및 소멸

㉠ 효과

채권변제가 없으면 청산하여 담보권을 소멸한다. 양도담보권자로부터 목적물을 전득한 자는 선의의 경우 소유권을 취득한다.

㉡ 소멸

채권이 변제 등으로 소멸하면 소유권이 동산인 경우에는 당연히 복귀한다. 부동산인 경우에는 등기를 함으로써 복귀한다.

# 부동산공법의 기초지식

앞에서 본 토지공개념과 현 정부의 부동산정책의 평가와 향후과제에서 검토한 바 있는 부동산공법의 내용 중에서 토지의 공개념, 부동산공법의 성격, 국토의계획및이용에관한법률(개정)과 동 법률의 시행령 일부개정(2007. 4. 19.), 용도지역과 용도지구에서의 건폐율과 용적률에 대하여 검토할 필요가 있다.

## I. 부동산공법의 기초이론

### 1. 부동산공법의 개념

부동산공법이란 부동산에 관하여 공법적 규율을 가하는 법규의 총체를 말한다. 다시 말하면 부동산의 소유와 이용 및 거래에 대하여 국가나 지방자치단체 등 행정주체가 공적으로 개입함으로써, 바람직한 부동산질서를 확립하기 위한 법규의 총체를 말한다. 주로 토지에 관한 공법적 규율을 의미하므로 **토지공법**이라고도 한다.

이와 같이 토지재산권에 공법적 규율을 가한다는 것은 **소유권절대의 원칙**의 관념이 변화되었음을 의미한다.

## 2. 부동산공법의 목적

근대에는 재산권에 대하여 **사적자치의 원칙**과 **사유재산권 존중의 원칙**, **과실책임의 원칙**이 적용되었다. 그러나 현대에 와서는 국가의 경제발전에 따른 산업화·도시화로 인하여, 한정된 토지자원을 둘러싼 대립·경쟁이 심해지게 되고 국가존립에도 영향을 미치게 되므로, 국가 또는 지방자치단체는 국민의 건전한 생활환경을 확보하여 공공복리를 증진시키기 위해 개인의 부동산 소유·이용·거래에 공적으로 개입하여 올바른 **부동산거래질서**를 형성하기 위한 법규를 제정하게 된 것이다. 여기서 **공공복리**라 함은 사회성 및 공공성으로서 부동산공법의 최고의 지도원리를 말한다.

☞ **근대사법의 3대원칙**

※ **사적자치의 원칙:** 개인이 자기의 법률관계를 그의 자유로운 의사에 따라 형성할 수 있는 것을 인정하는 원칙(**계약자유의 원칙**)

※ **사유재산권 존중의 원칙:** 각 개인의 사유재산권에 대한 절대적 지배를 인정하고, 국가나 다른 사인은 이에 간섭하거나 제한을 가하지 못한다는 원칙, 이를 **소유권절대의 원칙**이라고도 함

※ **과실책임의 원칙:** 타인의 피해에 대하여 가해자의 고의 또는 과실이 있는 경우에 한하여 책임을 지는 원칙으로 **자기책임의 원칙**

## 3. 토지의 공개념

재산권행사는 공공복리에 적합하게 행사하도록 한 헌법 제23조와 국가가 국토의 효율적이고 균형 있는 이용·개발 및 보전을 위하여 이에 필요한 제한과 의무를 과할 수 있도록 한 헌법 제122조의 정신을 구체화한 것으로서 이는 토지의 공개념에 입각한 것이다.(국토의계획 및이용에관한법률 제1조) 부동산공법은 이러한 헌법규정을 근거로 하여 제정한 국토의 효율

적인 이용 · 개발에 관한 공법적 규율, 즉 토지이용과 투기거래 등에 대한 사권제한을 규율하는 법 분야이다.

## 4. 부동산공법의 성격

① 규제법

부동산공법은 한정된 국토를 효율적으로 이용하려는 공공의 목적을 달성하기 위하여 부동산에 관한 사적 재산권을 제한하고 규제하게 된다. 따라서 부동산공법은 직접 법률 또는 법규명령에 의하여 행정기관이 부동산 소유자 등에게 일정한 의무부과와 해제, 창설, 소멸 등 효과를 발생하게 하는 경우가 많다.

② 계획법

부동산공법은 국토를 효율적이고 균형 있게 개발 · 이용하기 위하여 국토에 대한 장기적인 계획을 법적으로 규율하고 있다. 즉, 부동산에 대한 공법적 규율의 목적달성을 위해서는 미리 계획을 수립해야 하는 법률규정이 포함되어 있으며, 이 경우 특히 각종 토지에 대한 지역계획이 있어야 한다.

③ 행정법

복지 · 규제행정법에 속하는 부동산공법은 법치국가의 원리, 즉 복지국가의 원리 등이 그대로 적용된다. 부동산공법에서는 행정목적을 달성하기 위하여 개인에게 **작위 · 부작위 · 급부 · 수인**(受忍)의 의무를 부과하는 **행정행위**인 **하명 · 허가 · 인가 · 특허 · 통지** 등이 사용되며, 모든 법률에 벌칙을 두어 의무 위반자를 처벌할 수 있게 하고 있으며, **행정절차**의 여러 가지 내용(열람 · 의견제출 · 통지 · 공고 · 공시 등)을 적용한다.

국가행정의 목적을 달성하기 위하여 부동산에 관한 행정의 근거와 기준을 마련하고, 동시에 부동산에 관한 행정의 한계를 제시하여 주는 행정법으로서의 성격을 갖고 있다.

④ 공용부담법(公用負擔法)

부동산공법은 개인의 사유재산권을 인정하나 공공의 이익을 위하여 개인의 재산에 대하여 일정한 제한과 의무를 부여하는 공용부담적 성격으로 국가 등 행정주체가 공익사업을 위하여 사인에게 강제적으로 부과하는 경제적 부담을 말하고, 특정인에게 작위 · 부작위 또는 급부의 의무를 부담시키는 **인적 공용부담**과 특정한 재산권에 대하여 제한 등의 의무를 부과하는 **물적 공용부담**으로 구분. 물적 공용부담은 다시 **공용제한 · 공용수용 · 공용환지 · 공용환권**

으로 나누어 볼 수 있다.

## Ⅱ. 부동산공법의 주요내용

### 1. 국토의계획및이용에관한법률의 제정취지와 주요내용

#### (1) 제정취지

종전에는 국토를 **도시지역과 비도시지역**으로 구분하여 도시지역에는 **도시계획법**, 비도시지역에는 **국토이용관리법**으로 이원화하여 운용하였으나, 국토의 난개발(亂開發) 문제가 대두됨에 따라 도시계획법과 국토이용관리법을 통합하여 비도시지역에도 도시계획법에 의한 도시계획기법을 도입할 수 있도록 함으로써 국토의 계획적·체계적인 이용을 통한 난개발의 방지와 환경친화적인 국토이용체계를 구축하려는 것이다.

#### (2) 주요내용

① 전 국토를 종전의 **5개 용도지역**(도시·준도시·농림·준농림·자연환경보전지역)에서 **4개 용도지역**(도시·관리·농림·자연환경보전지역)으로 축소하고, 종전에 난개발 문제가 제기되었던 준농림지역이 편입되는 관리지역을 생산관리·보전관리·계획관리지역으로 세분하여 관리하도록 함으로써 난개발 문제의 해소를 도모함.(제6조 및 제36조)

② 토지를 합리적으로 이용하고 토지에 대한 중복규제를 최소화하기 위하여 다른 법률에 의하여 일정 면적 이상의 지역·지구·구역 등을 지정하고자 하는 경우에는 건설교통부장관과 미리 협의하거나 승인을 얻도록 함.(제8조)

③ 종전의 국토이용관리법의 적용대상이었던 비도시지역에 대하여도 종합적인 계획인 도시기본계획 및 도시관리계획을 수립하도록 함으로써 계획에 따라 개발이 이루어지는 '**선계획 후개발**'의 국토이용체계를 구축함.(제18조 및 제24조)

④ 계획관리지역 또는 개발진흥지구로서 개발수요가 많은 지역에 대해서는 건폐율·용적률 등을 다른 지역보다 완화하여 적용할 수 있도록 하되, 토지의 효율적 이용을 도모하고 고밀도개발에 따른 기반시설부족, 환경훼손 등을 방지하기 위하여 미리 계획을 수립하도록 하

는 **제2종지구단위계획구역제도**를 도입함.(제51조 제3항 및 제52조 제3항)

⑤ 건축물의 건축, 토지의 형질변경 등의 경우에 허가를 받도록 하는 개발행위허가제도가 종전에는 도시지역에 한정되어 실시되었으나, 앞으로는 전 국토에 대하여 **개발행위허가제도**를 확대하고, 일정 규모 이상의 개발행위는 허가권자가 허가를 하기 전에 도시계획위원회의 심의를 거치도록 함.(제56조 및 제59조)

⑥ 기반시설을 더 이상 설치할 수 없을 정도로 개발이 완료된 지역에서는 추가적인 개발행위로 인하여 기반시설의 용량이 부족하지 아니하도록 건폐율·용적률을 강화하는 **개발밀도관리구역제도**를 도입함.(제66조)

⑦ 용도지역의 변경 등으로 개발행위가 집중되어 도로·하수도 등 기반시설의 설치가 새로이 필요한 지역에서 개발행위를 하는 자는 기반시설을 직접 설치하거나 설치에 필요한 비용을 시장·군수 등에게 납부하도록 하는 **기반시설부담구역제도**를 도입하고, 설치하여야 할 기반시설의 종류, 비용의 부담기준, 기반시설부담계획의 수립에 관한 사항 등을 정함.(제67조 내지 제75조)

⑧ 농림지역과 자연환경보전지역의 훼손을 방지하기 위하여 농림지역의 건폐율을 60퍼센트 이하에서 20퍼센트 이하로, 용적률을 400퍼센트 이하에서 80퍼센트 이하로, 자연환경보전지역의 건폐율을 40퍼센트 이하에서 20퍼센트 이하로 각각 강화함.(제77조 및 제78조)

⑨ 개발수요가 많은 수도권의 시·군, 광역시 및 광역시와 인접한 시·군은 이 법 시행일부터 3년 이내에 도시계획을 수립하여야 하며, 그 밖의 시·군은 이 법 시행일부터 5년 이내에 도시계획을 각각 수립하도록 함.(부칙 제8조)

⑩ 관리지역은 도시관리계획수립 시 용도를 세분하도록 하고 있으나 계획수립에 3년 내지 5년의 기간이 소요되므로 계획이 수립될 때까지 대통령령에서 한시적으로 건축물의 용도·건폐율·용적률을 정하도록 함.(부칙 제18조)

## 2. 국토의계획및이용에관한법률의 일부개정 2003.5.29. 법률 제06916호

### (1) 개정이유

주택의 건설을 촉진하고, 주택을 원활하게 공급함으로써 국민주거생활의 안정화를 목적으로 제정·운영되어 온 주택건설촉진법을 변화된 경제적·사회적 여건에 맞추어 주거복지 및 주택관리 등의 부분을 보강하고, 현행 제도의 운영과정에서 나타난 일부 미비점을 전반적으로 개선·보완한 것이다.

## (2) 주요골자

① 국가 등은 변화된 여건에 맞추어 **저소득자·무주택자** 등 사회적 약자에게 우선적으로 주택공급이 이루어지도록 배려하고, 국민이 사회·경제적 여건변화에 적합하게 쾌적하고 살기 좋은 주거생활이 가능하도록 노력하는 등 **국가 및 지방자치단체의 의무를 명시**함.(법 제3조)

② 건설교통부장관은 주택건설·주거복지·주거환경 및 주택관리 등의 내용을 포함한 주택종합계획을 수립·시행하도록 함.(법 제7조)

③ **리모델링**을 추진하기 위한 기준·절차 등을 규정하고, 국민주택의 리모델링에 대해서는 국민주택기금에서 지원할 수 있도록 근거를 마련함.(법 제42조 및 제63조)

④ 공동주택의 관리를 강화하기 위하여 대통령령인 공동주택관리령으로 운영 중이던 공동주택관리규약·장기수선계획·안전관리계획·안전교육·안전점검 등에 관한 사항 중 중요사항을 법률에서 직접 규정함.(법 제44조, 제47조, 제49조 및 제50조)

⑤ 주택관리사 등은 주택관리에 관한 기술·행정 및 법률문제에 관한 연구와 그 업무의 효율적인 수행을 위하여 주택관리사단체를 설립할 수 있도록 함.(법 제81조 및 제82조)

## 3. 국토의계획및이용에관한법률시행령
### [일부개정 2007.4.19. 대통령령 제20009호] [일부개정]

### (1) 개정이유

"국토의계획및이용에관한법률"의 개정(법률 제8250호, 2007. 1. 19 공포·시행)에 따라 신도시 건설 등 국가정책사업을 추진하기 위하여 수립되는 국가계획으로서 도시기본계획에 우선하는 국가계획의 최소규모를 정하고, 계획관리지역 내에서의 용적률의 완화를 통한 주택공급의 확대를 기하는 한편, 그 밖에 현행 제도의 운영상 나타난 일부 미비점을 개선·보완하려는 것임.

### (2) 주요내용

**가. 국가정책사업의 추진을 위한 국가계획의 규모 구체화**(영 제17조의2 신설)

① 법률에서 국가정책사업의 추진을 위한 국가계획은 도시기본계획에 우선하도록 하고, 그 국가계획의 규모에 관하여 대통령령에 위임하고 있으므로 이를 구체적으로 정할 필요가 있음.

② 도시기본계획에 우선하는 국가계획으로 추진되는 국가정책사업의 최소규모는 신도시
계획수립에 있어서 고려되는 신도시 규모 등을 감안하여 330만 제곱미터로 함.

**나. 제2종지구단위계획구역의 용적률 상향조정(영 제47조 제1항)**

① 아파트 건설이 가능한 계획관리지역 안에 있는 제2종지구단위계획구역의 경우 용적률
을 150퍼센트 이내로 규제하고 있어 수익성 부족 등의 이유로 민간 주택공급이 급격히
감소하는 문제가 있음.

② 계획관리지역은 비도시지역 중 개발에 적합하다고 평가된 지역이고, 제2종지구단위계획
수립 시 적정한 기반시설의 확보가 가능하므로 제2종지구단위계획구역에 적용되는 용
적률 완화 비율의 상한을 150퍼센트에서 200퍼센트로 상향조정함.

③ 도시화가 예정된 비도시지역 내에서 치밀한 개발계획을 전제로 하여 용적률을 완화함
으로써 주택공급의 확대가 기대됨.

**다. 생산녹지지역 중 동(洞)지역에서의 첨단업종 공장의 신·증설 허용(영 별표 16)**

① 도시지역 내 생산녹지지역에 입지할 수 있는 첨단업종 공장의 경우에 읍·면지역에는
허용되고 동(洞)지역에는 허용되지 아니하고 있는바 환경친화적이거나 공해 발생이 적
은 첨단업종 공장은 동지역에도 허용할 필요가 있음.

② 생산녹지지역 중 읍·면지역에서만 허용되었던 첨단업종 공장의 신·증설을 동지역에
서도 허용함.


## III. 용도지역 관리체계


### 1. 용도지역(용도지역의 구분 및 용도지역의 지정)

국토는 토지의 이용실태 및 특성, 장래의 토지이용방향 등을 고려하여 다음과 같은 용도지
역으로 구분한다.(제6조)

## (1) 도시지역

인구와 산업이 밀집되어 있거나 밀집이 예상되어 당해 지역에 대하여 체계적인 개발·정비·관리·보전 등이 필요한 지역

① **주거지역:** 거주의 안녕과 건전한 생활환경의 보호를 위하여 필요한 지역
② **상업지역:** 상업 그 밖의 업무의 편익 증진을 위하여 필요한 지역
③ **공업지역:** 공업의 편익 증진을 위하여 필요한 지역
④ **녹지지역:** 자연환경·농지 및 산림의 보호, 보건위생, 보안과 도시의 무질서한 확산을 방지하기 위하여 녹지의 보전이 필요한 지역

## (2) 관리지역

도시지역의 인구와 산업을 수용하기 위하여 도시지역에 준하여 체계적으로 관리하거나 농림업의 진흥, 자연환경 또는 산림의 보전을 위하여 농림지역 또는 자연환경보전지역에 준하여 관리가 필요한 지역

① **보전관리지역:** 자연환경보호, 산림보호, 수질오염방지, 녹지공간 확보 및 생태계 보전 등을 위하여 보전이 필요하나, 주변의 용도지역과의 관계 등을 고려할 때 자연환경보전지역으로 지정하여 관리하기가 곤란한 지역
② **생산관리지역:** 농업·임업·어업생산 등을 위하여 관리가 필요하나, 주변의 용도지역과의 관계 등을 고려할 때 농림지역으로 지정하여 관리하기가 곤란한 지역
③ **계획관리지역:** 도시지역으로의 편입이 예상되는 지역 또는 자연환경을 고려하여 제한적인 이용·개발을 하려는 지역으로서 계획적·체계적인 관리가 필요한 지역

## (3) 농림지역

도시지역에 속하지 아니하는 농지법에 의한 농업진흥지역 또는 산림법에 의한 보전임지 등으로서 농림업의 진흥과 산림의 보전을 위하여 필요한 지역

## (4) 자연환경보전지역

자연환경·수자원·해안·생태계·상수원 및 문화재의 보전과 수산자원의 보호·육성 등

을 위하여 필요한 지역

## 2. 용도지역의 세분

건설교통부장관 또는 시·도지사는 법 제36조제2항의 규정에 의하여 도시관리계획결정으로 주거지역·상업지역·공업지역 및 녹지지역을 세분하여 지정할 수 있다.

### (1) 주거지역

① **전용주거지역**: 양호한 주거환경을 보호하기 위하여 필요한 지역

**제1종전용주거지역**: 단독주택 중심의 양호한 주거환경을 보호하기 위하여 필요한 지역

**제2종전용주거지역**: 공동주택 중심의 양호한 주거환경을 보호하기 위하여 필요한 지역

② **일반주거지역**: 편리한 주거환경을 조성하기 위하여 필요한 지역

**제1종일반주거지역**: 저층주택을 중심으로 편리한 주거환경을 조성하기 위하여 필요한 지역

**제2종일반주거지역**: 중층주택을 중심으로 편리한 주거환경을 조성하기 위하여 필요한 지역

**제3종일반주거지역**: 중고층주택을 중심으로 편리한 주거환경을 조성하기 위하여 필요한 지역

③ **준주거지역**: 주거기능을 위주로 이를 지원하는 일부 상업기능 및 업무기능을 보완하기 위하여 필요한 지역

### (2) 상업지역

① **중심상업지역**: 도심·부도심의 상업기능 및 업무기능의 확충을 위하여 필요한 지역

② **일반상업지역**: 일반적인 상업기능 및 업무기능을 담당하게 하기 위하여 필요한 지역

③ **근린상업지역**: 근린지역에서의 일용품 및 서비스의 공급을 위하여 필요한 지역

④ **유통상업지역**: 도시 내 및 지역 간 유통기능의 증진을 위하여 필요한 지역

### (3) 공업지역

① **전용공업지역**: 주로 중화학공업, 공해성 공업 등을 수용하기 위하여 필요한 지역

② **일반공업지역**: 환경을 저해하지 아니하는 공업의 배치를 위하여 필요한 지역

③ **준공업지역**: 경공업 그 밖의 공업을 수용하되, 주거기능·상업기능 및 업무기능의 보완

이 필요한 지역

### (4) 녹지지역

① **보전녹지지역:** 도시의 자연환경·경관·산림 및 녹지공간을 보전할 필요가 있는 지역
② **생산녹지지역:** 주로 농업적 생산을 위하여 개발을 유보할 필요가 있는 지역
③ **자연녹지지역:** 도시의 녹지공간의 확보, 도시 확산의 방지, 장래 도시용지의 공급 등을 위하여 보전할 필요가 있는 지역으로서 불가피한 경우에 한하여 제한적인 개발이 허용되는 지역

## 3. 용도지구의 지정

① **아파트지구:** 주택건설촉진법 제20조 내지 제22조의 규정에 의한 아파트지구개발사업에 의한 아파트의 집단적인 건설·관리를 위하여 필요한 지구
② **위락지구:** 위락시설을 집단화하여 다른 지역의 환경을 보호하기 위하여 필요한 지구
③ **리모델링지구:** 노후한 공동주택 등 건축물이 밀집된 지역으로서 새로운 개발보다는 현재의 환경을 유지하면서 이를 정비할 필요가 있는 지구

◎ 건설교통부장관 또는 시·도지사는 법 제37조제2항의 규정에 의하여 도시관리계획결정으로 경관지구·미관지구·고도지구·보존지구·시설보호지구·취락지구 및 개발진흥지구를 세분하여 지정할 수 있다.

### (1) 경관지구

① **자연경관지구:** 산지·구릉지 등 자연경관의 보호 또는 도시의 자연 풍치를 유지하기 위하여 필요한 지구
② **수변경관지구:** 지역 내 주요수계의 수변 자연경관을 보호·유지하기 위하여 필요한 지구
③ **시가지경관지구:** 주거지역의 양호한 환경조성과 시가지의 도시경관을 보호하기 위하여 필요한 지구

### (2) 미관지구

① **중심지미관지구:** 토지의 이용도가 높은 지역의 미관을 유지·관리하기 위하여 필요한 지구

② **역사문화미관지구:** 문화재와 문화적으로 보존가치가 큰 건축물 등의 미관을 유지·관리하기 위하여 필요한 지구

③ **일반미관지구:** 중심지미관지구 및 역사문화미관지구외의 지역으로서 미관을 유지·관리하기 위하여 필요한 지구

### (3) 고도지구

① **최고고도지구:** 환경과 경관을 보호하고 과밀을 방지하기 위하여 건축물높이의 최고한도를 정할 필요가 있는 지구

② **최저고도지구:** 토지이용을 고도화하고 경관을 보호하기 위하여 건축물높이의 최저한도를 정할 필요가 있는 지구

### (4) 보존지구

① **문화자원보존지구:** 문화재와 문화적으로 보존가치가 큰 지역의 보호와 보존을 위하여 필요한 지구

② **중요시설물보존지구:** 국방상 또는 안보상 중요한 시설물의 보호와 보존을 위하여 필요한 지구

③ **생태계보존지구:** 야생동식물서식처 등 생태적으로 보존가치가 큰 지역의 보호와 보존을 위하여 필요한 지구

### (5) 시설보호지구

① **학교시설보호지구:** 학교의 교육환경을 보호·유지하기 위하여 필요한 지구

② **공용시설보호지구:** 공용시설을 보호하고 공공업무기능을 효율화하기 위하여 필요한 지구

③ **항만시설보호지구:** 항만기능을 효율화하고 항만시설을 관리·운영하기 위하여 필요한 지구

④ **공항시설보호지구:** 공항시설의 보호와 항공기의 안전운항을 위하여 필요한 지구

### (6) 취락지구

① **자연취락지구:** 녹지지역·관리지역·농림지역 또는 자연환경보전지역 안의 취락을 정비하기 위하여 필요한 지구

② **집단취락지구:** 개발제한구역 안의 취락을 정비하기 위하여 필요한 지구

### (7) 개발진흥지구

① **주거개발진흥지구:** 주거기능을 중심으로 개발·정비할 필요가 있는 지구

② **산업개발진흥지구:** 공업기능을 중심으로 개발·정비할 필요가 있는 지구

③ **유통개발진흥지구:** 유통·물류기능을 중심으로 개발·정비할 필요가 있는 지구

④ **관광·휴양개발진흥지구:** 관광·휴양기능을 중심으로 개발·정비할 필요가 있는 지구

⑤ **복합개발진흥지구:** 주거기능, 공업기능, 유통·물류기능 및 관광·휴양기능 중 2 이상의 기능을 중심으로 개발·정비할 필요가 있는 지구

## 4. 토지관계법상의 용도지역 안에서의 건폐율과 용적률

### (1) 용도지역 안에서의 건폐율

○ **목적**

건폐율이란 대지면적에 대한 건축면적의 비율을 말한다. 즉, 대지면적에 대한 건축가능한 바닥면적의 비율을 말한다. 건폐율의 목적은 최소한의 공지확보, 도시의 과밀화 방지, 일조, 통풍, 채광 등 위생양호, 위생, 방황 또는 재난의 피난상 유효한 공간 확보 등을 목적으로 한다.

$$건폐율 = \frac{건축면적}{대지면적} \times 100\%$$

○ **용도지역 안에서의 건폐율**

① 도시지역

　　㉠ 주거지역: 70% 이하

　　㉡ 상업지역: 90% 이하

　　㉢ 공업지역: 70% 이하

     ㉣ 녹지지역: 20% 이하

② 관리지역

     ㉠ 보전관리지역: 20% 이하

     ㉡ 생산관리지역: 20% 이하

     ㉢ 계획관리지역: 40% 이하

③ 농림지역: 20% 이하

④ 자연환경보전지역: 20% 이하

## (2) 용적률

○ **목적**

용적률이란 대지면적에 대한 건축가능한 건물 층별 바닥면적의 합계(연면적)를 말한다. 이는 건물의 구분소유권에 따른 입체적 공간 확보에 있다.

$$용적률 = \frac{연면적의\ 합계}{대지면적} \times 100\%$$

○ **용도지역 안에서의 용적률**

① 도시지역

     ㉠ 주거지역: 500% 이하

     ㉡ 상업지역: 1천500% 이하

     ㉢ 공업지역: 400% 이하

     ㉣ 녹지지역: 100%이하

② 관리지역

     ㉠ 보전관리지역: 80% 이하

     ㉡ 생산관리지역: 80% 이하

     ㉢ 계획관리지역: 100% 이하

③ 농림지역: 80% 이하

④ 자연환경보전지역: 80%이하

### (3) 제주시 건폐율과 용적률

① 건축물 건폐율의 한도

**전용주거지역**: 제1종전용주거지역 40%, 제2종전용주거지역 40%

**일반주거지역** : 제1종일반주거지역 60%, 제2종일반주거지역 60%, 제3종일반주거지역 50%

**준주거지역** 70% 이하

**중심상업지역:** 90% 이하

일반상업지역: 80% 이하

근린상업지역: 70% 이하

전용공업지역: 70% 이하

**일반공업지역:** 60% 이하

준공업지역: 70% 이하

**보전녹지지역:** 20% 이하(자연취락지구 60% 이하)

생산녹지지역: 20% 이하(자연취락지구 60% 이하)

자연녹지지역: 20% 이하(자연취락지구 60% 이하)

도시계획구역 안의 용도지역의 지정이 없는 지역: 20% 이하

② 건축물 용적률의 한도

**전용주거지역:** 제1종전용주거지역 80%, 제2종전용주거지역 150%

**일반주거지역:** 제1종일반주거지역 200%, 제2종일반주거지역 250%

제3종 일반주거지역 300%

**준주거지역:** 700% 이하

**중심상업지역:** 1,300% 이하

**일반상업지역:** 1,000% 이하

근린상업지역: 700% 이하

전용공업지역: 200% 이하

일반공업지역: 300% 이하

준공업지역: 300% 이하

**보전녹지지역:** 60% 이하

**생산녹지지역:** 60% 이하

**자연녹지지역:** 100% 이하

# 주택임대차보호제도의 기초지식

주택임대차보호법은 민법의 특별법으로서 서민들의 주거생활의 안정을 보호하기 위해 마련된 제도로 대항력, 임대보증금의 회수에 있어서 우선변제권, 임차권등기명령제도 등이 특히 중요하다. 제17강에서 살펴볼 상가건물임대차보호제도에 앞서 주택임대차보호법의 주요 내용을 상가건물임대차보호제도와 상호 비교·검토할 필요가 있다.

## Ⅰ. 목적과 적용범위

### (1) 목적(제1조)

① 주거용 건물의 임대차에 관하여 민법에 대한 특례를 규정한다.

② 국민의 주거생활의 안정을 보장함을 목적으로 한다.

③ 따라서 주택임대차보호법은 **자연인**인 서민들의 주거생활을 보호하려는 것이어서 **법인**은 대상에서 제외된다(과거의 판례는 인정하였으나, 최근의 판례는 부정).

### (2) 적용범위(제2조)

① 주거용 건물의 전부 또는 일부의 임대차에 관하여 적용된다.

　㉠ 모든 건물에 적용되는 것이 아니고, 주택의 임대차에 관해서만 적용된다.

　㉡ 주택 외의 건물(사무실, 점포, 공장, 창고 등)의 임대차에는 적용되지 않는다.

　㉢ 주택의 임대차인 한 그 전부를 임대하든 일부를 임대하든 상관없이 적용된다.

② 임차주택의 일부가 주거외의 목적으로 사용되어도 적용된다. 그러나 주택이 아닌 건물의 일부를 주거의 목적으로 사용하는 경우에는 적용되지 않는다.

③ 미등기전세에도 적용된다. 이 경우에 전세금은 임대차 보증금으로 본다.

④ 일시사용을 위한 임대차임이 명백한 경우에는 적용되지 않는다.

⑤ 이 법의 규정에 위반된 약정으로서 임차인에게 불리한 것은 그 효력이 없다. 그러나 이 법의 규정에 위반한 약정이라도 임대인에게 불리하지만 임차인에게 유리한 경우에는 그 효력이 있다.


## Ⅱ. 주택임차권의 대항력

(1) 등기가 없는 경우에도 임차인이 '**주택의 인도와 주민등록**'을 마친 때에는 그다음 날로부터 제3자에 대하여 효력이 생긴다.

① 주택의 인도와 주민등록은 대항력 취득 시뿐만 아니라, 그 대항력을 유지하기 위해 계속 존속하고 있어야 한다.

② 주민등록이 실제 살고 있는 주택의 지번과 다른 지번에 착오로 등록되어 있는 경우, 나중에 올바른 지번으로 고치게 되면, 고친 날짜에 대항력을 취득한다.

③ 주민등록은 임차인 본인뿐만 아니라 공동생활을 하고 있는 가족의 주민등록도 포함된다.

(2) 이 경우 '**전입신고를 한 때**'에 주민등록이 된 것으로 본다. 그리고 주민등록을 주택소재지로 전입하였다가 일시 다른 곳으로 이전하면 이전 시에 대항력을 잃게 된다.

(3) 임차주택의 **양수인**(임대할 권리를 승계한 자 포함)은 임대인의 지위를 승계한 것으로 본다.

임차인은 전 소유자에게 갖는 계약상의 권리 전부를 양수인에게도 그대로 갖는다. 예를 들면, 임차인이 전 소유자에게 보증금을 준 것이 있을 때에는 그의 반환을 새로운 소유자에게도 청구할 수 있다.

(4) 임대차의 목적이 된 주택이 매매 또는 경매의 목적물이 된 경우에는 민법규정을 준용한다.

## III. 임대차의 존속기간

### (1) 최단기간(제4조)

기간의 정함이 없거나 기간을 2년 미만으로 정한 임대차는 그 기간을 2년으로 본다. 다만, 임차인은 2년 미만으로 정한 기간이 유효함을 주장할 수 있다. 임대차 종료 후 보증금을 반환받을 때까지는 임대차 관계는 존속하는 것으로 본다.

### (2) 계약의 갱신(제6조)

① 묵시의 갱신

임대인이 임대차 기간 만료 전 6월부터 1월까지 임차인에 대하여 갱신 거절의 통지나 조건을 변경하지 아니하면 갱신하지 아니한다는 뜻의 통지를 하지 않으면, 전 임대차와 동일한 조건으로 다시 임대차한 것으로 본다. 임차인이 임대차 기간 만료 전 1월까지 통지하지 않은 경우에도 또한 같다. 이 경우에 임대차의 전속기간은 그 정함이 없는 것으로 본다. 그러나 임대차 기간은 2년으로 본다는 것이 판례의 견해이다.

② 2기의 차임액 연체 및 임차인의 현저한 의무 위반 시에는 묵시의 갱신에 대한 특례를 적용하지 않는다.

③ 묵시의 갱신 경우에 계약의 해지

묵시의 갱신의 경우 임차인은 언제든지 임대인에 대하여 계약해지의 통고를 할 수 있고, 임대인이 그 통고를 받은 날로부터 3개월이 경과하면 그 효력이 발생한다. 그러나 임대인이 계약의 해지를 통고하더라도 그 효력이 발생하지 않는다고 새기는 것이 타당하다.

# Ⅳ. 차임 등의 증감청구권

약정한 차임 또는 보증금이 조세·공과금 기타 부담의 증감이나 경제사정의 변동으로 상당하지 아니할 때에는 증감을 청구할 수 있다. 여기서 증액한도는 **약정 차임의 1/20**을 초과하지 못한다.

# Ⅴ. 임차권등기명령제도

## (1) 취지

임대차가 종료하였으나 보증금을 반환받지 못한 상태에서 임차인이 이사를 갈 필요가 생긴 경우에 임차인이 임대인의 협력 없이도 법원에 단독으로 임차권을 **등기**할 수 있도록 하여, 임차권 등기 후 이사를 가거나 주민등록을 옮기더라도 기존에 보유하고 있던 **대항력**과 **우선변제권**이 유지되도록 하여 임차인의 **거주이전의 자유**를 보장하고자 하는 취지에서 도입된 제도이다.

## (2) 임차권등기명령의 신청

① 신청권자

임대차가 종료된 후 보증금을 반환받지 못한 임차인

② 신청서 제출처

임차인은 임차주택의 소재지를 관할하는 지방법원·지방법원지원 또는 시·군 법원

③ 신청서 기재사항

ㄱ 신청의 취지 및 이유

ㄴ 임대차의 목적인 주택: 임대차의 목적이 주택의 일부분인 경우에는 도면을 첨부

ㄷ 임차권등기의 원인이 된 사실

임차인이 주택의 인도와 주민등록의 대항력을 취득하였거나 우선변제권을 취득한 경우에는 그 사실

ㄹ 기타 대법원규칙이 정하는 사항

(3) 임차권등기명령의 집행에 의한 임차권등기가 경료되면 임차인은 대항력 및 우선변제권을 취득하고, 임차권등기 이후에는 주택의 점유와 주민등록이 없더라도 종전의 대항력과 우선변제권을 상실하지 아니한다

(4) 임차권등기가 경료된 주택을 그 이후에 임차한 임차인은 보증금 중 일정액을 다른 담보물권자보다 우선하여 변제를 받을 권리가 없다. 임대차의 목적이 주택의 일부분인 경우에는 해당 부분에 한한다

(5) 임차인은 임차권등기명령의 신청 및 그에 다른 임차권등기와 관련하여 소요된 비용을 임대인에게 청구할 수 있다

(6) 임차권등기명령의 효력발생시기
① **판결에 의한 때**－선고를 한 때
② **결정에 의한 때**－상당한 담보로 임대인에게 고지를 한 때

## VI. 임차보증금의 회수

(1) 임차인이 임차주택에 대하여 **보증금반환청구소송의 확정판결**과 기타 이에 준하는 **채무명의**에 기한 경매를 신청하는 경우에는 반대의무의 이행 또는 이행의 제공을 집행개시의 요건으로 하지 아니한다.
(2) '주택인도와 주민등록'의 대항요건과 임대차계약 증서상의 확정일자를 갖춘 임차인은 경매(민사집행법) 또는 공매(국세징수법) 시에 임차주택의 환가대금에서 후순위권리자 기타 채권자보다 우선하여 보증금을 변제받을 권리가 있다.
(3) 임차인이 임차주택의 양수인에게 인도하지 아니하면 우선변제에 의한 보증금을 수령

할 수 없다.

(4) 우선변제의 순위와 보증금에 이의가 있는 **이해관계인**은 경매법원 또는 체납처분청에 이의를 신청할 수 있다.

(5) 이의신청을 받은 체납처분청은 이해관계인이 이의신청일로부터 7일 이내에 임차인을 상대로 소(訴)를 제기한 것을 증명한 때에는 당해 소송의 종결까지 이의가 신청된 범위 안에서 임차인에 대한 보증금의 변제를 유보하고 잔여금액을 배분하여야 한다. 이 경우 유보된 보증금은 소송의 결과에 따라 배분한다.


# Ⅶ. 보증금중 일정액의 보호


## (1) 내용

임차인은 보증금 중 일정액을 다른 담보물권자보다 우선하여 변제받을 권리가 있다. 이 경우 임차인은 주택에 대한 경매신청의 등기 전에 '**주택의 인도와 주민등록**'의 요건을 갖추어야 한다.


## (2) 우선변제를 받을 임차인의 범위(영 제4조)

① 수도권정비계획법에 의한 수도권 중 과밀억제권역

－보증금이 4,000만 원 이하인 임차인

② 광역시(군지역과 인천광역시를 제외한다)

－3천500만 원 이하인 임차인

③ 기타의 지역

－보증금이 3,000만 원 이하인 임차인


## (3) 보증금 중 일정액의 범위와 기준

① 주택가액(대지의 가액 포함)의 2분의 1의 범위 내에서

　㉠ 수도권정비계획법에 의한 수도권 중 과밀억제권역－1천600만 원

   ⓛ 광역시(군지역과 인천광역시를 제외한다) - 1천400만 원

   ⓒ 기타의 지역 - 1천200만 원

② 임차인의 보증금 중 일정액이 주택 가액의 1/2을 초과하는 경우

주택가액의 1/2에 해당하는 금액에 한하여 우선변제권이 있다.

③ 하나의 주택에 임차인이 2인 이상이고, 그 각 보증금 중 일정액의 합산액이 주택 가액의 1/2을 초과하는 경우 - 그 각 보증금 중 일정액의 합산액에 대한 각 임차인의 보증금 등 일정액의 비율로 그 주택의 가액의 1/2에 해당하는 금액을 분할한 금액을 각 임차인의 보증금 중 일정액으로 본다.


## Ⅷ. 주택임차권의 승계

   (1) 임차인이 상속권자 없이 사망한 경우에 그 주택에서 가정공동생활을 하던 **사실상의 혼인관계**에 있는 자는 임차인의 권리와 의무를 승계한다.

   (2) 임차인이 사망한 경우에 사망 당시 상속권자가 그 주택에서 가정공동생활을 하고 있지 아니한 때에는 그 주택에서 가정공동생활을 하던 **사실상의 혼인관계에 있는 자와 2촌 이내의 친족은 공동**으로 임차인의 권리와 의무를 승계한다.

   (3) 위의 경우에 임차인이 **사망한 후 1월 이내**에 임대인에 대하여 반대의사를 표시한 때에는 그러하지 아니한다.

   (4) 위의 경우에 임대차관계에서 생긴 채권·채무는 임차인의 권리의무를 승계한 자에게 귀속한다.

## 땅부터 파라

많은 사람들이 돈을 버는
'손쉬운 방법 찾기'에 골몰합니다.
땀과 노력보다는 '기법'에 주의를 기울이죠.
이것은 나무를 심지 않으면서 과일을 기대하는 것과
같은 이치입니다. 나무를 심으려면 먼저 땅부터
파야 합니다. 삽을 쥐고 기꺼이
땀을 흘려야 합니다.

　　　　　－탄줘잉 편저의 『살아 있는 동안 꼭 해야 할 49가지』 중에서 －


* 스스로 똑똑하고
재능이 많다고 생각하는 사람일수록
'땅부터 파는 일'에 소홀하기가 쉽습니다.
그 똑똑함에, 그 재능에, 땅부터 파고 시작하면 좋으련만
열매를 먼저 생각하고 세상에 임하게 되니
자칫 '헛똑똑이'가 되고 맙니다.

# 상가건물임대차보호제도의 기초지식

　상가건물임대차보호법은 경제적으로 약자인 상가건물 임차인을 보호하기 위해서 마련된 민법의 특별규정이다. 과거에 임대인에 의한 부당한 임대료 인상, 해지권의 남용, 임대기간의 불안정, 임대보증금의 미반환 등에 대한 문제를 해결하기 위하여 2002년 11월 1일에 시행된 제도이다. 이는 제16강 주택임대차보호제도와 더불어 적용범위, 대항력, 임대보증금의 우선변제, 임차권등기명령제도 등이 주요한 내용을 이루고 있다.

## Ⅰ. 목적

　상가건물임대차보호법은 상가건물의 임대차에서 일반적으로 사회적·경제적 약자인 임차인을 보호함으로써 임차인들이 경제생활의 안정을 도모하기 위하여 민법에 대한 특례를 규정하려는 것이다. 상가건물의 임대차에 있어서는 경제적·사회적 약자인 임차인은 부당한 **임대료 인상**, 임대인의 **해지권한의 남용**, **임대차 기간**의 불안정, 월세산정에 있어서 **고율의 이자율 적용**, **임대보증금의 미반환**, 임차건물에 대한 **등기**의 어려움 등 각종 형태의 불이익을 받게 되므로 이에 정부는 상가건물임대차보호법(2001. 12. 29. 법률 제6542호, 2002. 11. 1 시행)을 제정하여 시행에 들어감으로써 상가건물을 임차한 임차인의 보호에 상당한 기여를 할 것으로 전망하였으나(일부개정 2002. 8. 26. 법률 제6718호, 2002. 11. 1 시행) 아직은 여러 가지 미비점으로 인하여 시행에서부터 많은 문제점을 야기하고 있다.

## Ⅱ. 적용범위

### (1) 사업장등록의 대상

○ 원칙

이 법은 사업자등록의 대상이 되는 상가건물의 임대차(임대차목적물의 주된 부분을 영업용으로 사용하는 경우를 포함)에 대하여 적용된다.

○ 예외

| | |
|---|---|
| 서울특별시 | 2억 4천만 원 이하 |
| 수도권정비계획법에 의한 과밀억제권 | 1억 9천만 원 이하 |
| 광역시(군지역과 인천광역시 제외) | 1억 5천만 원 이하 |
| 기타 지역 | 1억 4천만 원 이하 |

대통령령이 정하는 보증금액을 초과하는 임대차에 대해서는 적용되지 않는다.(동법 제2조 1항 단서)

○ 환산보증금

보증금 외에 차임이 있는 경우에는 그 **차임액에 100을 곱**하여 환산한 금액을 보증금에 포함시켜야 한다.(동법 제2조 2항, 동시행령 2조 3항) 일시사용을 위한 임대차임이 명백한 경우에는 이 법을 적용하지 아니한다.(동법 제16조) 이 법은 목적건물의 등기를 하지 아니한 전세계약에 관하여 준용한다. 이 경우 전세금은 임대차의 보증금으로 본다.(동법 제17조)

## Ⅲ. 대항력

상가건물임대차는 그 등기가 없는 경우에도 임차인이 건물의 인도와 부가가치세법 제5조, 소득세법 제168조 또는 법인세법 제111조의 규정에 의한 사업자등록을 신청한 때에는 그다음 날로부터 제3자에 대하여 효력이 생긴다.(동법 제3조 1항) 임차건물의 양수인(그 밖의 임대할 권리를 승계한 자를 포함)은 임대인의 지위를 승계한 것으로 본다.(동법 제3조 2항)

## Ⅳ. 등록사항의 열람 · 제공

건물의 임대차에 이해관계가 있는 자는 건물의 소재지 관할 **세무서장**에게 일정한 자료의 열람 또는 제공을 요청할 수 있다. 이때 관할 세무서장은 정당한 사유 없이 이를 거부할 수 없다.(동법 제4조 1항)

## Ⅴ. 보증금의 회수

### (1) 우선변제권

① 대항요건을 갖추고 관할 세무서장으로부터 임대차계약서상의 확정일자를 받은 임차인은 민사집행법에 의한 경매 또는 국세징수법에 의한 공매 시 임차건물의 환가대금에서 후순위권리자 그 밖의 채권자보다 우선하여 보증금을 변제받을 권리가 있다.(동법 제5조 2항)

| 구 분 | 우선변제를 받을 임차인 범위 | 우선변제를 받을 보증금의 범위 |
|---|---|---|
| 서울특별시 | 4,500만 원 이하 | 1,350만 원 이하 |
| 수도권정비계획법에 의한 수도권 중 과밀억제권 | 3,900만 원 이하 | 1,170만 원 이하 |
| 광역시(인천광역시와 군지역 제외) | 3,000만 원 이하 | 900만 원 이하 |
| 기타 지역 | 2,500만 원 이하 | 750만 원 이하 |

② 임차인은 임차건물을 양수인에게 인도하지 아니하면 보증금을 수령할 수 없다.(동법 제 5조 3항)

### (2) 최우선변제권

① 임차인은 건물에 대한 경매신청의 등기 전에 동법 제3조 1항의 대항요건을 갖추어야 한다.

② 최우선변제권의 상환액은 임대건물 가액의 3분의 1의 범위 안에서 당해 지역의 경제여 건, 보증금 및 차임 등을 고려하여 정한다.(동법 제14조 3항)

③ 하나의 상가건물에 임차인이 2인 이상이고, 그 각 보증금 중 일정액의 합산액이 상가건 물의 가액의 3분의 1을 초과하는 경우에는 그 각 보증금 중 일정액의 합산액에 대한 각 임 차인의 보증금 중 일정액의 비율로 그 상가건물의 가액의 3분의 1에 해당하는 금액을 분할 한 금액을 각 임차인의 보증금 중 일정액으로 본다.(동법 시행령 7조 3항)

## Ⅵ. 임차권등기명령제도

(1) 임대차가 종료한 후 보증금을 반환받지 못한 임차인은 임차건물의 소재지를 관할하는 지방법원·지방법원지원 또는 시·군 법원에 임차권등기명령을 신청할 수 있다.(동법 제6조 1항)

(2) 임차권등기명령신청을 기각한 결정에 대하여 임차인은 **항고**할 수 있다.(동법 제6조 4항)

(3) 임차인은 임차권등기명령의 신청 및 그에 따른 임차권등기와 관련하여 소요된 비용을 임대인에게 청구할 수 있다.(동법 제6조 8항)

## Ⅶ. 존속기간

### (1) 최단기간

① 기간의 약정이 없거나 1년 미만으로 정한 임대차는 그 기간을 1년으로 본다.(동법 제9

조 1항 본문)

② 다만, 임차인은 1년 미만으로 정한 기간이 유효함을 주장할 수 있다.(동법 제9조 1항 단서)

**(2) 임대차가 종료한 경우에도 임차인이 보증금을 반환받을 때까지 임대차관계는 존속하는 것으로 본다(동법 제9조 2항)**

**(3) 계약의 갱신**

○ **원칙**

임대인은 임차인이 임대차계약 만료 전 6월부터 1월까지 사이에 행하는 계약갱신요구에 대하여 정당한 사유 없이 이를 거절하지 못한다.(동법 제10조 1항 본문)

○ **예외**

계약의 갱신거절이 가능한 경우를 보면 다음과 같다.(동법 제10조 1항 단서)

① 임차인이 3기의 차임액에 달하도록 연체한 사실이 있는 경우

② 임차인이 거짓 그 밖의 부정한 방법으로 임차한 경우

③ 쌍방합의하에 임대인이 임차인에게 상당한 보상으로 제공한 경우

④ 임차인이 임대인의 동의 없이 목적건물의 전부 또는 일부를 전대한 경우

⑤ 임차인이 임차한 건물의 전부 또는 일부를 고의 또는 중대한 과실로 파손한 경우

⑥ 임차한 건물의 전부 또는 일부가 멸실되어 임대차의 목적을 달성하지 못한 경우

⑦ 임대인이 목적건물의 전부 또는 대부분을 철거하거나 재건축하기 위해 목적건물의 점유회복이 필요한 경우

⑧ 그 밖에 임차인이 임차인으로서의 의무를 현저히 위반하거나 임대차를 존속하기 어려운 중대한 사유가 있는 경우

**(4) 계약갱신요구권**

임차인의 계약갱신요구권은 최초 임대차기간을 포함한 전체 임대차기간이 **5년**을 초과하지 않는 범위 내에서만 행사할 수 있다.(동법 제10조 2항)

(5) 갱신된 임대차는 전 임대차와 동일한 조건으로 다시 계약된 것으로 본다. 다만, 차임과 보증금은 상가건물임대차보호법 제11조의 규정에 의한 범위 안에서 증감을 청구할 수 있다(동법 제10조 3항)

### (6) 묵시의 갱신

임대인이 갱신요구기간 이내에 임차인에 대하여 갱신거절의 통지 또는 조건의 변경에 대한 통지를 하지 아니한 경우에는 그 기간이 만료된 때에 전임대차와 동일한 조건으로 다시 임대차한 것으로 본다. 이 경우에 임대차의 존속기간은 정함이 없는 것으로 본다.(동법 제10조 4항) 이를 묵시적 갱신이라고도 한다.

### (7) 계약의 해지

묵시적 갱신이 된 경우 임차인은 언제든지 임대인에 대하여 계약해지의 통고를 할 수 있고, 임대인이 그 통고를 받은 날로부터 3개월이 경과하면 그 효력이 발생한다.(동법 제10조 5항)

## Ⅷ. 차임 등의 증감청구권

① 차임 또는 보증금이 임차건물에 관한 조세, 공과금 그 밖의 부담의 증감이나 경제사정의 변동으로 인하여 상당하지 아니하게 된 때에는 당사자는 장래에 대하여 그 증감을 청구할 수 있다.(동법 제11조 1항)

② 증액의 경우에는 청구 당시의 차임 또는 보증금의 **100분의 12**의 금액을 초과하지 못한다.(동법 시행령 제4조)

③ 증액청구는 임대차계약 또는 약정한 차임 등의 증액이 있은 후 1년 이내에는 이를 하지 못한다.(동법 제11조 2항)

## 부동산거래계약과 등기제도의 기초지식

부동산거래계약과 등기제도에 있어서는 부동산 거래 시 주의사항을 살펴본 후 부동산거래계약의 효력인 동시이행항변권과 위험부담, 제3자를 위한 계약에 대하여 살펴보고, 계약의 해제와 해지에 따른 법률관계를 검토한 후 부동산등기제도와 부동산등기특별조치법, 부동산실권리자명의등기에관한법률에 대하여 검토한다.

## Ⅰ. 부동산거래계약의 기초지식

우리는 일상생활에서 토지나 집 등을 팔고 사는 부동산거래를 많이 하고 있다. 그러나 무주택자가 어렵게 모은 돈으로 집을 장만하려다가 사기를 당하는 등 피해를 입은 경우도 적지 않다. 그래서 부동산거래를 함에 있어서 피해를 예방하기 위하여 최소한 다음과 같은 사항을 유의하여야 할 필요가 있다.

## 1. 부동산 매매계약 전(前) 주의할 점

① 부동산을 계약할 때 가장 중요한 것은 먼저 해당 **지번, 지적**을 확인하고, **등기부 등본, 토지대장, 건축물관리대장, 임야대장, 도시계획확인원, 용도지역확인원** 등을 교부받아 현장을 확인하여 현장과 등기부, 토지대장, 가옥대장 등과의 일치 여부를 사전에 알아보아야 한다. 물건을 직접 보아 두지 않으면 서류로서는 알 수 없었던 일로 손해를 보는 경우가 많으므로 반드시 눈으로 확인하도록 한다. 부동산 중개업소에서 소개하는 경우에도 본인이 직접 위와 같은 조치를 취하여 알아보는 것이 좋다.

② 상대방이 보여주는 등기부 등본만을 믿어서는 안 된다. 최근에는 복사기술이 발달되어 정당한 등본이라도 이를 고쳐서 다시 복사하는 사례가 많아 원본과 다른 복사본이 많이 나돌고 있기 때문에 등본이 있으면 반드시 관계공무원의 인증(원본과 같다는 확인)이 있는가의 여부를 확인하여야 할 것이고, 근본적으로 본인이 직접 등기부를 열람하여 확인하거나 이를 떼어 보아야 한다.

③ 상대방이 보여주는 **등기권리증**도 자세히 살펴보고 원본인가를 확인하여야 한다.

④ 등기부 등본을 보면서 건물이나 땅의 주인이 정말 본인이 맞는지, 주소가 정확한지 확인해야 한다. 단시일에 권리자가 수명씩 바뀌는 등 권리변동 관계가 빈번하고 복잡한 것은 일단 의심을 하고 사지 말아야 한다.

⑤ 사려고 하는 부동산이 다른 사람에게 저당 잡힌 물건은 아닌지, **가압류**되어 있는 것은 아닌지 살펴보아야 한다. 여러 가지 담보물권이나 예고등기, 가등기가 설정되어 있는 것은 사지 않는 것이 현명하다. 또 매수 직전에 비로소 보존등기가 되거나 기타 **상속등기**나 **회복등기**가 된 것은 일단 의심을 해야 한다.

⑥ 소송으로 확정판결을 받은 물건을 매수할 때에는 **패소판결**을 받은 자를 찾아가 사실 여부를 확인하는 것이 좋다.

⑦ 재산세 납세자가 소유자와 다른 경우에는 그 이유를 알아보아야 하며, 또 건축과 관련하여 도시계획 여부, **관리보전지구** 여부 등도 반드시 확인하여야 한다.

⑧ 해당지역이 토지거래**허가구역**으로 지정 고시된 지역인지 여부를 사전에 확인할 필요가 있다.

## 2. 부동산 매매계약 체결 시 주의사항

① 계약은 등기부상의 소유자와 직접 맺어야 한다. 만일 대리인과 계약을 체결하는 경우에는 대리인의 위임장을 확인해야 한다. 본인과 연락할 수 있을 때에는 직접 연락하여 확인하는 것이 안전하다. 또 소유자와 직접 계약할 때에도 소유자가 미성년자나 금치산자, 한정치산자 등이 아닌지 확인해야 한다.

② 계약서는 구체적으로 명백히 쓰고 애매한 문구로 인하여 손해를 보는 일이 없도록 하고, 특히 부동산 중개업소에 인쇄되어 있는 계약서 용지를 사용하려면 이를 면밀히 읽어 보고 검토할 것이며 특약이 있으면 그 특약도 명백히 기재하여야 한다.

③ 부동산중개업소의 말만 믿고 계약하지 말아야 한다. 매도인 측의 말만 믿고 이를 그대로 매수인에게 전하는 수도 있을 수 있고 계약을 성립시키기 위해서 과장된 말을 할 수도 있기 때문이다. 시가에 비하여 현저히 싸거나 별 이해관계도 없는 자들이 사라고 권유하는 부동산은 계약하지 않는 것이 현명하다. 매수만 하면 금방 돈을 번다고 하고서도 자기들이 사지 않고 남보고 사라고 권유하는 것 자체가 이상하다.

④ 신문지상의 광고만을 믿고 경솔하게 계약해서는 안 된다. 왜냐하면 광고에는 좋고 유리한 것만 나오지 부동산 자체의 결함은 나오지 않기 때문이다. 부동산의 결함을 알아보기 위해서는 토지대장, 임야대장, 가옥대장 등도 확인하여 등기부와 일치 여부를 알아 볼 필요가 있다.

⑤ 토지거래구제 대상지역의 토지 거래 시에는 토지거래계약허가 등 절차를 밟아야 한다.

⑥ 일생일대의 중대한 생활터전을 마련하려는 경우일수록 사전확인을 치밀히 해야 하고, 변호사나 법무사, 기타 법을 잘 아는 사람 혹은 법률상담실을 찾아가 상의해 본 후 계약하는 것이 좋은 방법이다.

⑦ 계약 시 반드시 확인해야 할 사항

　　㉠ 대금의 액수와 지불시기

　　㉡ 파는 사람과 사는 사람의 이름과 주민등록번호

　　㉢ 부동산을 넘겨줄 시기

　　㉣ 물건을 제대로 넘겨주지 못할 경우 파는 사람의 책임

　　㉤ 그 외에 여러 가지 해 두고 싶은 약속, 즉 특약

　　㉥ 계약할 때의 입회인의 이름과 주소, 주민등록번호 등이다.

## 3. 대금 지급 시 유의사항

① **중도금**이나 **잔대금**을 지급할 시에는 반드시 **영수증**을 주고받는 등 대금지급내용을 명확히 하여야 한다.

② 등기부는 중도금 지급, 잔금 지급 시마다 그 직전에 확인하여야 한다. 중도금을 받고도 이중으로 매도하는 수가 있기 때문이다.

③ 잔금을 지급함과 동시에 매도인으로부터 **등기권리증**, **인감증명서** 등 권리이전서류를 받아 이전등기절차를 마치도록 한다.

④ 이전등기절차를 마친 후 등기부 등본을 떼어서 이전등기가 된 것을 확인해야 한다.

⑤ 부동산 이전등기에 필요한 서류는 다음과 같다.

　　㉠ **매도인(파는 사람):** 검인계약서, 등기권리증, 매도용 인감증명서, 주민등록등본

　　㉡ **매수인(사는 사람):** 검인계약서, 주민등록등본, 등록세영수필확인서, 국민주택매입필증, 토지대장, 건축물관리대장

## Ⅱ. 부동산거래계약의 효력

## 1. 동시이행의 항변권

쌍무계약의 당사자 일방은 그 채무이행을 제공할 때까지 자기의 채무이행을 거절할 수 있다. 그러나 상대방의 채무가 변제기에 있지 아니하는 때에는 그러하지 아니한다. 당사자 일방이 상대방에게 먼저 이행하여야 할 경우에 상대방의 이행이 곤란한 현저한 사유가 있는 때에는 자기의 채무이행을 거절할 수 있다.

### (1) 취지

당사자 간의 공평의 관념 및 신의칙에 근거한다.

## (2) 성질

동시이행항변권은 영구적 항변권이 아니라 연기적 항변권이다. 즉, 상대방이 자기의 채무를 연기하는 것이다.

## (3) 성립요건

① 쌍무계약에 기하여 서로 대가적인 채무를 부담할 것

ㄱ 당사자가 변경되더라도 채무가 동일성을 유지하는 한 동시이행의 항변권은 존속한다.
* 일방의 채무에 경개가 이루어지면 동시이행의 항변권은 소멸한다.

ㄴ 일방의 채무가 이행불능으로 되더라도 그 채무는 손해배상으로서 동일성이 유지되는 한 동시이행의 항변권은 존속한다.

② 상대방의 채무가 변제기에 있을 것

③ 상대방이 이행 또는 이행의 제공하지 않고 이행을 청구할 것

임대인이 수선의무를 게을리 한 때 임차인은 그에 상당하는 차임의 지급을 거절할 수 있다. 그러나 차임의 전액의 지급을 거절하지 못한다.

④ 채권자의 수령지체와 동시이행의 항변권

상대방이 채무의 내용에 좇은 이행을 제공하였음에도 불구하고 수령하지 않음으로써 수령지체에 빠진 자도 동시이행의 항변권을 인정한다.

## (4) 효과

① 일반적 효과

상대방의 청구권의 저지, 연기적 항변권, 당사자의 원용이 없으면 법원이 직권으로 고려할 수 없다. 즉, 당사자가 원용을 하여야만 그 효력이 있다.

② 소송상의 효과

소송상 동시이행의 항변권을 가진 채권에 대해 원고가 그 이행을 청구하고 피고가 적법하게 동시이행을 원용한 경우는 **원고일부승소판결**을 한다. 즉, 원고의 이행과 동시에 이행하라는 판결을 한다. 일부 승소의 판결에 의해 강제집행을 하는 경우 원고의 채무이행, 급부는 집행개시의 요건이라고 한다(판례, 다수설).

## 2. 위험부담(존속상의 견련성)

### (1) 의의

위험부담이란 쌍무계약의 존속상의 견련관계에 관한 문제로서 당사자 일방의 채무가 채무자의 책임 없는 사유로 소멸한 경우에(후발적 불능이 되는 경우) 반대채무가 어떻게 되는가에 관한 문제이다. 예컨대, 매매계약 체결 후 가옥이 소실된 경우에 가옥인도채무는 소멸되는바, 이 경우 대금지급채무는 어떻게 되는가가 위험부담의 문제이다.

### (2) 위험부담에 관한 입법주의

① 원칙

채무자 주의(제537조): 쌍무계약의 당사자 일방의 채무가 당사자 쌍방의 책임 없는 사유로 이행할 수 없게 된 때에는 채무자는 상대방의 이행을 청구하지 못한다(독법주의).

② 예외

채권자 주의(제538조): 쌍무계약의 당사자 일방의 채무가 채권자의 책임 있는 사유로 이행할 수 없게 된 때에는 상대방의 이행을 청구할 수 있다. 채권자의 수령지체 중에 당사자 쌍방의 책임 없는 사유로 이행할 수 없게 된 때에도 같다. 그러나 채무자는 자기의 채무를 면함으로써 이익을 얻은 때에는 이를 채권자에게 상환하여야 한다.

③ 채권자의 귀책사유로만 이행불능이 된 경우 채무자는 자신의 의무를 면하면서 반대급부를 청구할 수 있다.

④ 채권자는 수령지체 중 당사자 쌍방의 귀책사유 없이 이행불능이 된 경우 채무자는 자신의 의무를 면하면서 반대급부를 청구할 수 있다.

## 3. 제3자를 위한 계약

### (1) 의의

계약으로부터 발생하는 채권을 계약당사자가 아닌 제3자에게 직접 취득하게 하는 계약을 말한다. 채권자는 **요약자**이고 채무자는 **낙약자**이다. 그리고 제3자는 수익자이다. 또한 제3자는 계약당사자가 아니다. 다만 제3자는 직접 낙약자에 대해 급부이행을 청구할 수 있는 권리를 취득한다.

### (2) 성립요건

① 요약자와 낙약자 사이에 유효한 계약이 성립하여야 한다.

즉, 보상관계에 흠결하자가 없어야 한다.

② 제3자를 위한 약관이 있어야 한다.

③ 제3자는 계약 당시에 특정되지 않아도 무방하다.

### (3) 제3자에 대한 효력

① 제3자의 권리취득(제539조)

권리발생시기는 수익의 의사표시를 한 때이다. 수익의 의사표시는 제3자의 권리의 발생요건일 뿐 계약의 성립요건은 아니다. 수익의 의사표시는 낙약자에 대해하여야 한다(명시적이든 묵시적이든 불문한다).

② 수익의 의사표시 이전의 제3자의 지위

수익의 의사표시의 성질은 형성권이다. 채무자가 상당한 기간을 정하여 이익의 향수 여부의 확답을 최고한 경우 그 기간 내에 확답이 없으면 수익을 거절한 것으로 본다.(제540조)

③ 수익의 의사표시 이후의 제3자의 지위

제3자가 수익의 의사표시를 한 후에 계약당사자는 이를 변경 또는 소멸시키지 못한다.(제541조) 제3자는 계약의 당사자가 아니므로 해제권이나 취소권을 가지지 못한다.

### (4) 요약자 및 낙약자에 대한 효력

① 요약자에 대한 효력

요약자는 낙약자에 대해 제3자에 대한 채무를 이행할 것을 청구할 수 있다. 요약자는 계약의 당사자이므로 계약에서 생기는 해제권·취소권을 가지며, 낙약자의 상대방으로서 선의·악의, 과실·무과실 등의 결정표준이 된다. 낙약자의 채무불이행 시 요약자 단독으로 제3자를 위한 계약을 해제할 수 있다.

② 낙약자에 대한 효력

계약의 당사자로서 기본계약에 기인하는 항변으로써 제3자에게 대항할 수 있다.

## Ⅲ. 부동산거래계약의 해제와 해지

### 1. 계약의 해제

#### (1) 의의

유효하게 성립하고 있는 계약의 효력을 일방 당사자의 의사표시에 의해 소급하여 해소케 하여 계약이 처음부터 존재하지 않았던 것과 같은 상태로 만드는 것을 말한다.

#### (2) 성질

해제권자의 일방적 의사표시에 의한 형성권이다. 이에는 법정해제권과 약정해제권이 있다.

#### (3) 구별개념

① 해제와 취소의 구별

| 구 분 | 해 제 | 취 소 |
|---|---|---|
| 적용범위 | 계약의 특유(일시적 계약관계) | 모든 법률행위에 인정 |
| 발생 사유 | 법정해제 사유(채무불이행)<br>약정해제 사유(특약) | 법률규정에 의해서만 취소 사유가 발생<br>(행위무능력자, 착오, 사기·강박) |
| 행사기간 | 형성권으로서 10년간 행사하지 않으면 소멸 | 추인할 수 있는 날로부터 3년, 법률행위를 한 날로부터 10년 |
| 효 과 | 원상회복의무가 발생, 손해배상의 문제가 발생 | 부당이득 반환의무가 발생, 손해배상의 문제가 발생하지 않음 |

② 해제와 해지의 구별

| 구 분 | 해 제 | 해 지 |
|---|---|---|
| 발생범위 | 일시적 계약관계 | 계속적 계약관계 |
| 소 급 효 | 있다. | 없다. 장래에 대하여 효력 |
| 원상회복의무 | 있다. | 없다. 청산의무가 있다. |

## Ⅳ. 부동산등기제도

### 1. 부동산등기

부동산의 권리관계를 모든 사람에게 알려 주기 위한 방법으로 국가에서 등기부라고 하는 공적인 장부를 만들어 놓고 등기공무원으로 하여금 부동산의 표시와 권리관계를 기재하도록 하는 것이 부동산등기제도이다. 등기부는 누구나 소정수수료를 납부하고 그 등본을 교부받을 수 있고 또한 이해관계 있는 부분에 한하여 열람할 수 있다.

### 2. 한 개의 부동산마다 한 개의 등기부가 있다

**가.** 우리나라는 부동산 1개마다 등기부 1개씩을 만들어 등기소에 보관하고 있다.

**나.** 부동산이 한 개냐 두 개냐 하는 구별은 쉽지 않다. 토지는 원래 연속되는 것이므로 인위적으로 금을 그어서 나누고 지번을 매기는데 토지 1필지가 1개의 부동산이 된다. 따라서 큰 토지도 있고 작은 토지도 있으며 1개의 토지가 분필이 되면 여러 개의 부동산이 되고 반대로 여러 개의 토지가 합필이 되면 1개의 부동산이 된다.

**다.** 건물은 토지에 붙어 있는 것이지만 별개의 부동산으로 취급되어 따로 등기부가 있다. 건물이 한 개냐 두 개냐 하는 것은 일반 관념에 따라 결정되는데 요즈음 아파트 등 집합건물이 많이 생겨서 외관상 1개의 건물이지만 각 세대마다 구분하여 독립된 소유권을 인정하고 있다.

### 3. 부동산에 관한 권리는 등기하지 않으면 효력이 생기지 않는다

부동산에 관한 대표적 권리에는 소유권, 지상권, 전세권, 저당권 등이 있는데 매매·저당권 설정계약 등 법률행위로 인한 권리의 취득·상실·변경의 경우에 등기를 하지 아니하면 권리변동의 효력이 생기지 않는다.

## 4. 등기부의 구조와 등기부를 보는 방법

① 구등기부는 한자를 사용하고 세로쓰기를 하여 읽기가 불편했으나 새로이 편성된 등기부는 한글과 가로쓰기를 사용하므로 읽기가 매우 쉬워졌다.

② 신등기부에는 그 작성 당시 효력이 없는 과거의 권리관계는 기재하지 아니하고 있으므로 오래된 권리까지 알아보려면 폐쇄된 등기부를 열람하여야 한다.

③ 토지등기부와 건물등기부는 따로 있으므로 집을 사려면 양쪽을 다 보아야 한다.

④ 등기부는 등기번호란, 표제부(아파트 등 집합건물의 경우에는 동 건물의 표제부와 전유부분의 표제부의 2개로 구성), 갑구, 을구의 4부분으로 되어 있다.

⑤ 등기번호란에는 토지나 건물대지의 지번이 기재되어 있다.

⑥ 표제부에는 토지와 건물의 내용, 즉 소재지(예: 제주도 제주시 아라동 1번지), 면적(예: 100㎡), 용도(예: 대지, 임야, 주택, 창고), 구조(예: 2층, 목조건물) 등이 변경된 순서대로 적혀 있다. 다만 집합건물의 경우에는 대지권이 있는지 살펴보아야 하고, 별도 등기표시가 있는 경우에는 토지등기부도 확인해야 한다.

⑦ 갑구는 소유권에 관한 사항이 접수일자 순으로 적혀 있다. 맨 처음 기재된 것이 소유권보존등기(최초의 소유자)이고 소유권이전등기가 계속되어 간다. 각 등기사항 중 변경되는 것이 있으면(예컨대 소유자의 주소변경) 변경등기(부기등기)를 한다. 만약에 소유권이전등기가 무효라고 하여 제3자가 소송을 걸어오면 법원에서 등기부에 예고등기를 해 두는 것이 보통이다. 소송결과 무효가 확정되어 소유권이전등기의 말소등기를 하면 이전등기를 하기 전의 상태로 돌아간다. 그 외에 압류등기, 가처분등기, 강제경매 등이 있으며, 이러한 등기 후에 소유권이전등기를 하면 경매되거나 가처분권자의 권리행사에 따라 소유권을 잃을 수 있다. 가등기는 순위보전의 효력이 있으므로 나중에 본등기를 하게 되면 가등기보다 늦게 된 등기는 원칙적으로 무효가 되므로 주의해야 한다.

⑧ 을구는 소유권 이외의 권리, 즉 저당권, 지상권 같은 제한물권에 관한 사항을 기재한다. 특히 주의할 점은 근저당권 설정등기인데 채권최고액이란 것이 있어서 등기부에 기재된 최고액을 한도로 부동산의 가격에서 담보책임을 지게 되므로 실제 채무액이 얼마인가를 따로 파악하여야 한다.

⑨ 등기부를 볼 때에 가장 중요한 점은 갑구와 을구에 기재된 가등기, 소유권이전등기, 저당권설정등기 등의 등기의 전후와 접수일자(접수번호)를 잘 살펴보아야 한다는 것이다. 등기

된 권리의 우선순위는 같은 갑구와 을구에서는 등기의 전후(순위번호)에 의하여, 갑구와 을구 간에서는 접수번호에 의하여 결정되기 때문이다.

## 5. 부동산등기절차

### 가. 공동신청주의

등기는 원칙적으로 등기권리자와 등기의무자가 공동으로 반드시 서면으로 부동산을 관할하는 법원 등기과나 등기소에 신청하여야 한다. 제주도의 경우 제주시는 제주지방법원 등기과, 서귀포시는 서귀포시 등기소에 신청하면 된다. 등기신청은 다소 복잡하므로 법무사가 양쪽의 위임을 받아서 처리하는 것이 보통이지만 신청서류만 잘 갖추면 본인이 직접 해도 된다. 판결에 의한 등기나 상속등기는 등기권리자가 단독으로 신청할 수 있다.

### 나. 등기관의 권한

등기관은 등기신청이 있으면 순서대로 이를 접수하여 순서대로 등기부에 기재하여야 하고, 일단 접수된 신청서류 등에 형식적인 결함이 있으면 신청을 각하할 수 있으나 실질심사권(예컨대, 매매계약이 무효인지 여부 등)은 없다.

### 다. 소유권보존등기 신청 시 필요한 서류

① 주민등록표 등본 1통, 신청서 부본 3통, 등록세 납부영수필통지서, 영수필확인서 각 1통씩과 ② 미등기토지의 토지대장 등본 또는 미등기건물의 건축물관리대장 등본과 동일한 대지상에 여러 개의 건물이 있거나 구분건물인 경우에는 건물도면 1통씩 필요

### 라. 소유권이전등기 신청 시 필요한 서류

① 등기필증(구권리증), ② 등기의무자(매도인)의 인감증명서(발급일부터 6개월 이내), ③ 등기원인을 증명하는 서면(예: 매매계약서, 증여계약서 등), ④ 등록세납부영수필확인서 각 1통씩과 신청서 부본 2통, 등기의무자(매도인 등), 등기권리자(매수인 등)의 각 주민등록등본, 토지대장(건물인 경우에는 건축물관리대장) 등본, ⑤ 매매, 증여, 교환 등의 원인으로 하여 소유권이전등기를 신청할 때: 계약서에 부동산의 소재지를 관할하는 시장·군수의 검인을 받아 제출, ⑥ 상속등기: 호적 등본(제적 등본) 제출, ⑦ 부동산의 과세 시가표준액이 일정

액(500만 원) 이상인 때: 소정의 주택채권을 매입 ⑧ 등기원인에 대하여 제3자의 허가·동의 또는 승낙을 받을 것이 요구되는 경우: 토지 등 거래계약허가증·농지매매증명 택지취득허가증 등 이를 증명하는 서면 첨부.

### 마. 등기필증을 분실했을 경우

종전에는 보증서를 첨부하였으나 지금은 등기의무자가 직접 등기소에 출석하거나, 변호사 또는 법무사가 본인임을 확인하거나, 등기신청서 또는 위임장에 공증인의 공증을 받아야 한다.

### 바. 등기부상 소유자의 주소나 성명이 잘못된 경우

등기부상 소유자의 주소가 틀리거나 변경된 때 이를 변경등기하려면 틀린 사실 또는 변경된 사실을 증명하는 시·구·읍·면장의 서면(예: 동일인 보증서)과 신청서 부본 2통이 필요하다. 또한 등기부상 소유자의 성명이 잘못 기재되어 이를 정정하려면 등기부의 기재가 잘못되었음을 증명하는 시·구·읍·면장의 서면(예: 호적 등본, 주민등록표 등본 등)이나 이를 증명할 수 있는 서면(예: 동일인 보증서)과 신청서 부본 2통이 필요하다.

**사.** 지상권, 지역권, 전세권, 저당권, 임차권 등의 설정등기를 신청하려면 소유권이전등기 시에 필요한 서류 중 검인계약서 등 대신에 원인관계를 증명하는 서류, 즉 지상권설정계약서, 저당권설정계약서 등이 필요하나, 신청서 부본과 등기의무자(설정자)의 주민등록등본은 불필요하다.

**아.** 등기는 법무사나 변호사의 도움을 받아서 하는 것이 편리하다. 이때는 따로 각 위임장이 필요함은 물론이다. 행정사는 등기절차를 대행할 수 없다.

# Ⅴ. 부동산등기특례제도

## 1. 부동산등기특별조치법의 제정

부동산등기제도는 등기라고 일컬어지는 특수한 방법으로 부동산에 관한 물권을 공시하는 제도이다. 따라서 등기는 그것에 의하여 부동산 위에 현재 어떠한 권리관계가 있는가를 알리기 위한 것이므로 등기된 권리관계와 실제의 권리관계를 일치시킬 필요가 있다. 특히, 등기제도의 근본목적이 부동산에 관한 권리관계의 공시에 있으므로 등기는 언제나 진실한 권리관계를 그대로 공시하여야만 한다.

그런데, 최근 들어 우리 사회에는 등기가 원칙적으로 당사자의 신청에 의하여 이루어지도록 되어 있는 점을 악용하여 등기신청을 아예 하지 않거나, 부실하게 하거나, 허위로 하는 방법 등을 통하여 부동산투기행위를 자행하고 있는 경우가 만연하고 있어 심각한 사회문제를 야기하게 되었다.

이에, 정부에서는 등기된 권리관계와 실제의 권리관계를 일치시킴으로써 등기제도 본래의 목적을 살리는 것을 법 제정의 기본방향으로 정하여 부동산 거래 시에는 반드시 등기신청을 하도록 하고 등기신청을 둘러싼 각종 탈법행위 등을 규정하는 것을 내용으로 하는 부동산등기특별조치법을 제정, 1990년 9월 1일부터 시행하고 있다(다만, 이 법은 1991년, 1995년, 1998년, 1999년, 2000년에 각각 개정되었다).

## 2. 부동산등기특별조치법의 주요내용

### (1) 소유권이전등기 신청의무

① 부동산 이전 거래 시에는 반드시 등기를 신청하여야 한다.(법 제2조 제1항)

부동산의 소유권이전을 내용으로 하는 계약을 체결한 자는 그 계약의 종류에 관계없이 반드시 등기신청을 할 수 있는 때로부터 60일 이내에 소유권이전등기를 신청하여야 한다. 따라서 매매와 같은 쌍무계약의 경우에는 상대방으로부터 이전등기관계 서류를 넘겨받을 때와 같이 반대급부의 이행이 완료된 날, 증여와 같은 편무계약의 경우에는 그 계약의 효력이 발생한 날로부터 각 60일 이내에 소유권이전등기를 신청하여야 한다.

② 소유권보존등기 신청의무가 부과될 경우도 있다.(법 제2조 제5항)

소유권 보존등기가 되어 있지 아니한 부동산에 대하여 소유권이전을 내용으로 하는 계약을 체결한 자는 다음에 정한 날부터 60일 이내에 소유권보존등기부터 먼저 신청하여야 한다.

　㉠ 부동산등기법에 의하여(제130조, 제131조) 소유권보존등기를 신청할 수 있었음에도 이를 하지 아니한 채 소유권이전계약을 체결한 경우에는 그 계약을 체결한 날

　㉡ 소유권이전계약을 체결한 후에 부동산등기법에 의한 소유권보존등기를 신청할 수 있게 된 경우에는 소유권보존등기를 신청할 수 있게 된 그날

③ 등기신청의무를 해태하면 과태료가 부과된다.(법 제11조)

위와 같은 등기신청의무를 상당한 사유 없이 이행하지 아니하면 해태한 날 당시의 그 부동산에 대한 등록세액의 5배 이하의 과태료를 부과하게 된다. 과태료는 원칙으로 등기를 함으로써 이익을 얻게 되는 등기권리자에게 부과하되 등기를 제때에 신청하지 못한 원인이 등기의무자의 책임 있는 사유에 의한 때에는 등기의무자에게 과태료가 부과된다.

## (2) 부실한 등기신청행위 등에 대한 형사처벌

① 등기원인 등을 허위로 기재하여서는 안 된다.(법 제8조 제2호, 제6조)

부동산의 소유권을 넘겨주고 넘겨받는 것을 목적으로 하는 계약을 체결한 사람이 그 원인을 허위로 기재하거나 소유권이전등기와 다른 등기를 신청해서는 안 되며, 이를 위반하면 3년 이하의 징역 또는 1억 원 이하의 벌금형에 처하도록 하고 있다. 따라서 토지를 매매한 자가 증여를 받은 것으로 하여 등기를 신청하거나 저당권설정등기를 신청하면 위와 같은 처벌을 받게 된다.

② 투기목적 등을 가지고 미등기전매를 하면 형사처벌을 받게 된다.(법 제8조 제1호, 제2조 제2항 · 제3항)

부동산의 소유권을 넘겨받을 것을 목적으로 하는 계약을 체결한 사람이 조세부과를 면하려 하거나, 다른 시점 간의 가격변동에 따른 이득을 얻으려 하거나, 소유권 등 권리변동을 규제하는 법령의 제한을 회피할 목적을 가지고 다음과 같은 기간 내에 전매계약을 체결하면 3년 이하의 징역이나 1억 원 이하의 벌금형을 받게 된다.

　㉠ 전매계약을 체결하기 전에 이미 원계약에 따른 등기신청을 할 수 있었던 경우: 원계약에 따른 소유권이전등기를 신청하지 아니하고 전매한 때

　㉡ 전매계약을 체결한 후 원계약에 따른 등기신청을 할 수 있게 된 경우: 전매계약 체

결 후 원계약에 따른 등기신청을 할 수 있게 된 날로부터 60일 이내에 소유권이전등기를 신청하지 아니한 때

③ 미검인 전매행위도 처벌된다.(법 제9조 제1호, 제4조)

상대방과 계약을 맺어 그로부터 부동산에 대한 소유권을 넘겨받게 되어 있는 사람은 그 계약서에 검인을 받지 아니한 상태에서 다시 제3자와 그 부동산의 소유권을 넘겨주는 것을 내용으로 하는 계약이나 당사자의 지위를 이전하는 계약을 체결할 때에는 1년 이하의 징역 또는 3천만 원 이하의 벌금형에 처한다.

### (3) 탈법행위 방지를 위한 제도 보완

① 계약서에 검인을 받아야만 소유권이전등기를 신청할 수 있다.

계약을 원인으로 소유권이전등기를 신청할 때에는 반드시 검인을 받은 계약서를 제출하여야 하며, 확정판결 등에 의하여 소유권이전등기를 하려고 하는 경우에도 그 판결서 등에 검인을 받아 제출하여야 한다.

② 허가서 등도 반드시 제출하여야 한다.(법 제5조)

부동산을 취득하기 위하여 행정관청으로부터 허가를 받아야 하거나 신고를 하여야 하는 경우에는 등기신청 시에 반드시 그 허가(신고)를 증명하는 서면을 함께 제출하여야 등기가 가능하며, 확정판결이나 그와 같은 효력이 있는 조서 등에 의하여 등기를 하려고 하는 경우에도 마찬가지이다.


## VI. 부동산실명제도


### 1. 의의

부동산실명제도란 부동산에 관한 물권(소유권, 전세권, 지상권 등)은 반드시 실제 권리자의 이름으로만 등기하도록 하는 제도이다. "부동산실권리자명의등기에관한법률(부동산실명법, 1995년 제정, 1996년, 1997년, 1998년, 1999년, 2002년 개정)"에서 규제하고 있는 대상은 '명의신탁(名義信託)'과 '장기미등기(長期未登記)'이다. '명의신탁'은 실질적으로는 자신이 보유하

고 있는 부동산을 다른 사람의 이름을 빌려 등기하는 것을 말한다. '장기미등기'는 매매나 증여에 의하여 부동산을 취득하고도 등기를 이전하지 않은 채로 원소유자 앞으로 장기간(3년 이상) 방치하여 두는 것을 말한다.

## 2. 부동산실명제도의 도입배경

명의신탁은 부동산을 남의 이름을 빌려 등기함으로써 부동산투기, 세금탈루 또는 재산을 감추는 수단으로 이용되어 각종 부정과 부조리의 원인이 되어 왔다. 부동산실명제는 부동산에 관한 권리는 반드시 자신의 이름으로 등기하도록 함으로써, 명의신탁을 이용한 부동산투기를 없애서 부동산거래질서를 바로잡는 한편 각종 부정·부조리를 제거하고 부동산가격 안정에도 기여하도록 하기 위해 도입된 제도이다.

## 3. 실권리자명의 등기의무

### (1) 주요내용

부동산실명법 시행일인 1995년 7월 1일 이후에는 모든 부동산에 관한 물권은 명의신탁을 이용하여 다른 사람의 이름으로 등기할 수 없고 반드시 실권리자(實權利者)의 명의로만 등기하도록 의무화되었다. 다만, 다음의 경우는 명의신탁에 해당되지 않는다.

① 채무의 변제를 담보하기 위하여 채무자의 부동산에 가등기를 설정하거나, 부동산에 관한 물권을 채권자가 이전받는 양도담보(讓渡擔保)의 경우

② 부동산의 위치와 면적을 특정하여 2인 이상이 구분소유하기로 하는 약정을 하고 그 구분소유자의 공유로 등기하는 경우

③ 신탁법과 신탁업법에 의해 신탁재산인 사실을 등기하는 경우

④ 종중 부동산의 명의신탁 또는 부부간의 명의신탁에 의해 등기를 한 경우에는 조세를 포탈하거나 강제집행 또는 법령상 제한을 회피하기 위한 목적이 아닌 경우

### (2) 설명등기의무 위반 시의 벌칙

① 다른 사람의 이름을 빌려 등기한 실권리자인 명의신탁자에 대해서는 과징금(부동산사

약의 30%)이 부과된다.

② 과징금 부과 후에도 실명으로 등기하지 않은 경우는 과징금 부과 후 1년 경과 시 10%, 2년 경과 시 다시 20%의 이행강제금이 각각 부과된다.

③ 명의신탁자에게는 5년 이하의 징역 또는 2억 원 이하의 벌금이 부과되고, 이름을 빌려준 명의수탁자에게는 3년 이하의 징역 또는 1억 원 이하의 벌금이 부과된다. 명의신탁행위를 교사(敎唆)하거나 방조(幇助)한 자에 대해서도 형사처벌이 부과된다. 형사처벌은 1995년 7월 1일 이후 명의신탁을 한 경우만 적용되고, 1995년 6월 30일 이전 명의신탁한 부동산인 경우에는 유예기간 동안 실명전환하지 않더라도 형사처벌은 하지 아니하나 소정의 과징금은 부과된다.

## 4. 명의신탁약정의 효력

### (1) 주요내용

명의신탁을 하는 경우 명의신탁자와 명의수탁자 간의 명의신탁을 하기로 한 약정은 무효가 되고, 명의신탁약정에 의해 이루어진 등기도 무효가 된다. 다만, 부동산을 매도한 사람이 명의수탁자를 진정한 매수인으로 알고 계약을 체결한 경우(계약명의신탁)는 등기가 유효한 것으로 인정된다. 또한, 명의수탁자가 부동산을 제3자에게 양도하였다면 제3자가 명의신탁이 있었던 사실을 알았든 몰랐든 관계없이 명의신탁자는 자신의 권리를 주장할 수 없게 된다. 즉, 종전에 판례로 인정되어 오던 명의신탁은 부동산실명법 시행 후에는 무효화되기 때문에, 명의신탁자의 재산권은 보호받기 어렵게 된다.

### (2) 명의신탁 종류별 효력

① 등기명의신탁(3자 간)

부동산을 매도하는 사람이 명의신탁자가 원소유자임을 알고 있지만 등기는 명의수탁자 앞으로 이전해 준 경우이다. 이때는 명의신탁약정과 등기가 모두 무효가 되므로, 명의신탁자는 명의수탁자에게 자신의 권리를 주장할 수 없다.

부동산은 원소유자(매도자)에게 귀속되며, 명의신탁자는 형사처벌과 과징금을 부과받고, 매도자에게 소유권이전등기를 청구할 수 있다. 명의신탁자가 부동산을 되찾을 수 있을지 여부는 최종적으로 법원의 판결에 의하여 결정된다.

② 등기명의신탁(2자 간)

명의신탁자가 소유하던 부동산을 매매 또는 증여를 가장하여 명의수탁자 이름으로 등기한 경우다. 이때도 명의신탁약정과 등기가 모두 무효가 되므로, 명의신탁자는 형사처벌과 과징금을 부과받고 명의수탁자에 대하여 소유권이전등기 말소를 청구할 수 있다. 명의신탁자가 부동산을 되찾을 수 있을지 여부는 최종적으로 법원의 판결에 의하여 결정된다.

③ 계약명의신탁(3자 간)

부동산을 매도한 사람이 명의수탁자를 진정한 매수인으로 알고 계약을 체결하여 등기를 이전해 주었으나 실권리자는 다른 사람인 경우다. 이때는 명의신탁약정은 무효가 되어 명의신탁자가 명의수탁자에게 자신의 권리를 주장할 수 없게 된다. 등기는 유효한 것으로 인정되기 때문에 부동산을 명의수탁자에게 귀속된다.

## 5. 기존 명의신탁의 실명화

### (1) 주요내용

1995년 6월 30일 이전 부동산을 다른 사람의 이름을 빌려 등기해 놓은 명의신탁의 경우는 유예기간(1995년 7월 1일~1996년 6월 30일) 내에 실권리자 명의로 실명전환해야 한다. 또한, 명의신탁자가 부동산명의를 명의수탁자 앞으로 둔 상태로 유예기간 내에 다른 사람에게 매각하여 직접 등기를 이전하여도 된다.

### (2) 유예기간 이후 적발된 실명 미전환 부동산 처리

부동산가액의 30% 범위 내에서 과징금 및 이행강제금이 부과된다. 부동산의 가액, 의무 위반기간, 위반동기 등을 고려하여 구체적인 부과액수를 결정한다. 과징금 부과 후에도 실명등기를 하지 않는 경우 1년 경과 시 10%, 2년 경과 시 20%에 해당하는 이행강제금을 부과한다.

### (3) 예외 및 특례

① 종교단체와 향교 등의 경우, 종단과 개별종교단체 간의 명의신탁부동산과 종교단체, 향교 등이 제3자의 이름으로 명의신탁한 고유목적을 위해 사용하는 농지는 실명전환하지 않아

도 된다.

② 부동산에 관한 소송이 제기된 경우에는 확정판결이 있는 날로부터 1년으로 유예기간이 연장된다.

## 6. 장기(長期) 미등기자에 대한 벌칙

가. 현재 부동산을 취득하고 매도인으로부터 등기를 이전하지 않는 경우 60일이 지나면 등록세액의 5배까지 과태료가 부과되도록 부동산등기특별조치법에 규정되어 있다.

나. 부동산실명법은 이에 추가하여 취득일로부터 3년 내에 등기를 이전해 오지 않을 경우(장기미등기)는 명의신탁의 경우와 같이 과징금·이행강제금·형사처벌을 부과하도록 하고 있다. 다만, 취득일이 1995년 6월 30일 이전인 경우는 1995년 7월 1일부터 3년의 기간이 시작된다.

## 7. 종전에 누락된 세금의 처리

가. 명의신탁한 부동산을 실명으로 전환하는 과정에서 누락된 세금이 밝혀지는 경우 원칙적으로 모두 추징한다. 다만, 명의신탁한 부동산이 1건이고 그 가액이 5천만 원 이하인 경우에는 (1) 종전에 1세대 1주택 취급을 받아 비과세 받은 양도소득세와 (2) 조세회피의 목적으로 명의신탁을 하는 경우 증여로 간주되어 부과되는 증여세를 추징하지 않는 특례가 인정된다.

나. 또한, 법인의 경우 실명전환한 부동산이 비업무용 부동산이나 유예기간 내에 업무용으로 사용하는 경우에는 취득세 7.5배 중과규정의 적용이 배제된다.

## 자기와의 싸움

세상에서 철저히 버림받은
나는 그때 벼랑 끝을 경험했다.
모든 것이 끝났다고 생각하는 순간 오히려
모든 것으로부터 자유로워지는 경이로운 경험을 한 것이다.
벼랑 끝까지 내몰린 사람만이 스스로 날아오를 수 있는 날개가
자기 안에 있다는 것을 깨닫는 것과 같은 경지였다.
'날개 한번 펼쳐보지 못하고 이대로 굶어 죽을 수는 없다.'
나는 더 이상 반 평도 안 되는 침대 위에 갇혀서
절망하며 지내지 않기로 했다.

─김민철의 『나는 나를 넘어섰다』 중에서─


\* 가장 어려운 것이 자기와의 싸움입니다.
아무리 돌고 돌아도 마지막 승부는 결국
자기와의 싸움에서 납니다.
내가 나를 넘어서지 못하면,
그 밖에 다른 어떤 것도 결코 넘어설 수 없습니다.
그래서 절대 고독을 견디며 기도도 하고 명상의 시간도 갖는 것입니다.

## 부동산거래에 있어서 내용증명제도와 소액심판제도

부동산거래사고가 발생하는 경우에 보통 상대방에게 최고장의 형태로 내용증명서를 보내고, 사건이 경미하여 소액인 경우에는 소액사건심판제도에 의하여 해결하기도 한다. 이에 따른 부동산에 대한 강제집행과 동산 및 채권에 대한 강제집행절차에 대하여 살펴보고, 채무자의 재산관계명시제도 및 가압류·가처분제도에 대하여 검토한다.

## Ⅰ. 내용증명우편제도

### 1. 내용증명의 의의

내용증명이란 발송인이 수취인에게 어떤 내용의 문서를 언제 발송하였다는 사실을 우체국에서 공적으로 증명하는 등기취급 우편제도이다. 내용증명은 개인 상호간의 채권·채무관계나 권리의무를 더욱 명확하게 할 필요가 있을 때 주로 이용되고 있다. 예컨대 주택임대인이 보증금을 돌려주지 않는 경우, 임대차 계약 사실, 그 기간이 종료되었음과 돌려받아야 할 보증금의 액수를 적어 내용증명우편으로 발송한다. 이후에도 임대인이 보증금을 돌려주지 않는다면 소를 제기하여 소송절차로 진행되거나 조정절차가 진행될 수 있다.

## 2. 작성요령

① 먼저 A4용지(210×297㎜)에 한쪽 면만을 사용하여 상대방에게 알리고자 하는 내용을 6하 원칙에 따라 작성한다.

② 이때 작성하는 내용을 내용문서라고 하는데 내용문서는 한글 또는 한자로 자획을 명료하게 기재한 문서인 경우에 한하여 취급이 가능하며 공공의 질서 또는 선량한 풍속에 반하는 내용문서는 취급하지 아니한다.

③ 내용문서 작성 시 문자나 기호를 정정·삽입 또는 삭제할 때에는 '정정'·'삽입' 또는 '삭제'의 문자와 정정·삽입 또는 삭제한 글자 수를 난외의 빈자리나 끝 부분 빈 곳에 기재하고 그곳에 발송인의 인장이나 지장을 찍어야 한다. 이때 정정 또는 삭제된 문자나 기호를 명확하게 알아볼 수 있도록 그 자체를 남겨두어야 한다(지금은 컴퓨터나 워드프로세서를 이용하여 문서를 작성하는 것이 보통이므로 고친 흔적이 없이 깨끗이 작성하는 것이 좋다). 그리고 내용문서의 서두나 끝 부분에는 발송인 및 수취인의 주소·성명을 반드시 기재하여 누가 누구에게 발송한 내용문서임을 확실히 나타내야 한다.

## 3. 발송절차

① 내용문서의 작성이 완료되면 원본과 원본을 복사한 등본(내용문서의 매수가 2매 이상일 경우에는 합철한 부분에 발송인의 인장이나 지장으로 각각 계인) 2부를 함께 우체국 접수창구에 제출한다. 만약 발송인이 내용문서의 성질상 원본을 보내기 어려울 경우에는 복사한 등본 3부만을 제출하여도 된다.

② 내용문서 원본과 복사된 등본 2통에 대하여 소정의 증명절차가 끝나면 원본을 수취인에게 발송하여야 한다. 수취인에게 보낼 원본은 내용문서에 기록된 발송인 및 수취인의 주소·성명을 동일하게 기재한 봉투에 넣고 우체국 취급 직원이 보는 곳에서 이를 봉함하여 등기접수하면 된다.

## 4. 이용범위 및 재증명청구

① 내용증명취급은 국내우편의 특수취급이기 때문에 외국으로 발송하는 우편물에는 이용할 수 없다. 다만 국내에 거주하는 외국인에게 국내우편물로서는 발송이 가능하다.

② 내용증명우편물 발송 후 발송인이나 수취인이 내용문서의 등본이나 원본을 분실하였거나 새로운 등본이 필요할 때에는 당해 내용증명우편물을 발송한 다음 날로부터 3년까지는 발송우체국에서 내용증명의 열람이나 재증명을 청구할 수 있다.

## 5. 이용 시 유의사항

① 내용증명은 단지 내용과 발송 사실만을 우편관서에서 증명해 줄 뿐이고 법적 효력은 사법기관의 판단사항이므로 내용증명 발송만으로 법적 효력이 인정되는 것은 아니다.

② 내용증명은 본안소송 제기에 앞서 의무의 이행을 촉구하거나 증거력을 확보하기 위한 수단 등으로 개인 상호간에 주로 이용되고 있는 것이다.

# II. 소액심판제도

## 1. 제도의 취지

일반 민사소송을 하려면 처음 소장을 쓰는 것부터 끝날 때까지의 절차가 어려워 변호사나 법무사의 도움 없이는 스스로 하기 어렵고, 비용이 많이 들고 시일도 오래 걸리기 때문에 재판을 꺼리는 수가 많았다. 2,000만 원을 초과하지 아니하는 금전지급을 목적으로 하는 청구(대여금, 물품대금, 손해배상청구)와 같이 비교적 단순한 사건에 대하여 보통재판보다 훨씬 신속하고 간편하며 경제적으로 재판을 받을 수 있게 만든 것이 이 제도이다. 우리나라에서는 1973년 소액사건심판법을 제정한 후, 1990년, 2001년, 2005년에 각각 개정하여 오늘에 이르고 있다.

## 2. 간편한 소송 제기

법원 종합민원실 또는 민사과에 가면 누구나 인쇄된 소장서식 용지를 무료로 얻어서 해당 사항을 써 넣으면 소장이 되도록 마련되어 있고, 그것마저 쓸 수 없는 사람은 법원 직원에게 부탁하여 무료로 대서까지 받을 수 있다.

원고와 피고 쌍방이 임의로 법원에 출석하여 진술하는 방법으로도 소제기가 가능하다.

## 3. 신속한 재판

① 소장을 접수하면 즉시 변론기일을 지정(보통 30일 이내)하여 알려준다.

② 재판도 단 1회로 끝내는 것을 원칙으로 하므로 당사자는 모든 증거를 최초의 변론기일에 제출할 수 있도록 준비하여야 한다.

③ 재판에 불출석하면 즉시 불리한 결과가 닥친다. 피고가 불출석하고 답변서도 내지 않으면 즉석에서 원고에게 승소판결이 선고되고, 원고가 두 번 불출석하고 그 후 1개월 내에 기일지정의 신청을 하지 아니하면 소송은 취하된 것으로 간주될 수 있다.

④ 일반적인 민사소송절차에서는 당사자나 소송대리인이 증인신문을 하게 되지만, 소액사건에서는 판사가 증인을 신문한다. 그리고 당사자는 판사의 허락을 얻어 증인신문을 할 수 있을 뿐이다. 또 판사가 합당하다고 인정하는 때에는 증인신문을 하지 않고 증언할 내용을 기재한 서면을 제출하게 할 수 있다.

⑤ 1955년 9월 1일부터는 시·군 법원이 설치되어, 시·군 법원 관할 소액사건에 대해서는 소장을 지방법원이나 지원에 제출해서는 안 되고 시·군 법원에 제출해야 한다.

## 4. 소송대리의 특칙

일반적으로 재판은 변호사가 아니면 소송을 대리할 수 없는데, 소액사건의 경우에는 변호사가 아니라도 당사자의 배우자, 부모, 자녀, 형제자매 등이 법원의 허가 없이 대리하여 소송을 할 수 있다. 이때는 위임장과 호적 등본 또는 주민등록등본을 제출하여야 한다.

## 5. 이행권고 제도

① 법원은 소액사건의 소가 제기된 경우에는 결정으로 피고에게 원고의 청구의 취지대로 이행을 할 것을 권고할 수 있다. 종래에는 피고가 원고의 청구를 다투지 아니하는 사건에서도 원고가 변론기일에 출석해야 했으나, 이행권고제도가 도입되면서 피고가 다투지 아니하는 사건에 대해서는 원고가 법정에 출석할 필요가 없게 되었다.

② 피고는 이행권고결정 등본을 송달받은 날부터 2주일 안에 이의신청을 할 수 있고, 이행권고결정 등본을 송달받은 피고가 이의신청을 하지 않거나 이의신청이 취하 또는 각하된 때에는 이행권고결정이 확정판결과 동일한 효력을 가지게 된다. 이행권고결정에 기한 강제집행은 원칙적으로 별도의 집행문을 부여받지 않고도 이행권고결정정본에 의하여 간이하고 신속하게 집행할 수 있다.

# Ⅲ. 금전채권에 관한 강제집행절차

## 1. 제도의 취지

빌려 준 돈이나 상품대금 등 돈을 받을 권리가 있으나 채무자가 임의로 변제하지 않는다고 하여 함부로 채무자의 금품을 훔치거나 빼앗는 것은 허용되지 않는다. 말하자면 채무자가 돈을 임의로 갚지 않을 경우 채권자로서는 어떻게 할 방법이 없는 것이다. 그래서 국가가 정해진 법절차에 따라 채권자를 대신하여 강제로 돈을 받아 주는 절차가 있는데 이것이 강제집행절차인 것이다.

## 2. 집행권원 확보

강제집행을 할 수 있는 권리를 인정해 주는 공적인 문서가 집행권원이다. 집행권원의 대표적인 것이 '피고는 원고에게 돈 천만 원을 지급하라.'는 식의 이행명령이 기재된 확정된 승소판결이다. 그 외에 가집행선고가 붙은 미확정판결, 인낙조서, 화해조서, 조정조서, 지급명령,

공정증서 등도 집행권원이 된다.

## 3. 집행문 부여

위와 같은 집행권원에 '위 정본은 피고 ○○○에 대한 강제집행을 실시하기 위하여 원고 ○○○에게 부여한다.'는 취지를 기재하고 법원 직원이나 공증인이 기명날인하는 것이 집행문 부여이다. 다만 공증인은 공정증서에 대하여만 집행문을 부여할 수 있다.

집행문은 집행권원을 가지고 제1심법원이나 공증인사무소에 가서 신청하면 간단히 처리해 준다. 이때 법원의 경우는 500원 상당의 인지를 붙여야 하고 공증인의 경우는 2,000원의 수수료를 납부하여야 한다.

본래의 원고나 피고가 사망하여 그 상속인이 집행을 하거나 상속인에 대하여 집행을 하려면 판결문에 표시된 원·피고와 실제 집행하려는 사람이 다르기 때문에 상속인임을 알 수 있는 호적 등본을 첨부하여 신청함으로써 승계집행문을 부여받아야 한다.

## 4. 유체동산에 대하여 강제집행할 때

### 가. 집행관에의 위임

위와 같은 관계서류를 갖추어 관할법원에 속하는 집행관사무실에 찾아가서 집행을 위임하여야 한다. 위임장은 인쇄된 용지를 쓰는데 보통 그곳에서 대서까지 해 준다. 집행비용은 예납하여야 한다.

### 나. 압류

동산이 있는 현장에 가서 압류를 해야 하므로 사전에 집행관과 협의하여 시간을 정해 현장까지 안내하고, 채무자가 일부러 피한다든지 하여 현장에 없는 경우도 많으므로 참여인이 될 성인 2명을 미리 확보하는 것이 좋다.

### 다. 경매

압류물이 현금이면 직접 채권에 충당할 수 있으나 다른 것이면 경매하여 현금화해야 한다.

압류 후 보통 1개월쯤 지나 경매기일이 지정되는데 채무자가 자진 변재하면 강제집행의 위임을 취하할 수 있고 따로 타협이 되면 경매기일을 연기할 수도 있다. 경매기일에는 채권자가 나가지 않아도 되지만 채권도 경락인이 될 수 있으므로 경매기일에 나가 보는 것도 좋은 방법이다.

### 라. 배당

채권자가 여러 명이고 경매대금으로 모든 채권을 충족시키지 못하면 먼저 채권자들 사이에 협의를 하여 협의가 성립되면 집행관이 이에 따라 분배, 지급하고, 협의가 안 되면 법원이 법에 의하여 우선변제를 받을 수 있는 채권자에게 우선적으로 지급하고 그 후 일반 채권자들의 채권액에 비례하여 분배, 지급하게 된다.

강제집행을 한 채권자라도 우선변제권이 있는 것이 아니므로 뒤에 배당신청을 해 온 채권자와 동등하게 취급된다.

## 5. 채권에 대하여 강제집행할 때

### 가. 압류명령신청

채무자가 은행에 예금이 있다든지 제3자에게 돈을 받을 것이 있다든지(대여금 채권) 하는 경우에는 관할법원에 압류명령을 신청한다.

### 나. 압류명령

법원은 압류명령을 발하여 '제3채무자인 은행 등은 채무자에게 지급해서는 안 된다.'는 지급금지명령을 내리게 된다.

### 다. 추심명령 또는 전부명령

채권자는 추심명령을 신청하여 채무자 대신 은행 또는 제3자로부터 돈을 받을 수 있거나(이때는 다른 채권자가 배당요구 가능) 또는 전부명령을 받아 채권 자체를 이전받을 수 있다. 압류명령과 추심명령, 압류명령과 전부명령을 같이 신청하는 것이 보통이다.

## 6. 부동산에 대하여 강제집행할 때

### 가. 강제경매신청

채무자가 부동산을 소유하고 있으면 관할법원에 부동산 강제경매신청서를 제출한다.

### 나. 경매개시결정

법원은 경매개시결정을 하고 이 사실을 부동산등기부에 기재함으로써 부동산을 압류한 효과가 생긴다.

### 다. 입찰

입찰기일공고를 거쳐 입찰기일이 지정되고 입찰기일에 매수 신청인이 서면으로 매수가격을 신청하면 집행관은 그중 최고가격을 신청한 사람을 매수인으로 정한다.

### 라. 배당

동산의 경우와 같으나, 채권자들 사이에 협의를 하는 절차가 없고, 바로 법원이 배당을 한다.

## 7. 재산관계의 명시제도

① 채무자가 확정판결, 화해·조정조서, 확정된 지급명령 등에 의한 금전채무를 임의로 이행하지 아니하는 때에는 채권자는 집행력 있는 정본과 강제집행을 개시함에 필요한 서류를 첨부하여 법원에 채무자의 재산관계의 명시를 요구하는 신청을 할 수 있다.

② 채무자는 법원의 명령이 있는 경우 법원이 정한 기일에 현재의 재산과 1년 이내에 한 일정한 거래행위와 2년 이내에 한 재산상의 무상처분을 명시한 재산목록을 제출하여야 하고, 동시에 그 재산목록이 진실함을 법관 앞에서 선서하여야 한다.

③ 다만, 채무자가 3개월 이내에 채무를 갚을 수 있음을 소명한 때에는 그 제출을 3개월 범위 내에서 연기할 수 있고 연기된 기일까지 채무액의 3분의 2 이상을 갚을 때에는 다시 1개월 범위 내에서 연기할 수 있다.

④ 채무자가 정당한 사유 없이 기일에 법원에 출석하지 아니하거나 재산목록의 제출을 거부한 때, 또는 선서를 거부하거나 허위의 재산목록을 제출한 때에는 3년 이하의 징역이나

500만 원 이하의 벌금에 처한다.

⑤ 채무자가 회사나 단체인 때에는 그 행위자인 대표자나 관리인이 위와 같은 처벌을 받는 이외에 그 회사나 단체도 벌금형을 받게 된다.

## 8. 채무불이행자명부제도

① 채무자가 금전의 지급을 명한 판결 또는 지급명령이 확정되거나 화해 · 조정조서 등이 작성된 후 6개월 이내에 채무를 이행하지 아니하거나 법원의 명령에도 불구하고 재산목록의 제출을 거부 또는 허위의 목록을 제출하는 등의 사유가 있는 때에는 채권자는 채무자를 채무불이행자명부에 등재하도록 법원에 신청할 수 있다.

② 그 신청에 따라 법원이 채무불이행자명부에 등재하는 결정을 한 때에는 등재 후 그 명부를 법원에 비치함은 물론 그 부본을 채무자의 본적지(법인인 때에는 주된 사무소의 소재지) 시 · 구 · 읍 · 면의 장에게 송부하게 된다.

③ 채무불이행자명부는 인쇄물로 공표하지 아니하는 한 누구든지 열람 · 등사가 가능하며 채무가 모두 소멸된 것이 증명되어 법원의 말소결정이 있기까지 비치 · 공개되게 된다.

## Ⅳ. 가압류 · 가처분제도

### 1. 보전(保全)절차의 필요성

사회생활을 하다 보면 가령 채무자가 빚을 갚을 능력이 있으면서도 있는 재산을 전부 처분한 후 빚을 갚지 않으려고 하거나 주택을 매수하여 잔금까지 지불했는데도 집을 판 사람이 다시 그 집을 다른 사람에게 판 후 도망가려고 하는 경우가 있을 수 있다. 이러한 경우 채권자가 소송을 제기하여 승소한 뒤에 그 판결의 확정을 기다려 집행을 하기까지는 많은 시간이 걸리게 되고 그 사이에 채무자가 그가 가진 재산을 모두 처분하는 경우에는 채권자가 재판에 이기고도 집행을 하지 못하여 많은 손해를 입게 된다. 이와 같이 채권자의 권리를 확보하기 위하여 재판확정 전에 채무자가 그의 재산을 처분하지 못하도록 임시로 채무자의 재산을 묶어 두는 절차가 가압류·가처분이다.

## 2. 가압류·가처분의 의의

가압류란 금전채권이나 장차 금전채권으로 될 수 있는 청구권에 관하여 후일의 강제집행을 보전하기 위한 임시조치이고, 가처분이란 분쟁의 대상이 되고 있는 물건에 대하여 후일의 강제집행을 보전하기 위하여 임시로 행하는 처분을 말한다(그 외에 임시의 지위를 정하는 처분도 있다).

가압류·가처분은 종국적인 판결, 즉 승패가 날 때까지의 임시조치이므로 앞에 '가' 자를 붙인 것이고, 채권자의 신청만을 가지고 법원이 단시일 내에 결정을 내리는 것이 보통이다.

대부분의 경우 가압류, 가처분에 앞서 담보를 제공하게 하는데, 신청인은 법원의 허가를 받아 보증보험회사와 지급보증위탁계약을 체결한 문서를 담보로 제공할 수 있다.

## 3. 가압류·가처분의 종류

① 부동산 가압류
채무자의 특정부동산(토지, 건물)을 함부로 처분할 수 없도록 가압류한다.
② 유체동산 가압류
채무자의 유체동산(냉장고, 텔레비전 등)을 함부로 처분할 수 없도록 가압류한다.
③ 채권 가압류
채무자가 다른 사람으로부터 받을 돈을 받지 못하도록 채권을 가압류한다.
④ 부동산점유이전금지 가처분
채무자가 분쟁의 대상이 된 부동산의 점유를 다른 사람에게 이전하지 못하도록 한다.
⑤ 부동산처분금지 가처분
채무자가 분쟁의 대상이 된 부동산을 매매, 양도하는 등의 처분을 못하도록 한다.

## 4. 유의사항

이와 같은 가압류·가처분은 신속히 처리되므로 많이 이용되고 있으며 가압류·가처분만으로도 소송까지 가지 않고 분쟁이 해결되는 일이 자주 있어 많이 이용되고 있다. 그러나 그 신청방법이나 신청 후의 조치, 상대방 채무자의 이의 등으로 법률상 어려운 일이 많이 있으므로 가압류·가처분은 대단히 좋은 제도이기는 하나 전문가인 변호사에게 의뢰하여 처리되도록 하는 것이 바람직하다.

## 5. 공무상표시무효죄

형법은 공무원이 그 직무에 관하여 실시한 강제처분을 보호하기 위하여 이를 침해하는 행위를 처벌하고 있다.

예를 들면 집행관이 가압류한 물건을 처분한 경우 또는 물건에 붙여 놓은 가압류표시가 기재된 종이쪽지를 찢어버린 경우, 출입이 금지된 압류표시를 무시하고 토지에 들어가서 경작을 한 경우 등이 이에 해당된다. 또한 당구장을 압류하되 채무자로 하여금 현상을 유지하는 것을 조건으로 그 사용이 허용되었는데 채무자가 이를 무시하고 음식점으로 개조하여 사용하는 경우 등도 처벌을 받게 된다.

☞ **가압류와 압류**

### 1. 가압류

### (1) 의의

가압류란 금전채권이나 금전으로 환가할 수 있는 채권에 대하여 동산 또는 부동산에 대한 강제집행을 보전하기 위하여 채무자의 재산을 잠정적으로 압류하여 확보하는 절차를 말한다. 채권자가 채무명의를 얻고 강제집행을 하기까지에는 상당한 시간을 요함으로 그동안의 채무자의 재산의 일실(逸失)을 방지함으로써 장래의 강제집행을 실효성 있게 하는 절차이다.

이는 가처분과 더불어 보전소송의 일종으로 이 절차는 가압류명령을 발하는 가압류소송과 가압류명령에 의거하여 집행하는 가압류명령으로 구분된다.

### (2) 가압류소송

가압류명령을 발하는 요건으로서는 피보전청구권이 금전채권 또는 금전으로 환산할 수 있는 채권일 것과 장래에 있어서의 집행의 불능 또는 현저하게 곤란하게 될 염려가 있을 경우에 인정된다.

가압류법원은 가압류할 물건의 소재지를 관할하는 지방법원 또는 본안의 관할법원이며, 이 관할은 전속관할이다. 다만, 급박한 경우에는 재판장도 가압류명령을 발할 수 있다. 이 심리는 임의변론주의에 의하여 채권자의 청구나 기타 모든 소명으로 충분한 것으로 간이·신속화를 도모하기 위하여 인정된다.

이 재판에 대한 불복신청제도로서는 판결에 대해서는 상소를, 결정에 대해서는 이의신청을, 가압류신청각하결정에 대하여서는 항고를 할 수 있다.

### (3) 가압류집행

가압류명령의 집행절차는 강제집행의 규정에 준하여 행하여지지만, 집행문의 원칙적 불요, 가압류명령 송달 전의 집행가능, 집행기간의 제한, 원칙적으로 압류단계로 그치고 환가절차까지는 들어가지 않는 것이다.

### (4) 가압류명령

가압류신청에 대하여 이를 인용하고 가압류를 허가하는 재판, 가압류집행을 위한 채무명의(집행명의)가 된다. 변론을 거치느냐 거치지 않느냐에 따라서 판결의 형식을 취하기도 하고, 결정의 형식으로 하기도 하는데, 판결의 경우에는 선고에 의하여 효력이 발생하지만, 결정의 경우에는 당사자에게 송달함으로써 고지한다.

☞ **채무명의/집행권원**

국가의 강제력에 의하여 실현될 청구권의 존재와 범위를 표시하고 또한 집행력이 부여된 공정증서(공정증서)를 말한다. 이를 집행명의라고도 한다. 사법상(사법상)의 청구권은 채무명의로 형성됨으로써 비로소 강제집행의 기초가 된다. 채무명의가 되는 것은 주로 재판 및 재판에 준하는 효력을 인정하게 된다.

## 2. 압류

### (1) 의의

금전채권에 대한 강제집행의 제1단계로서 집행기관이 채무자의 재산을 확보하고 채무자의 처분권을 제한하는 강제적 행위를 말한다.

### (2) 압류방법

압류방법은 집행의 목적물인 재산의 종류가 다름에 따라서 차이가 있다. 유체동산의 압류는 집달관이 그 물건을 점유함으로써 하고, 채권 및 그 밖의 재산권의 압류는 집행법원의 압류명령(어음·수표 기타 지시채권의 압류는 집달관이 그 증권을 점유하여야 한다)·부동산·선박의 강제경매에서는 집행법원의 경매개시결정, 부동산의 강제관리개시결정에 의하여 행하여진다.

### (3) 압류의 효력

압류의 효력은 목적인 재산을 국가의 점유로 옮겨 놓고 채무자는 그 처분권을 금지당하는 것이다. 그리고 압류의 효력은 과실·종물·종된 권리·담보물에도 미친다.

### (4) 행정법상의 압류

국세체납처분의 1단계로서 체납자가 독촉을 받고 그 기한까지 세금을 완납하지 않을 경우에 채무자의 재산처분을 금지하고 이것을 확보하기 위하여 행하여지는 강제행위를 말한다. 절차는 민사소송법에 비하여 간편하여 행정기관 스스로가 이것을 행할 수 있다.

### (5) 형사소송법상의 압류

압수의 일종으로서 증거물 또는 몰수해야 할 물건이라고 사료되는 것을 강제적으로 취득하는 재판 및 그 집행을 말한다. 강학상 압수 중에는 강제적으로 점유를 취득하는 경우를 압류라 하고 유류물 또는 임의로 제출된 물건에 대한 경우를 영치라고 하는데 그 효과는 동일한 것이므로 양자를 통일적으로 칭하여 압수라고 한다.

## ☞ 가처분

### (1) 의의

가처분이란 권리의 실현이 소송의 지연이라든가, 강제집행을 면하기 위한 채무자의 재산은익 등으로 위험에 처해 있을 경우 그 보전을 위하여 그 권리에 관한 분쟁의 소송적 해결 또는 강제집행이 가능하게 될 때까지 잠정적·가정적으로 행해지는 처분을 말한다. 가압류와 더불어 보전소송의 일종이다. 가처분명령을 발하는 소송절차와 그 집행절차로 구분된다.

### (2) 민사소송법상의 가처분

계쟁물에 관한 가처분과 임시의 지위를 정하는 가처분이 있다. 즉, 금전채권 이외의 특정물의 급부·인도 그 밖의 특정의 급부를 목적으로 하는 청구권의 집행보전이 계쟁물에 관한 가처분이고, 다툼이 있는 권리관계에 대하여 임시의 지위를 정하는 것을 목적으로 하는 것이 임시지위를 정하는 가처분이다. 그 절차는 가압류에 관한 규정이 준용되고, 특별한 경우에만 규정이 설정되어 있다. 가처분의 명령은 피보전채권 및 가처분의 이유가 존재하고 또한 가처분조각 사유가 없는 경우에 발하여진다.

가처분의 명령은 원칙적으로 본안의 관할법원에 전속하나, 급박한 경우에 한하여 계쟁물 소재지의 지방법원 또는 재판장도 발할 수 있다. 가처분명령의 재판의 내용은 그 성질상 다양하여 법원의 자유재량에 의하여 신청의 목적을 달성하는 데 필요한 처분을 정할 수 있다. 가처분의 집행절차도 가압류의 집행절차에 준하나, 집행방법은 가처분명령의 다양성에 비추어 이에 따라 여러 방법이 취하여진다.

### (3) 특별법상 가처분

가등기권리자의 가처분(부동산등기법 제38조), 회사 이사의 직무집행정치 및 직무대행자선

임의 가처분, 파산 또는 화의의 경우의 재산보전처분 등이 있다.

### (4) 가처분명령

가처분의 신청을 인용하는 재판, 가처분집행의 채무명의가 된다. 요건으로는 계쟁물에 관한 가처분과 임시의 지위를 정하는 가처분이 있다.

### (5) 가처분의 집행

가처분명령의 집행은 가압류명령의 집행에 준하게 되어 있다. 따라서 집행문의 불필요, 집행기관의 제한, 명령 송달 전의 집행가능 등의 특칙에 따라야 하는 외에 원칙적으로 강제집행의 규정에 의한다. 그러나 가처분명령의 내용은 가압류와 같이 단일한 것이 아니므로 그 집행방법도 내용에 따라 각각 다르다. 부동산의 처분금지를 명하는 경우에 가처분법원이 등기부에 그 뜻의 기입을 촉탁하여 집행한다.

## 내 인생의 여섯 가지 신조

나는 지식보다
상상력이 더 중요함을 믿는다.
신화가 역사보다 더 많은 의미를 담고 있음을 나는 믿는다.
꿈이 현실보다 더 강력하며, 희망이 항상 어려움을
극복해 준다고 믿는다.
그리고 슬픔의 유일한 치료제는 웃음이며,
사랑이 죽음보다 더 강하다는 걸 나는 믿는다.
이것이 내 인생의 여섯 가지 신조이다.

－류시화의 『지금 알고 있는 걸 그때도 알았더라면』 중에서－

\* 로버트 풀검이라는 시인의 '인생 신조'를 류시화 님이 재인용한 글입니다.
상상력, 신화, 꿈, 희망, 웃음, 사랑……
굳이 인생의 신조가 아니더라도,
이 중 몇 가지라도 하루하루의 일상에 잘 녹여내면
삶의 질이 달라집니다.
상상력 하나만 가지고도
세상 파도를 잘 헤쳐갈 수 있습니다.

## 제주국제자유도시조성을 위한 특별법의 주요내용

제주특별자치도설치및국제자유도시조성에관한법률(2006. 2. 9 제정, 동년 7. 1 시행)은 총 17장 본문 363조 부칙 41조로 방대하므로, 이하에서는 '국제자유도시조성' 부분 중에서 부동산공법과 관련된 부분, 가령 관리보전지역의 지정과 관리보전지역 내에서의 행위제한에 대한 이해가 반드시 필요하다. 나아가 최근 개정된 '특별법'의 주요내용을 숙지하는 것도 중요한 점이다.

## I. 환경보전과 관리의 기본방향

환경보전과 관리의 기본원칙으로, 제주자치도는 정책·계획을 수립·시행함에 있어서 환경적으로 건전하고 지속가능한 발전이 이루어지도록 하여야 하며, 자연환경의 혜택은 주민이 함께 공유할 수 있도록 함과 동시에 장래의 세대가 동등한 기회를 가지고 자연을 이용할 수 있도록 보전·관리하여야 한다.(특별법 제291조 제1항)

환경보전과 관리의 체계화 및 환경보전계획의 수립의무로, 제주자치도는 자연환경을 체계적으로 보전·관리하고 주민이 쾌적한 자연환경에서 여유 있고 건강한 생활을 할 수 있도록 하기 위하여 환경기본조례의 제정(동법 제291조 제2항)과 환경보전 목표와 방향 제시(동조 제2항 1호), 지역환경특성 분석 및 미래전망(동조 제2항 2호), 자연환경 및 생태계 보전·복원계획 등(동조 제2항 3호), 도시 및 자연경관의 보전·관리에 관한 사항(동조 제2조 4호), 유네스코가 지정한 제주자치도 생물권보전지역의 관리에 관한 사항(동조 제2조 5호)이 포함된 환경보전기본계획의 수립·시행에 노력하여야 한다.(동조 제2항) 한편, 도지사는 환경적으로 지속가능한 발전을 계속하기 위하여 지역사회 전체가 공유하여야 할 기본적 가치관과 이념을 담은 실천과제 등을 수립·시행하는 데 노력하여야 한다.(동조 제4항)

도지사는 유네스코가 지정한 제주자치도생물권보전지역의 체계적 보전·관리를 위하여 생물권보전지역 간의 협력활동과 교류에 적극 노력하고, 도조례가 정하는 바에 따라 관리하여야 한다.(동법 제291조 제3항) 이에 따른 제주특별자치도 생물권보전지역 관리조례안[8]의 제정취지를 보면, 제주특별자치도 생물권보전지역의 체계적인 관리를 확립하고자 제주특별자치도의 설치 및 국제자유도시조성을 위한 특별법에 생물권보전지역 관리에 관한 사항을 특별법에 규정함에 따라 생물권보전지역 관리위원회 구성 및 운영, 생물권보전지역 관리센터의 조직구성 및 운영, 기타 생물권보전지역의 산출물의 활용방안 등에 관한 세부사항을 도조례로 정하여 제주특별자치도 생물권보전지역을 합리적으로 관리하는 데 있다.

환경보전기금은 "환경개선비용 부담법"에 의한 환경개선부담금 징수비용교부금, "대기환경보전법"에 의한 배출부과금 징수비용교부금, "수질환경보전법"에 의한 배출부과금 징수비용교부금, "환경·교통·재해 등에 관한 영향평가법", "대기환경보전법", "수질환경보전법" 등 환경관계법률 위반자에 대한 과태료, 제주자치도의 일반회계 및 다른 특별회계로부터의 전입금으로 조성한다.(동조 제6항) 다만, 그 재원은 일반회계 및 다른 특별회계로부터의 전입금을 제외하고 제주자치도에 귀속되는 분에 한한다.(동조 제6항 단서)

도지사는 환경보전기본계획의 시행에 필요한 재원을 조성하기 위하여 도조례가 정하는 바에 따라 제주자치도에 환경보전기금을 설치할 수 있다. 이에 따른 제주특별자치도 환경보전기금 설치 및 운용조례안 제2조는 제주특별자치도지사는 환경보전기본계획의 시행에 필요한 재원조성과 환경개선사업에 필요한 자금을 확보·지원하기 위하여 제주특별자치도환경보전기금(이하 '기금'이라 한다)을 설치한다. 기금은 세입·세출예산외로 처리한다.(동 조례안 제2

---

8) 제주특별자치도 생물권보전지역 관리 조례안 제1조(목적) 이 조례는 제주특별자치도설치 및 국제자유도시조성을 위한 특별법제291조 제3항의 규정에 의한 제주특별자치도 생물권보전지역의 합리적인 관리에 필요한 사항을 규정함을 목적으로 한다.

조) 그리고 국가는 환경보전기금에 재정지원을 할 수 있다.(동조 제7호)

## Ⅱ. 각종 보전지역의 관련 내용

### 1. 절대보전지역(법 제292조)

도지사는 도의회의 동의를 얻어 한라산·기생화산·계곡·하천·호소·폭포·도서·해안·연안·용암동굴 등으로서 자연경관이 뛰어난 지역, 수자원 및 문화재의 보존을 위하여 필요한 지역, 야생동물의 서식지 또는 도래지, 자연림지역으로서 생태학적으로 중요한 지역, 그 밖에 자연환경의 보전을 위하여 도조례로 정하는 지역에 해당하는 지역을 자연환경의 고유한 특성을 보호하기 위한 지역(이하 '절대보전지역'이라 한다)으로 지정할 수 있다. 이를 변경할 때에도 도의회의 동의를 얻어야 한다.(동법 제292조 제1항).

절대보전지역을 지정하거나 변경한 경우에는 도조례가 정하는 바에 따라 지체 없이 이를 고시하여야 한다.(동조 제2항) 도지사는 절대보존지역을 지정 또는 변경한 경우에는, 보전지역의 지정 또는 변경내역, 보전지역이 표시된 축척 5천분의 1 이상의 지형도(축척 5천분의 1 이상의 지형도가 제작되지 아니한 지역 및 한라산국립공원 지역은 축척 2만 5천분의 1 이상의 지형도) 지리정보시스템(GIS)에 의한 축척 5천분의 1 이상의 수치지적도 또는 토지종합정보망 등에 의한 축척 5천분의 1 이상의 연속지도, 지정 또는 변경 사유사항을 공보 또는 컴퓨터통신망 등에 고시(다만, 제2호의 경우에는 열람사항)하고 그 내용을 행정시장(이하 시장)에게 송부하여 주민에게 20일 이상 열람시켜야 한다.(제주특별자치도 보전지역 관리에 관한 조례안 제2조 참조)9)

절대보전지역 안에서는 그 지역 지정의 목적에 위배되는 건축물의 건축, 공작물 그 밖의 시설의 설치, 토지의 형질변경, 토지의 분할, 공유수면의 매립, 수목의 벌채, 토석의 채취, 도로의 신설 등과 이와 유사한 행위를 할 수 없다. 다만, 국가 또는 제주자치도가 시행하는 등산로, 산책로, 임도, 도로, 공중화장실, 정자, 기상관측시설과 "자연공원법"에 의한 공원시설

---

9) 제주특별자치도 보전지역 관리에 관한 조례안 제1조(목적) 이 조례는 제주특별자치도설치 및 국제자유도시조성을 위한 특별법에서 조례로 정하도록 위임한 절대보전지역·상대보전지역, 관리보전지역 관리 및 토지매수청구, 토지분할에 관한 사항과 그 시행에 필요한 사항을 규정함을 목적으로 한다.

의 설치, "산림법"에 의한 영림계획으로 시행하는 사업으로서 모두베기나 토지의 형질변경을 수반하지 아니하는 산림사업, 학술적 조사·연구를 목적으로 하는 행위, 절대보전지역 지정 전에 건축된 기존 종교시설의 경내에서의 건축물의 증·개축행위, 그 밖에 자연자원의 원형을 훼손하거나 변형시키지 아니하는 범위 안에서의 도조례로 정하는 행위에 해당하는 행위로서 도지사의 허가를 받은 경우에는 그러하지 아니다.(동조 제3항, 동 조례안 제3조 참조)

절대보전지역 지정 당시에 이미 관계법령의 규정에 의하여 건축물의 건축, 공작물 그 밖의 시설의 설치 또는 토지의 형질변경 등에 관하여 인가·허가·승인 등을 얻어 공사 또는 사업(관계법령에 의하여 인가 등을 받을 필요가 없는 공사 또는 사업을 포함한다)에 착수한 자는 동조 제3항 단서의 규정에 불구하고 도지사의 허가를 받지 아니하고 그 공사 또는 사업을 계속 시행할 수 있다.(동조 제4항)

## 2. 상대보전지역

도지사는 도의회의 동의를 얻어 기생화산·하천·계곡·주요도로변·해안 등 생태계 또는 경관보전이 필요한 지역, 절대보전지역을 제외한 지역 중 보전의 필요가 있는 지역에 해당하는 지역을 자연환경의 보전과 적정한 개발을 유도하기 위한 지역(이하 '상대보전지역'이라 한다)으로 지정할 수 있다. 이를 변경할 때에도 또한 같다.(동법 제293조 제1항) 도지사는 상대보전지역을 지정 또는 변경한 경우에는 공보 또는 컴퓨터통신망 등에 고시하고 그 내용을 행정시장에게 송부하여 주민에게 20일 이상 열람시켜야 한다.(제주특별자치도 보전지역 관리에 관한 조례안 제2조)[10]

상대보전지역 안에서는 그 지역 지정목적에 위배되는 건축물의 건축, 공작물 그 밖의 시설의 설치 및 토지의 형질변경 등과 이와 유사한 행위를 할 수 없다. 다만, 제292조 제3항 제1호에 해당하는 시설의 설치(가령 국가 또는 제주자치도가 시행하는 등산로, 산책로, 임도, 도로, 공중화장실, 정자, 기상관측시설과 "자연공원법"에 의한 공원시설의 설치), 제292조 제3항 제2호 내지 제5호의 어느 하나(가령 수자원 및 문화재의 보존을 위하여 필요한 지역, 야생동물의 서식지 또는 도래지, 자연림지역으로서 생태학적으로 중요한 지역, 그 밖에 자연환경의 보전을 위하여 도조례로 정하는 지역)에 해당하는 행위, "박물관 및 미술관 진흥법" 제

---

10) 다만, 제2호의 경우에는 열람사항이다.

2조의 규정에 의한 박물관 및 미술관의 건축,[11] 농업·임업·축산업·수산업을 영위하거나 숙박, 판매 등 소득에 연관되는 2층 이하의 건축물(부대건축물 및 부설 주차장시설을 포함한다)의 건축, "국토의계획및이용에관한법률" 제37조 제1항 제8호의 규정에 의한 취락지구(가령 녹지지역·관리지역·농림지역·자연환경보전지역·개발제한구역 또는 도시자연공원구역 안의 취락을 정비하기 위한 지구), 동법 제51조 제3항의 규정[12]에 의한 제2종지구단위계획구역 또는 "지적법" 제5조의 규정에 의한 지목이 대지인 토지에서의 2층 이하의 건축물의 건축, 도로, 하천유량 및 지하수 관측시설, 배수로의 설치 또는 이와 유사한 농업·임업·축산업·수산업에 부수되는 공작물 또는 시설의 설치, 수목의 벌채 또는 토석의 채취, 이동이 용이하지 아니한 물건의 설치 또는 퇴적, 그 밖에 도조례로 정하는 종류와 규모의 건축물의 건축, 공작물·시설물의 설치 또는 토지의 형질변경에 해당하는 행위로서 도지사의 허가를 받은 경우에는 그러하지 아니하다.(특별법 제293조 제2항)

## 3. 관리보전지역의 지정

도지사는 한라산국립공원, "국토의계획및이용에관한법률" 제6조 제1호의 규정에 의한 도시지역(예컨대, 인구와 산업이 밀집되어 있거나 밀집이 예상되어 당해 지역에 대하여 체계적인 개발·정비·관리·보전 등이 필요한 지역) 및 제주자치도의 부속도서를 제외한 지역 중 지하수자원·생태계 및 경관을 보전하기 위하여 필요한 지역을 관리보전지역으로 지정할 수 있다.(특별법 제294조 제1항)

도지사가 지정한 관리보전지역은 그 환경특성에 따라 이를 지하수자원보전지구·생태계보전지구 및 경관보전지구(이하 '보전지구'라 한다)로 세분하여 지정하되, 보전지구는 다시 이를 등급별로 세분할 수 있다. 이 경우 보전지구의 지정기준 및 등급기준은 도조례로 정한다.

---

11) 가령 '박물관'이라 함은 문화·예술·학문의 발전과 일반 공중의 문화향수 증진에 이바지하기 위하여 역사·고고·인류·민속·예술·동물·식물·광물·과학·기술·산업 등에 관한 자료를 수집·관리·보존·조사·연구·전시하는 시설을 말한다. '미술관'이라 함은 문화·예술의 발전과 일반 공중의 문화향수 증진에 이바지하기 위하여 박물관 중에서 특히 서화·조각·공예·건축·사진 등 미술에 관한 자료를 수집·관리·보존·조사·연구·전시하는 시설을 말한다.
12) 국토의계획및이용에관한법률 제51조 제3항 건설교통부장관 또는 시·도지사는 다음 각 호의 1에 해당하는 지역에 대하여 제2종지구단위계획구역을 지정할 수 있다. 1. 제36조의 규정에 의하여 지정된 계획관리지역으로서 대통령령이 정하는 요건에 해당하는 지역 2. 제37조의 규정에 의하여 지정된 개발진흥지구로서 대통령령이 정하는 요건에 해당하는 지역

(특별법 제294조 제2항)

이러한 관리보전지역의 보전지구별·등급별 지정기준에 따른 보전지구를 지정할 경우 1필지의 토지가 2 이상의 보전지구 등급에 걸치는 부분의 면적이 330제곱미터 이하인 토지 부분에 대해서는 그 1필지의 토지 중 가장 넓은 면적이 속하는 등급을 적용한다. 다만, 보전지구 1등급 또는 2등급에 해당하는 경우에는 이를 적용하지 아니한다.(제주특별자치도 보전지역 관리에 관한 조례안 제7조 제1항, 제2항 참조)

또한, 도지사는 관리보전지역으로 지정·고시된 지역에 대해서는 보전지구별 구분에 따라 법 제294조 제3항 각 호의 사항(지하수자원보전지구 안에서의 숨골·용암동굴·함몰지 등 투수성 지질구조요소, 토양의 오염지수 등 토양요소를, 생태계보전지구 안에서의 희귀·멸종위기·특산·자생식물군락지, 자연림 등의 식물상 요소, 희귀·멸종위기·천연기념 동물 서식지, 수림지역 등 서식환경지역의 동물상 요소를, 경관보전지구 안에서의 기생화산·하천·구릉·주요도로변 등 경관미 요소)을 주기적으로 조사하여야 한다. 이 경우 그 조사에 관하여 필요한 사항은 도규칙으로 정한다.(동 조례안 제7조 제3항)

도지사는 관리보전지역을 지정하고자 하는 때에는 첫째, 지하수자원보전지구(가령 숨골·용암동굴·함몰지 등 투수성 지질구조요소, 토양의 오염지수 등 토양요소), 둘째, 생태계보전지구(가령 희귀·멸종위기·특산·자생식물군락지, 자연림 등의 식물상 요소, 희귀·멸종위기·천연기념 동물 서식지, 수림지역 등 서식환경지역의 동물상 요소), 셋째, 경관보전지구(가령 기생화산·하천·구릉·주요도로변 등 경관미 요소) 등으로 분류하여 조사하여야 한다.(특별법 제294조 제3항)

도지사는 관리보전지역을 지정하고자 하는 경우에는 도의회의 동의를 얻어야 하고(특별법 제294조 제4항), 관리보전지역을 지정한 때에는 도조례가 정하는 바에 따라 지체 없이 이를 고시하여야 한다.(동법 제294조 제5항) 관리보전지역의 변경·해제에 관하여는 제3항 내지 제5항의 규정을 준용한다. 다만, 관리보전지역의 해제에 있어서 제2항의 규정에 의한 보전지구별 제1등급 지역을 해제하더라도 제292조 규정에 의한 절대보전지역으로 지정된 것으로 보며, 보전지구별 제2등급 지역을 해제하더라도 제293조 규정에 의한 상대보전지역으로 지정된 것으로 본다. 이 경우 도조례가 정하는 바에 따라 이를 고시하여야 한다.(동법 제294조 제6항)

그리고 제주자치도에서는 "자연환경보전법" 제34조의 규정에 불구하고 토지이용 및 개발계획을 수립하거나 시행함에 있어서 관리보전지역을 활용하여야 한다. 다만, "자연환경보전

법" 제34조의 규정에 의하여 작성된 생태 · 자연도는 제주자치도의 생태연구 발전의 목적 등
으로 활용할 수 있다.(특별법 제294조 제7항)

## 4. 관리보전지역 내에서의 행위제한

　원칙적으로, 관리보전지역 중에서 첫째, 지하수자원보전지구 안에서의 특정수질유해물질
배출시설의 설치행위, 폐기물 처리시설의 설치행위, 생활하수 발생시설의 설치행위, 축산폐수
배출시설의 설치행위, 토지의 형질변경행위, 둘째, 생태계보전지구 안에서의 산림훼손 및 토
지의 형질변경행위, 셋째, 경관보전지구 안에서의 건축물의 건축, 공작물 그 밖의 시설의 설
치 및 토지의 형질변경행위를 하여서는 아니 된다.(특별법 제295조 제1항) 이 경우 보전지구
별 · 등급별 행위제한의 구체적인 내용은 법률이 정하는 범위 안에서 도조례로 정한다.(동법
제295조 제2항, 제주특별자치도 보전지역 관리에 관한 조례안 제8조 참조)

　예외적으로, 관리보전지역 지정 당시의 기존건축물 · 시설물의 개축 및 동일 용도의 증축
(기존건축물 연면적의 2배 이하를 증축하는 경우에 한한다), 관리보전지역 지정 당시에 이미
관계법령에 의하여 인가 · 허가 등을 받아 시행 중인 사업(인가 · 허가 등이 신청된 사업을 포
함한다)의 시행, 특별법 제292조 제3항 단서의 규정에 의하여 허가를 받은 행위(즉, 국가 또
는 제주자치도가 시행하는 등산로, 산책로, 임도, 도로, 공중화장실, 정자, 기상관측시설과
"자연공원법"에 의한 공원시설의 설치, "산림법"에 의한 영림계획으로 시행하는 사업으로서
모두베기나 토지의 형질변경을 수반하지 아니하는 산림사업, 학술적 조사 · 연구를 목적으로
하는 행위, 절대보전지역 지정 전에 건축된 기존 종교시설의 경내에서의 건축물의 증 · 개축
행위, 그 밖에 자연자원의 원형을 훼손하거나 변형시키지 아니하는 범위 안에서의 도조례로
정하는 행위), "산림법"에 의한 영림계획 및 육림사업의 시행, "국토의계획및이용에관한법률"
에 의한 취락지구 안에서의 단독주택 · 창고 · 축사(축산폐수 배출시설 설치신고대상 미만 시
설에 한한다) · 선과장 그 밖에 이와 유사한 시설의 설치행위, 이 법 시행 당시 이미 설치된
제1항 제1호 가목 내지 라목의 규정(특정수질유해물질 배출시설의 설치행위, 폐기물 처리시
설의 설치행위, 생활하수 발생시설의 설치행위, 축산폐수 배출시설의 설치행위, 토지의 형질
변경행위)에 의한 시설 중 새로운 오염물질의 발생 및 오 · 폐수량의 증가 없이 방지시설을
보수 · 보강하기 위한 시설의 설치 · 행위, 그 밖에 도조례가 정하는 시설로서 관리보전지역에
입지가 부득이한 공공시설의 설치행위에 대해서는 제1항의 규정을 적용하지 아니한다.(특별

법 제295조 제2항)

앞에서 열거한 행위를 하고자 하는 자는 그 행위에 의하여 설치되는 시설이 오수 또는 폐수를 발생하는 시설이거나 폐기물처리시설인 경우에는 당해 시설에서 배출되는 방류수의 수질이 도조례가 정하는 방류수 수질기준 이하가 되도록 그 처리시설을 갖추어야 한다.(특별법 제295조 제3항, 제주특별자치도 보전지역 관리에 관한 조례안 제9조, 제10조 참조)


## 5. 보존자원의 지정

도지사는 제주자치도의 자원보호를 위하여 필요하다고 인정하는 경우에는 제주자치도에서 서식하는 희귀 동·식물과 부존하는 자원 등 중에서 도조례가 정하는 자원을 보존하여야 할 자원(이하 '보존자원'이라 한다)으로 지정할 수 있다.(특별법 제296조 제1항) 도지사는 보존자원을 지정한 경우에는 이를 지체 없이 고시하여야 한다.(특별법 제296조 제2항)

도지사는 보존자원의 보호를 위하여 필요하다고 인정하는 경우에는 도조례가 정하는 바에 따라 이를 포획하는 행위나 벌채·채취·훼손행위를 금지할 수 있으며, 이를 신고하게 하거나 공개금지·이동금지·장애물의 제거 등을 명하거나 그 밖에 필요한 조치를 할 수 있다.(동법 제296조 제3항)

도지사는 보존자원을 보호하기 위하여 필요하다고 인정하는 경우에는 그 관리 또는 보호 등에 필요한 경비를 부담하거나 보조할 수 있다.(특별법 제296조 제4항) 처분으로 인하여 손실을 입은 자에 대해서는 그 손실을 보상하여야 한다.(특별법 제296조 제6항)

보존자원을 제주자치도 안에서 매매하거나 제주자치도 밖으로 반출하고자 하는 자는 도조례가 정하는 바에 의하여 도지사의 허가를 받아야 한다.(특별법 제296조 제6항)


## 6. 토지의 매수청구

관리보전지역 안의 토지 중 도조례가 정하는 토지, "국토의계획및이용에관한법률"에 의한 도시지역 안에 지정된 절대보전지역 안의 토지 중 지목이 대(垈)인 토지(당해 토지에 있는 건축물 및 정착물을 포함한다)로서 관리보전지역의 지정으로 인하여 종래의 용도로 사용할 수 없게 된 토지의 소유자는 도조례가 정하는 바에 따라 도지사에게 당해 토지의 매수를 청구할 수 있다.(특별법 제297조 제1항) 여기서 '관리보전지역 안의 토지 중 도조례가 정하는 토지'라 함은 지하수자원보전지구·생태계보전지구 또는 경관보전지구 안에 있는 1등급으로 지정된 토지를 말한다.(제주특별자치도 보전지역 관리에 관한 조례안 제13조 제3항) 그리고 도지사는 매수청구된 토지에 대해서는 매수청구가 있은 날부터 4년 이내에 그 토지를 매수하여야 한다.(특별법 제297조 제6항)

도지사는 매수청구된 토지를 매수하는 때에는 현금으로 그 대금을 지급한다. 다만, 토지소유자가 원하는 경우나 도조례가 정하는 부재 부동산 소유자의 토지 또는 비업무용 토지의 매수대금이 도조례가 정하는 일정 금액을 초과하는 경우로서 그 초과하는 금액에 대하여 지급하는 경우에는 "지방자치법" 제115조의 규정에 의하여 채권(이하 '보전지역채권'이라 한다)을 발행하여 지급할 수 있다.(특별법 제297조 제2항) 여기서 부재 부동산 소유자의 토지의 범위에 관하여는 공익사업을위한토지등의취득및보상에관한법률 시행령 제26조의 규정을 준용한다. 이 경우 '사업인정고시일'은 매수청구일로 본다.(제주특별자치도 보전지역 관리에 관한 조례안 제13조 제4항) 비업무용 토지의 범위에 관하여는 법인세법시행령 제49조 제1항 제1호의 규정을 준용한다.(동 조례안 제13조 제5항) 그리고 '도조례가 정하는 일정 금액'이라 함은 3천만 원을 말한다.(동 조례안 제13조 제6항)

보전지역채권의 상환기간은 10년 이내로 하고, 그 이율은 채권발행 당시 "은행법"에 의한 인가를 받은 금융기관 중 전국을 영업지역으로 하는 금융기관이 적용하는 1년 만기 정기예금금리의 평균 이상이어야 하며, 그 구체적인 상환기간과 이율은 도조례로 정한다. 보전지역채권의 상환기간 및 이율에 관한 구체적인 사항은 지방자치법 제115조의 규정에 의한 지방채발행계획을 수립할 때 이를 따로 정한다.(동 조례안 제13조 제7항)

매수청구된 토지의 매수가격·매수절차 등에 관하여 이 법에 특별한 규정이 있는 경우를 제외하고는 "공익사업을위한토지등의취득및보상에관한법률"의 규정을 준용한다.(특별법 제297조 제4항) 보전지역채권의 발행절차 그 밖의 필요한 사항에 관하여 이 법에 특별한 규정이 있는 경우를 제외하고는 "지방재정법"이 정하는 바에 의한다.(특별법 제297조 제5항)

## Ⅲ. 사전환경성검토 및 환경영향평가 협의 등의 특례

사전환경성검토 협의 등에 관한 특례는, "환경정책기본법" 제25조의3의 규정에 불구하고 동법 제25조의2의 규정13)에 의한 사전환경성검토대상이 되는 개발사업 중 중앙행정기관의 장, 도지사 또는 제주자치도에 설치된 "지방공기업법"에 의한 지방공기업 이외의 자가 시행하는 개발사업에 대해서는 도지사에게 사전환경성검토에 대한 협의를 요청하여야 한다.(특별법 제298조 제1항) 도지사는 사전환경성검토에 대한 협의를 함에 있어서는 특별법 제299조 제3항의 규정에 의한 환경영향평가전문기관의 의견을 듣고 이를 최대한 반영하여야 한다.(특별법 제298조 제2항)

환경영향평가 협의 등에 관한 특례는, "환경·교통·재해 등에 관한 영향평가법" 제4조의 규정에 의한 사업자는 동법 제17조 제2항 및 제3항의 규정에 불구하고 동법 제5조의 규정에 의하여 작성된 평가서에 대하여 도지사에게 협의를 요청하여야 한다. 다만, 중앙행정기관의 장, 도지사 또는 제주자치도에 설치된 "지방공기업법"에 의한 지방공기업이 사업시행자인 경우에는 도지사는 그 평가서에 관하여 환경부장관의 의견을 듣고 이를 최대한 반영하여야 한다.(동법 제299조 제1항) 환경부장관의 의견을 듣는 사업에 대해서는 "환경·교통·재해 등에 관한 영향평가법" 제26조의 규정14)에 의한 협의내용의 이행 여부 확인 및 이행관리에 필

---

13) 환경정책기본법 제25조의2(사전환경성검토대상) ① 사전환경성검토는 "환경·교통·재해 등에 관한 영향평가법" 제4조 제1항의 규정에 의한 환경영향평가대상사업을 내용으로 하는 행정계획과 보전이 필요한 지역 안에서 시행되는 개발사업을 대상으로 실시하여야 한다. ② 제1항의 규정에 의한 사전환경성검토의 대상이 되는 행정계획·개발사업의 종류·규모 및 보전이 필요한 지역의 범위 등 필요한 사항은 대통령령으로 정한다.

14) 환경·교통·재해 등에 관한 영향평가법 제26조(협의내용의 관리·감독) ① 승인기관의 장은 협의내용의 이행 여부를 확인하여야 한다. ② 평가서협의기관장과 승인기관의 장은 사업자에게 협의내용의 이행에 관련된 자료를 제출하게 하거나 사업장에 출입하여 조사·확인할 수 있다. ③ 승인기관의 장은 승인 등을 얻어야 하는 사업자가 협의내용을 이행하지 아니한 때에는 그 이행을 위하여 필요한 조치를 명하여야 한다. ④ 승인기관의 장은 승인 등을 얻어야 하는 사업자가 제3항의 규정에 의한 협의내용의 이행을 위한 조치명령을 이행하지 아니하여 환경·교통·재해 또는 인구에 중대한 영향을 미치는 것으로 판단되는 때에는 당해 사업에 대한 공사중지를 명하여야 한다. ⑤ 평가서협의기관장은 협의내용의 이행관리를 위하여 필요하다고 인정하는 경우에는 사업자 또는 승인기관의 장에게 협의내용의 이행을 위하여 공사중지 등 필요한 조치를 할 것을 요청할 수 있다. 이 경우 사업자 및 승인기관의 장은 특별한 사유가 없는 한 이에 응하여야 한다. ⑥ 사업자가 제5항의 규정에 의한 공사중지 등의 조치를 하거나 승인기관의 장이 제3항 내지 제5항의 규정에 의한 조치 또는 명령을 한 때에는 지체 없이 그 내용을 평가서협의기관장에게 통보하여야 한다.

요한 조치를 환경부장관과 공동으로 하여야 한다.(특별법 제299조 제5항)

제주자치도 도지사는 협의를 위하여 제출한 평가서를 검토함에 있어서 환경부장관의 의견을 듣는 사업 외의 사업에 대해서는 환경영향평가전문기관의 의견을 들어야 하며, 그 심의를 위하여 제주특별자치도통합영향평가심의위원회(이하 '통합평가심의위원회'라 한다)를 둔다.(특별법 제299조 제3항) 환경영향평가전문기관은 "환경·교통·재해 등에 관한 영향평가법" 제29조의 규정에 의한 평가항목을 검토할 수 있는 전문성을 갖추어야 하며, 도지사는 환경부장관과 협의하여 그 환경영향평가전문기관을 정하여 고시하여야 한다.(특별법 제299조 제3항) 통합평가심의위원회의 구성과 운영에 관하여 필요한 사항은 도조례로 정한다.(특별법 제299조 제4항)

## Ⅳ. '특별법' 개정의 주요내용

### 제주특별자치도설치 및 국제자유도시조성을 위한 특별법
[일부개정 2007. 8. 3. 법률 제8616호], (시행일 2008. 2. 4.)

○ 개정이유

물류시설의 효율적인 확충 및 합리적인 배치·운영을 위하여 "유통단지개발촉진법"을 "물류시설의개발및운영에관한법률"로 변경하고, 현행 "화물유통촉진법"의 화물터미널 및 창고 관련 규정을 이 법으로 이관하여 물류시설 관련 법체계를 일원화하며, 물류시설의 중복투자 방지 및 물류시설의 종합적인 조정기능을 강화하기 위하여 각종 물류시설에 대한 5년 단위의 물류시설개발종합계획을 수립하도록 하는 한편, 그 밖에 현행 제도의 운영상 나타난 일부 미비점을 개선·보완하려는 것임.

○ 주요내용

가. 물류시설개발종합계획의 수립(법 제4조부터 제6조까지)
① 물류시설의 개발·배치에 관한 종합적인 조정기능을 강화하여 물류시설의 중복투자를 방지하고, 효율적인 물류체계를 구축할 필요가 있음.

② 건설교통부장관은 항만시설을 제외한 물류시설에 대한 계획적 공급, 지역별·규모별·연도별 배치 및 우선순위, 물류시설 간의 연계를 위한 수송망 구축 등에 관한 사항을 포함하는 5년 단위의 물류시설개발종합계획을 수립하도록 하고, 건설교통부장관, 관계중앙행정기관의 장 또는 시·도지사는 직접 물류시설을 지정·개발하거나 물류시설개발사업을 위한 인·허가를 할 때 물류시설개발종합계획과 상충되거나 중복되지 아니하도록 함.

③ 물류시설의 개발·배치 등에 관한 사항이 장기적이고 종합적인 계획에 따라 체계적으로 추진되도록 함으로써 효율적인 물류시설의 개발이 가능하게 될 것임.

**나. 복합물류터미널사업 관련 규정의 정비(법 제7조부터 제21조까지)**

① 물류시설의 개발 및 운영에 관한 규율체계를 일원화하기 위하여 현행 "화물유통촉진법"에서 규율하고 있던 화물터미널 관련 규정을 이 법에 통합하여 정할 필요가 있음.

② 현행 "화물유통촉진법"에서 규율하고 있던 화물터미널 관련 규정을 이 법에서 통합하여 규정하고, 행정청의 재량권 행사의 기준을 보다 명확히 하기 위하여 현재 대통령령에서 규율하고 있던 복합물류터미널사업의 등록기준을 법률에서 직접 규정하며, 복합물류터미널사업의 등록 취소 및 정지 사유를 보다 구체화함.

**다. 물류단지개발사업실시계획 승인 시 의제되는 인·허가 등의 범위 확대(법 제30조)**

① 물류단지개발 시 다른 법령에 따른 인·허가 등을 따로 받는 경우에는 많은 비용과 시간이 소요되므로 물류단지의 원활한 개발을 위하여 인·허가 의제의 범위를 확대할 필요가 있음.

② 물류단지개발사업실시계획 승인 시 의제되는 인·허가 등의 범위에 도시관리계획결정 및 건축허가 등을 추가하고, 의제되는 인·허가 등에 관하여는 관계법률에 따라 부과되는 수수료 및 사용료를 면제하도록 함.

③ 필요한 인·허가 등의 취득을 하나의 절차로 통합하여 처리함으로써 신속하고 일관성 있는 물류단지개발이 이루어질 수 있을 것으로 기대되고, 수수료 등의 면제로 사업시행자의 부담을 완화할 수 있을 것으로 기대됨.

**라. 물류단지개발특별회계의 설치·운용(법 제40조 및 제41조)**

① 물류단지개발에 대한 지원이 국가와 지방자치단체가 일정 비율을 분담하는 방식으로 되어 있어 지방자치단체의 적기 재원 확보의 곤란으로 사업추진에 어려움이 있음.

② 시·도지사 또는 시장·군수는 물류단지개발사업을 촉진하기 위하여 해당 지방자치단체의 일반회계로부터의 전입금 또는 정부의 보조금 등으로 조성되는 물류단지특별회계를 설치하여, 물류단지개발사업에 대한 보조 또는 융자 등의 용도로 사용할 수 있도록 함.

③ 물류단지특별회계의 설치·운용으로 물류단지의 개발사업이 활성화될 것으로 기대됨.

### 마. 유통단지 안의 지원시설 이용자 및 원인자 부담금제도 폐지(현행 제25조 삭제)

① 유통단지 안에 설치되는 가공·제조시설 및 정보처리시설 등 지원시설을 이용하는 자 또는 지원시설 건설공사의 원인을 제공한 자에게 지원시설 건설비용의 전부 또는 일부를 부담시킬 수 있도록 하고 있었으나, 1996년 시행 이후 이를 부과한 사례가 없을 뿐만 아니라 공공시설이 아닌 지원시설의 이용자 및 원인자에게 부담금을 부과하는 것이 적절하지 않은 문제점이 있음.

② 유통단지 안의 지원시설에 따라 이용자 또는 지원시설 건설공사의 원인을 제공한 자에게 부과하는 이용자 및 원인자 부담금제도를 폐지함.

### 바. 물류단지개발 관련 사업의 지원(법 제49조)

① 물류단지의 인근지역에서 물류단지에 필요한 도로·하수도 및 폐기물처리시설 등 기반시설을 건설하는 경우 관련 인·허가 등을 따로 받아야 됨으로써 물류단지 입주자 및 주민들의 편의를 위한 기반시설이 적기에 마련되지 못하는 문제점이 있음.

② 물류단지개발과 관련되는 사업을 물류단지 인근지역에서 시행하는 경우 해당 사업에 대해서는 물류단지개발사업에 관한 인·허가 등의 의제 및 토지 등의 수용·사용에 관한 규정 등을 준용하도록 함.

③ 물류단지개발사업 및 인근지역의 관련 사업을 효율적이고 원활하게 추진할 수 있을 것으로 기대됨.

## 상상력을 춤추게 하라

우리에게 주어진
인생에 대한 다양한 가능성을 생각해 보면서
상상력을 춤추게 하는 것은 흥미로운 일이다.
정신신체의학자들은 심리적 원인에서 시작된 질병은
거의 항상 상징기능의 장애와 관련이 있다고 말한다.
상징기능의 장애란 자신의 인생을 다른 방식으로 상상하는
능력에 문제가 있다는 뜻이다. 이러한 상징기능의 장애는
현실을 변화시키거나 그로부터 달아나기 위해서
꿈을 이용하지 못한다는 뜻이기도 하다.
그렇기 때문에 현실의 노예가 되어버리는 것이다.

- 기 코르노의 《마음의 치유》 중에서 -


* 사람이 현실을 떠나 살 수 없습니다.
그러나 현실에만 묻히거나 갇혀 있으면 안됩니다.
현실 너머의 세계를 바라보며 새로운 상상력을 춤추게 하고,
그 상상력이 현실이 되는 경험을 자꾸자꾸 해야 합니다.
상상력은 영혼이 살아있음을 드러내는 증표입니다.
나이가 젊을수록 상상력이 춤을 추어야
영혼이 아름답게 자라납니다.

# 국토의계획및이용에관한법률의 주요내용

부동산공법(국토의계획및이용에관한법률, 도시개발법, 도시 및 주거환경 정비법, 건축법, 주택건설촉진법, 산림법, 농지법) 중에서 국토의계획및이용에관한법률은 무엇보다도 중요하다. 따라서 본 법의 주요내용과 최근 개정된 법률(일부개정 2007. 4. 11.)과 시행령(일부개정 2007. 4. 19. 대통령령 제20009호)을 중심으로 검토할 필요가 있다.

## Ⅰ. 의의

1972년 제정된 국토이용관리법과 1962년에 제정되어 2000년 전면 개정된 도시계획법에 의해 이원적(二元的)으로 관리되어 오던 국토이용계획체계를 **"국토의계획및이용에관한법률"**로 통합하였다. 또한 국토정책의 방향을 **'선계획 — 후개발'**로 이용원칙을 확립하고 개발허가제 및 기반시설연동제를 도입하기로 하여 지속가능한 국토이용체계를 구축하고자 동법을 제정하였다. 따라서 1970년대 이후 산업화 · 도시화와 과정에서 대량 공급된 주택들이 노후화됨에 따라 이들을 체계적이고 효율적으로 정비할 필요성이 있어 금번에 통합하게 되었다.

## II. 주요내용

① 국가 및 지방자치단체는 건전하고 지속가능한 발전이 되도록 지역특성에 맞는 계획을 수립하고 토지소유자는 계획에 맞게 토지를 이용하도록 국가와 국민의 의무를 명시함.

② 토지이용에 관한 기본적이 성격을 강화하기 위하여 다른 법률에 의한 유사구획의 지정 및 변경 시 도시계획위원회의 심의를 거치도록 함.

③ '선계획-후개발' 국토이용계획체계를 구축하기 위하여 모든 시·군에 도시계획·도시기본계획 및 도시관리계획을 수립하도록 함.

④ 도시관리계획의 입안은 시장·군수가 입안하여 시·도지사가 결정함을 원칙으로 하되, 국가계획 등 주요사항은 건설교통부장관 및 도지사가 입안할 수 있도록 함.

⑤ 도시관리계획의 지적고시가 비도시지역으로 확대되는 경우 불필요한 비용·인력의 낭비가 초래될 수 있어 '도시지역은 지적이 표시된 지형도'에 '비도시지역은 지형도에 고시'할 수 있도록 함.

⑥ 도시계획과 국토이용계획이 통합됨에 따라 현행 5개 용도지역에서 4개 용도 7개 지역으로 나누고 특히 준도시·준농림지역은 관리지역으로 편입하여 생산·보전관리·계획관리지역으로 세분함.

용도지역 관리체계

| 도시지역<br>준도시지역<br>농림지역<br>준농림지역<br>자연환경보전지역 | 도시지역 | 주거지역 |
| | | 상업지역 |
| | | 공업지역 |
| | | 녹지지역 |
| | 관리지역 | 생산관리지역 |
| | | 보전관리지역 |
| | | 계획관리지역 |
| | 농림지역 | |
| | 자연환경보전지역 | |

⑦ 녹지지역이나 관리지역 등 개발압력이 있는 지역을 계획적이고 체계적으로 관리하기 위하여 제1종지구단위계획제도를 도입하여 개발밀도와 행위제한 등에서 인센티브를 부여함.

⑧ 기반시설의 확보, 주변 환경과의 조화 여부 등을 고려하여 허가·불허가처분을 할 수 있는 개발허가제를 도입함.

⑨ 도심 등 이미 개발된 지역은 기반시설의 추가설치가 어려운 만큼 필요한 경우 개발밀도를 제한하도록 하고 녹지지역·관리지역 등 미개발지역에는 기반시설부담구역을 설정하여 개발사업자에게 부담금을 부과하는 기반시설연동제를 도입함.

⑩ 용도지역 재편에 따른 행위제한 및 건폐율·용적률에 대하여 '도시지역은 현행 도시계획수준'으로 '관리지역은 도시의 녹지지역수준'으로, '농림지역과 자연환경보전지역은 종전의 수준'으로 하고 구체적인 사항은 대통령령으로 정하도록 함.

⑪ 현행 국토이용계획심의회와 도시계획위원회를 통합하여 도시계획위원회로 개편함.

## Ⅲ. 용도지역의 지정 및 세분

| 용도지역 | | 용도지역의 세분 |
|---|---|---|
| 도시지역 | 주거지역 | 거주의 안녕과 건전한 생활환경보호를 위하여 필요한 지역 |
| | 상업지역 | 상업 그 밖에 업무의 편익 증진을 위하여 필요한 지역 |
| | 공업지역 | 공업의 편익 증진을 위하여 필요한 지역 |
| | 녹지지역 | 자연환경·농지 및 산림의 보호, 보건위생, 보안과 도시의 무질서한 확산을 방지하기 위하여 녹지의 보전이 필요한 지역 |
| 관리지역 | 보전관리 | 자연환경, 산림보호, 수질오염방지, 녹지공간 확보 및 생태계 보전 등을 위하여 보전이 필요하나, 주변의 용도지역 등과의 관계 등을 고려할 때 자연환경보전지역으로 정하여 관리하기가 곤란한 지역 |
| | 생산관리 | 농업·임업·어업생산 등을 위하여 관리가 필요하나 주변의 용도지역과의 관계 등을 고려할 때 농림지역으로 지정하여 관리하기가 곤란한 지역 |
| | 계획관리 | 도시지역으로의 편입이 예상되는 지역 또는 자연환경을 고려하여 제한적인 이용·개발을 하려는 지역으로서 계획적·체계적인 관리가 필요한 지역 |
| 농림지역 | | 도시지역 속에 속하지 아니하는 농지법에 의한 "농업진흥지역" 또는 산림법에 의한 '보전임지' 등으로서 '농림업의 진흥과 산림의 보전'을 위하여 필요한 지역 |
| 자연환경보전지역 | | "자연환경·수자원·해안·생태계·상수어원 및 문화재의 보전과 수자원보호·육성 등"을 위하여 필요한 지역 |

## Ⅳ. 개발행위의 허가

### (1) 개발행위의 허가의 신청

개발행위를 하고자 하는 자는 당해 개발행위에 따른 기반시설의 설치 또는 그에 필요한 용지의 확보·위해방지·경관·조경 등에 관한 계획서를 첨부한 신청서를 개발행위 허가권자에게 제출하여야 한다. 이 경우 개발밀도관리구역 안에서는 기반시설의 설치 또는 그에 필요한 용지의 확보에 관한 계획서를 제출하지 아니하며, 기반시설부담구역 안에서는 기반시설부담계획에 따라 작성한 기반시설의 설치 또는 그에 필요한 계획서를 제출하여야 한다.

### (2) 개발행위허가권자(특별시장·광역시장·시장 또는 군수)의 허가기준

① 용도지역별 특성을 감안하여 개발행위의 규모에 적합할 것
② 도시관리계획의 내용에 배치되지 않을 것
③ 도시관리계획사업의 시행에 지장이 없을 것
④ 주변 지역의 토지이용실태 또는 토지이용계획, 건축의 높이, 토지의 경사도, 수목의 상태, 물의 배수, 하천, 호수·습지의 배수 등 주변 환경 또는 경관과 조화를 이룰 것
⑤ 당해 개발행위에 따른 기반시설의 설치 또는 그에 필요한 용지의 확보계획이 적정할 것

### (3) 개발행위의 규모

개발행위의 규모는 토지의 형질변경 면적으로 다음과 같다. 다만, 특별시장·광역시장·시장 또는 군수는 관리지역 및 농림지역에 대해서는 3만㎡ 미만의 범위 안에서 도시계획조례로 따로 정할 수 있다.

| 지역명 | 세부지역 | 면적 |
|---|---|---|
| 도시지역 | 주거·상업·자연녹지·생산녹지 | 1만㎡ 미만 |
| | 공업지역 | 3만㎡ 미만 |
| | 보전녹지지역 | 5천㎡ 미만 |
| 관리지역 | | 3만㎡ 미만 |
| 농림지역 | | 3만㎡ 미만 |
| 자연환경보전지역 | | 5천㎡ 미만 |

# Ⅴ. 개발행위허가의 기준세부사항

## (1) 분야별 검토사항

| 검토 분야 | 허가기준 |
|---|---|
| 공통 분야 | ① 녹지지역으로서 조수류, 수목 등의 집단서식지가 아니고 우량농지 등으로 보전의 필요성이 없을 것<br>② 역사적·문화적·향토적 가치, 국방상목적 등으로 원형보전의 필요가 없을 것 |
| 도시관리계획 | ① 용도지역별 개발행위의 규모 및 건축제한기준에 적합할 것<br>② 개발행위허가 제한구역에 해당되지 아니할 것 |
| 도시계획사업 | ① 도시계획사업부지에 해당하지 아니할 것<br>② 개발시기, 가설시설의 설치 등에 있어 도시계획사업에 지장을 초래하지 아니할 것 |
| 주변 지역과 관계 | ① 주변의 자연경관 및 미관을 훼손하지 아니하고, 주변 건축물과 조화를 이루는 높이, 형태, 색채를 유지하도록 하며, 경관계획이 수립되어 있는 경우에는 그에 적합할 것<br>② 개발행위로 한하여 당해 지역 및 그 주변 지역에 대기오염·수질오염·소음·진동·분진 등에 의한 환경오염·생태계파괴·위해발생 등이 예상되지 아니할 것. 다만 환경오염의 방지, 조경, 녹지의 조성, 완충지대의 설치 등이 조건을 붙이는 경우에는 그러하지 아니하다.<br>③ 당해 개발행위가 녹지축을 절단하지 아니하도록 하고, 개발행위로 인하여 물의 배수가 변경되어 하천·호소·습지로의 유수를 막지 아니하도록 할 것 |
| 기반시설 | ① 주변의 교통소통에 지장을 초래하지 아니할 것<br>② 도로는 폭 4m 이상이고, 인근도로와 연결되며, 대지와 도로관계는 건축법에 적합할 것 |
| 그 밖의 사항 | ① 공유수면매립의 경우 매립목적이 도시계획에 적합할 것<br>② 죽목벌채는 토지의 분할 및 물건을 쌓아 놓는 행위에 위반되는 경우에는 허용하지 아니할 것 |

## (2) 내용별 허가기준

| 내용 | 허가기준 |
|---|---|
| 건축물의 건축 또는 공작물의 설치 | ① 개발행위가 건축법의 적용을 받는 건축물의 건축 또는 공작물의 설치에 해당하는 경우 그 건축 또는 설치의 기준에 관하여는 건축법의 규정과 법 및 령이 정하는 바에 의하고, 그 건축 또는 설치의 절차에 관해서는 건축법의 규정에 의한다. 이 경우 건축물의 건축 또는 공작물의 설치를 목적으로 토지의 형질변경 또는 설치의 절차와 동시에 할 수 있다.<br>② 도로·상수도 및 하수도가 설치되지 아니한 지역에 대해서는 건축물의 건축(건축을 목적으로 하는 토지의 형질변경을 포함한다)은 이를 허가하지 아니할 것.<br>다만, 무질서한 개발을 초래하지 아니하는 범위 안에서 도시계획조례가 정하는 경우에는 그러하지 아니하다. |

| 내용 | 허가기준 |
|---|---|
| 토지의<br>형질변경 | ① 토지의 형질변경의 대상인 토지가 연약한 지반인 때에는 그 두께·넓이·지하수위 등의 조사와 지반의 지지력·내려앉음·솟아오름에 관한 실험을 실시하여 흙 바꾸기·다지기·배수 등의 방법으로 이를 개량할 것.<br>② 토지의 형질변경에 수반되는 성토 절토에 의한 비탈면 또는 절개면에 대해서는 옹벽 또는 석축의 설치 등 도시계획조례가 정하는 안전조치를 할 것. |
| 토석의 채취 | 지하자원의 개발을 위한 토석의 채취허가는 시가화 대상이 아닌 지역으로서 인근에 피해가 없는 경우에 한하도록 하되 구체적인 사항은 도시계획조례가 정하는 기준에 적합할 것.<br>다만, 국민경제상 중요한 광물자원의 개발을 위한 경우로서 인근의 토지이용에 대한 피해가 최소한에 그치도록 하는 때는 그러하지 아니하다. |
| 토지분할 | ① 녹지지역 안에서 관계법령에 의한 허가·인가 등을 받지 아니하고 토지를 분할하는 경우에는 건축법 제49조 제1항의 규정에 의한 분할제한면적을 넘는 범위 안에서 도시계획조례가 정하는 면적 이상으로 분할할 것.<br>② 건축물이 없는 토지를 토지이용상 불합리한 토지경계선을 제49조 제1항의 규정에 의한 분할제한면적 미만으로 분할하는 경우로서 분할 후 합필하고자 하는 경우에는 다음의 1에 해당할 것.<br>㉮ 허가신청인이 분할 후 합필되는 토지의 소유권 또는 공유지분이 있거나 그 토지를 매수하기 위하여 매매계약을 체결할 것.<br>㉯ 분할 후 남는 토지의 면적이나 분할된 토지의 인접토지가 합필된 후의 면적이 건축법 제49조 제1항의 규정에 의한 분할제한면적에 미달되지 아니하고, 건축면적의 대지면적에 대한 비율이 당해 지역에 적용되는 건폐율에 저촉되지 아니할 것. 다만, 다음의 1에 해당하는 경우에는 제외한다.<br>ㄱ. 분할하기 전의 토지에 면적에 증감이 없는 경우<br>ㄴ. 분할하고자 하는 기존토지의 면적과 분할 후 남는 토지의 면적이 건축법 제49조 제1항의 규정에 의한 분할제한면적에 미달되고, 분할된 토지와 인접토지를 합필한 후의 면적이 건축법 제49조 제1항의 규정에 의한 분할면적 이상이며, 건축면적에 대한 비율이 당해 지역에 적용되는 건폐율에 저촉되지 아니할 것.<br>㉰ 건축물이 없는 토지를 건축법 제49조 제1항의 규정에 의한 분할제한면적 미만으로 분할하는 경우에는 다음의 1에 해당할 것.<br>ㄱ. 녹지지역 안에서 기존의 묘지를 분할하는 경우<br>ㄴ. 사설도로를 개설하기 위하여 분할하는 경우(사도법에 의한 사도개설허가를 받아 분할하는 경우를 제외한다.) |

# Ⅵ. 최근 개정법률의 주요내용

## 1. 국토의계획및이용에관한법률[일부개정 2007.4.11. 법률 제8370호]

제51조 (지구단위계획구역의 지정 등)

① 건설교통부장관 또는 시·도지사는 다음 각 호의 어느 하나에 해당하는 지역의 전부

또는 일부에 대하여 제1종지구단위계획구역을 지정할 수 있다.(2007. 4. 11.)

1. 제37조의 규정에 의하여 지정된 용도지구

2. "도시개발법" 제3조의 규정에 의하여 지정된 도시개발구역

3. "도시 및 주거환경 정비법" 제4조의 규정에 의하여 지정된 정비구역

4. "택지개발촉진법" 제3조의 규정에 의하여 지정된 택지개발예정지구

5. "주택법" 제16조의 규정에 의한 대지조성사업지구

6. "산업입지및개발에관한법률" 제2조 제5호의 규정에 의한 산업단지(동법 제2조 제6호 가 목에 해당하는 시설용지를 제외한다.)

7. "관광진흥법" 제70조의 규정에 의하여 지정된 관광특구

8. 개발제한구역·도시자연공원구역·시가화조정구역 또는 공원에서 해제되는 구역, 녹지 지역에서 주거·상업·공업지역으로 변경되는 구역과 새로이 도시지역으로 편입되는 구역 중 계획적인 개발 또는 관리가 필요한 지역

  8의2. 도시지역의 체계적·계획적인 관리 또는 개발이 필요한 지역

9. 그 밖에 양호한 환경의 확보 또는 기능 및 미관의 증진 등을 위하여 필요한 지역으로서 대통령령이 정하는 지역


② 건설교통부장관 또는 시·도지사는 다음 각 호의 어느 하나에 해당하는 지역에 대해서는 이를 제1종지구단위계획구역으로 지정하여야 한다. 다만, 관계법률에 의하여 당해 지역에 토지이용 및 건축에 관한 계획이 수립되어 있는 때에는 그러하지 아니하다.(개정 2007. 1. 19.)

1. 제1항 제4호 및 제5호의 지역에서 시행되는 사업이 완료된 후 10년이 경과된 지역

2. 제1항 각 호 중 체계적·계획적인 개발 또는 관리가 필요한 지역으로서 대통령령이 정하는 지역


③ 건설교통부장관 또는 시·도지사는 다음 **각 호**의 1에 해당하는 지역에 대하여 제2종지구단위계획구역을 지정할 수 있다.

1. 제36조의 규정에 의하여 지정된 계획관리지역으로서 대통령령이 정하는 요건에 해당하는 지역

2. 제37조의 규정에 의하여 지정된 개발진흥지구로서 대통령령이 정하는 요건에 해당하는 지역

## 2. 국토의계획및이용에관한법률 시행령[일부개정 2007. 4. 19. 대통령령 제20009호][일부개정]

○ **개정이유**

"국토의계획및이용에관한법률"의 개정(법률 제8250호, 2007. 1. 19 공포·시행)에 따라 신도시 건설 등 국가정책사업을 추진하기 위하여 수립되는 국가계획으로서 도시기본계획에 우선하는 국가계획의 최소규모를 정하고, 계획관리지역 내에서의 용적률의 완화를 통한 주택공급의 확대를 기하는 한편, 그 밖에 현행 제도의 운영상 나타난 일부 미비점을 개선·보완하려는 것임.

○ **주요내용**

**가. 국가정책사업의 추진을 위한 국가계획의 규모 구체화(영 제17조의2 신설)**

① 법률에서 국가정책사업의 추진을 위한 국가계획은 도시기본계획에 우선하도록 하고, 그 국가계획의 규모에 관하여 대통령령에 위임하고 있으므로 이를 구체적으로 정할 필요가 있음.

② 도시기본계획에 우선하는 국가계획으로 추진되는 국가정책사업의 최소규모는 신도시 계획수립에 있어서 고려되는 신도시 규모 등을 감안하여 330만 제곱미터로 함.

**나. 제2종지구단위계획구역의 용적률 상향조정(영 제47조 제1항)**

① 아파트 건설이 가능한 계획관리지역 안에 있는 제2종지구단위계획구역의 경우 용적률을 150퍼센트 이내로 규제하고 있어 수익성 부족 등의 이유로 민간 주택공급이 급격히 감소하는 문제가 있음.

② 계획관리지역은 비도시지역 중 개발에 적합하다고 평가된 지역이고, 제2종지구단위계획 수립 시 적정한 기반시설의 확보가 가능하므로 제2종지구단위계획구역에 적용되는 용적률 완화 비율의 상한을 150퍼센트에서 200퍼센트로 상향조정함.

③ 도시화가 예정된 비도시지역 내에서 치밀한 개발계획을 전제로 하여 용적률을 완화함으로써 주택공급의 확대가 기대됨.

**다. 생산녹지지역 중 동(洞)지역에서의 첨단업종 공장의 신·증설 허용(영 별표 16)**

① 도시지역 내 생산녹지지역에 입지할 수 있는 첨단업종 공장의 경우에 읍·면지역에는

허용되고 동(洞)지역에는 허용되지 아니하고 있는바 환경친화적이거나 공해 발생이 적은 첨단업종 공장은 동지역에도 허용할 필요가 있음.

②  생산녹지지역 중 읍·면지역에서만 허용되었던 첨단업종 공장의 신·증설을 동지역에서도 허용함.

## 기적이 저절로 일어났다

상식으로는 이해할 수 없는
기적적인 일들이 저절로 일어났습니다.
육체가 여러 해 동안 앓아온 여러 고질병이 사라졌습니다.
시력은 저절로 정상으로 돌아왔고, 평생 써왔던 이중 초점 안경이
더 이상 필요 없어졌습니다. 때때로 더할 나위 없이 환희로운
무한한 사랑의 에너지가 갑자기 가슴에서 솟구쳐
기적적 해결을 촉진하곤 합니다.

　　　　　　　　　　　　　- 데이비드 호킨스의 《호모 스피리투스》 중에서 -


\* 단식을 통해서도 이런 기적을 체험하게 됩니다.
어제 3박4일의 '사과 청국장 다이어트'를 끝마치면서
거의 모든 참가자들의 체중과 혈압이 잡히고, 얼굴이 맑아지고,
마음의 상처를 씻어내는 내적 치유의 기적을 경험했습니다.
기적은 결코 멀리 있지 않습니다. 몸을 가볍게 하는
것만으로도 생활 속 기적은 저절로 일어납니다.

# 부동산경매 · 공매의 기초지식

부동산에 대한 경매는 근저당권(저당권) 등에 의한 임의경매가 주류를 이루었으나 최근 들어 채무불이행에 따른 강제경매가 급속히 늘어나는 추세에 있다. 이는 서민들의 경제사정이 어려운 점도 있다고 할 수 있다. 따라서 부동산경매의 절차와 내용, 그리고 법원경매의 장 · 단점에 대하여 검토할 필요가 있다.

## Ⅰ. 경매의 개요

법원경매는 채무자 소유의 담보부동산을 채권자의 신청에 의하여 법적 절차에 따라 강제로 처분하고, 그 처분가액을 채권자에게 나누어주는 집행방법이다. 법원경매는 **강제경매**와 **임의경매**로 나누어지지만 궁극적으로 경매를 한다는 것은 양자 모두 **금전채권**의 만족을 얻기 위하여 국가가 부동산을 강제로 진행시킨다는 공통점에는 큰 차이가 없다.

법원경매를 진행하던 종전의 호가방식을 **담합** 등의 폐단을 없애기 위해 1993년 5월 11일 호가제로 변경되었다. 이에 따라 낙찰가격도 약 10%가 상승하는 커다란 효과를 보게 하였다. 그리고 경매시장의 질서도 상당히 호전되었다. 따라서 경매에 사용되던 용어도 변경되었는데 아래와 같다.

□ 경매→입찰

□ 경락기일→낙찰기일

□ 최고가매수신고인→최고가입찰자

□ 경락인→낙찰인

□ 경락허부결정→낙찰허부결정

## ○ 경매기초자를 위한 용어해설

□ **사건번호:** 2000-19876

　　　　연도　　타경　　물건별접수번호

□ **물건번호:** 물건번호는 한 개의 경매사건에서 2개 이상의 물건이 입찰에 부쳐지는 경우, 이들 물건을 구분하기 위해 사용되는 번호이다. 이때 주의할 점은 일괄경매로 진행되는가 분할경매로 진행되는가를 잘 확인해 보아야 한다.

① **일괄경매:** 물건이 여러 개일 경우 이를 한데 묶어 한 사람이 응찰자에게 일괄적으로 매각시키는 방식

② **분할경매:** 2개 이상의 부동산에 대하여 법원이 유리하다고 판단하거나 응찰자의 요구가 있을 시, 법원의 자유재량으로 물건별로 나누어 각 응찰자에게 매수시키는 방식. 이때 주의할 점은 사건번호 외에 물건번호도 반드시 기재하여야 한다.

□ **신건:** 최초로 입찰에 붙여지는 물건

□ **입찰:** 경매진행방식을 일컫는 말

□ **응찰:** 입찰에 참여

□ **유찰:** 매수희망자가 없어 통상 4주 후에 다시 경매를 진행시키는 것. 1회 유찰 시 30~20%씩 경매가가 저감되나 법원에 따라서는 30%인 곳도 있다. 제주지방법원은 30%씩 저감한다.

□ **낙찰 또는 경락:** 최고가 입찰자에게 매수권한을 주는 것

□ **최초경매가:** 이는 일반적으로 경매물건의 감정가격을 칭하는 것으로 최초경매에 붙일 경우 최저입찰가가 된다.

□ **최저경매가:** 응찰자가 입찰에 참여할 경우 반드시 이 가격 이상을 제시하여야만 최고가 입찰자가 되는 가격을 의미

□ **입찰보증금:** 응찰자는 매수하고자 하는 물건에 대하여 응찰하고자 하는 가격의 10%를

보증금으로 제시하여야 하는데 이를 칭하는 말이다. 일반적으로 재경매의 경우 입찰보증금은 20%로 하게 되는데 입찰공고 시 특별매각조건으로 공고하게 된다.

□ **재경매:** 낙찰받은 경락인이 대금 납일기일까지 대금을 납부하지 않아 법원의 직권으로 경매를 다시 실시하는 경우, 이 경우 모든 매각가격조건은 기존경매조건과 동일하다. 이때 입찰보증금은 20%로 늘어나게 된다.

□ **신경매:** 적합한 경매절차에 따라 경매를 실시하였지만, 아래와 같은 이유들로 인하여 낙찰자가 정해지지 않아 경매를 다시 시작하는 것.

① 응찰자(매수신고인)가 없어 유찰된 경우
② 이해관계인의 불허가 신청이 받아들여진 경우
③ 낙찰허가결정은 있었으나 항고에 의해 취소된 경우
④ 경매목적물의 훼손에 의해 경락불허 또는 취소된 경우
⑤ 절차상의 문제 혹은 기타의 특별한 다른 이유로 절차가 취소된 경우

○ **특별매각가조건**

① **법정(일반)매각조건:** 경매를 신청함에 있어서 일반적으로 적용되는 조항들을 말한다. 예) 최저경매가격 미만의 매각불허, 잉여 가망 없는 경우의 경매불허, 매수인의 무자격, 매수신청인의 의무, 경락인의 대급지금의무와 그 지급시기 등

② **특별매각조건:** 공익에 필요하다고 인정될 경우 법원의 직권으로 특별히 조건을 붙여 매각을 결정하는 것. 예) 입찰보증금 20%, 잔금지연이자 연 25%, 농지매매증명 제출요하고, 지상권성립 여지가 있다. 선순위가압류 낙찰자 인수 등. 이러한 물건의 입찰에 응할 경우 세심한 주의 필요하다.

□ **제시 외 물건:** 채무자(경매당하는 사람)의 소유가 채권자에 의해 증명되어 경매의 목적물이 된 미등기부동산을 칭함

① 감정서에 포함된 물건 – 경락인에게 소유권이 낙찰로 인해 자연적으로 이전됨
② 감정서에 포함되지 않은 물건 – 철거를 신청하거나 부가비용을 들여 인수하여야 함. 이러한 물건에 대한 경매참가 시에는 물건에 대한 가격평가 및 취득 후 발생될 법적인 문제 등 부담하게 될 부가적인 비용을 철저히 계산해 본 후 입찰에 응해야 함.

□ **촉탁등기:** 관공서가 등기권리자를 위하여 등기를 촉탁하게 되는 등기

□ 진행의 중지

① 취하 - 경매신청자가 신청 자체를 철회하는 것

② 취소 - 경매개시결정 이후 이미 실행된 경매절차의 전부 또는 일부 효력을 상실시키는 것

③ 정지 - 이미 실행된 절차는 그냥 두고, 장래의 절차만 일시적으로 정지하는 것

④ 변경 - 경매진행절차 중 돌발적인 사태가 발생하여 계속 진행이 무리가 있다고 여겨질 때 법원이 직권에 의하여 경매기일을 바꾸는 것

⑤ 연기 - 경매부동산의 이해관계인들이 유리하다고 판단될 경우 경매신청인의 동의를 받아 지정된 경매기일을 연기시키는 것

□ **차순위 입찰신고:** 최고가 매수신고인이 예정된 잔금날짜에 대금을 납부하지 않을 경우 다음 순위의 매수신고인에게 매수의 기회를 넘겨주는 제도로 차순위신고를 입찰가격과 자신의 입찰가격의 차이가 **10% 이하**인 사람만이 그 즉석에서 접수한다.

□ **대위변제:** 이해관계가 있는 제3자는 특정이유로 인하여 채무자의 의사에 상관없이 남의 채무를 변제할 수 있다. 변제시기에 대한 학설은 분분하지만 판례는 변제시기를 배당요구 종기일까지로 보고 있다.


# Ⅱ. 강제경매(민사집행법 제80조 내지 제162조)


**집행권원**(채무명의)을 가지고 있는 채권자가 그 채무명의에 표시된 이행청구권의 실현을 위해 채무자 소유의 부동산을 압류한 후 매각(경매)시켜 그 매각대금에서 금전채권의 만족을 얻는 강제집행방법이다. 여기서 **채무명의**라 함은 채권자가 채무자에게 대하여 급부청구권(돈을 받을 권리)을 가지고 있음을 표시하고 그 청구권을 **강제집행**할 수 있음을 인정한 **공적인 문서**를 말한다. 이들에는 **확정이행판결**, **가집행선고부판결**, 확정된 **지급명령**, 각종 조서(**화해, 청구의 인낙조서**), 공증된 어음 등이 포함된다.

가령, 에어컨 대리점을 경영하는 제주시의 K 씨는 얼마 전 잘 아는 친구에게 컴퓨터 10대를 판매한 다음, 친구가 발행한 약속어음을 매매대금으로 받아 만기에 지급제시를 하였으나 그 어음은 부도가 나서 지급이 되지 않았다. K 씨는 어음청구소송을 거쳐 어음채무자의 부동산을 압류한 후 강제경매를 신청하였다. 이와 같이 강제경매는 채무자 소유의 부동산을 압

류하여 강제적으로 법원을 통하여 매각하여 그 대금으로 채권자의 채권을 변제하려는 목적을 가지는 강제집행방법이다.

## III. 임의경매(담보권실행을 위한 경매) 민사집행법 제264조 내지 275조

저당권, 질권, 유치권, 전세권, 담보가등기 등 담보물권이 가지고 있는 경매권에 의하여 실행되는 경매를 말한다. 임의경매는 담보물권이 설정된 후에 실행되므로 예견된 경매라고 할 수 있으며, 강제경매를 예견되지 않은 경매라고 할 수 있다.

가령, 연동 S아파트의 L 씨는 연동의 D금고에서 근저당을 설정하고 1억 원을 빌렸다. 그러나 L 씨의 생활은 극도로 악화되어 D금고에 원금은 물론 이자도 지급하지 못하여 결국 D금고는 채권회수를 위하여 L 씨 소유인 S아파트를 부동산 소재지의 관할 지방법원에 임의경매를 신청하였다. 이와 같이 담보권실행을 위한 강제매각으로 저당권, 전세권 등 담보권에 내재하는 환가권에 기하여 실행되는 것이 임의경매이다.

## IV. 강제경매와 임의경매의 비교

### (1) 집행권원의 유무

강제경매에 있어서는 집행문이 부여된 판결(판결과 동일시되는 조정조서·화해조서·지급명령 등 포함) 또는 집행문이 부가된 공정증서가 반드시 존재함을 요하나, 임의경매에 있어서는 집행력 있는 정본을 필요로 하지 아니하며, 다만 담보권의 존재를 증명하는 등기부 등본만을 필요로 한다.

### (2) 공신력 효과의 유무

강제경매에서는 공신력이 있어서 일단 경매절차가 완결된 때에는 후에 채무명의가 재심 등에 의하여 효력이 상실되더라도 경매절차를 번복할 수 없고, 따라서 경락인은 취득한 소유권을 잃지 않는다.

그러나 임의경매에 있어서는 담보권의 부존재·피담보채권의 불발생·소멸 등과 같은 실체상의 하자가 있으면 경락인이 경락대금을 완납하고 소유권이전등기를 마쳤더라도 경락인은 경락목적물의 소유권을 취득하지 못한다.

### (3) 실체상의 하자가 경매절차에 미치는 영향

강제경매에 있어서는 집행채권의 부존재·소멸·이행기의 연기 등과 같은 실체상의 하자는 **청구이의의 소**로서만 이를 주장할 수 있고, 경매개시결정에 대한 이의 사유나 경락허가에 대한 이의 사유 및 경락허가결정에 대한 항고 사유가 되지 못함에 반하여, 임의경매에 있어서는 담보권의 부존재·피담보채권의 불발생·소멸 등과 같은 실체상의 하자도 경매절차에 영향을 미치므로, 이해관계인은 절차상의 하자 외에 실체상의 하자를 이유로 경매개시결정에 대한 이의를 할 수 있고, 또한 경락허가에 대한 **이의** 및 경락허가결정에 대한 **항고**를 할 수 있다.

## V. 경매절차의 이해관계인(민사집행법 제90조)

### (1) 경매절차상의 이해관계인의 범위

① 압류채권자와 집행력 있는 정본에 의한 배당을 요구한 채권자(동조 1호)
② 채무자 및 소유자(동조 2호)
③ 등기부에 기입된 부동산 위의 권리자(동조 3호)

경매신청 당시에 이미 등기가 되어 등기부에 나타난 자를 말한다. 이에는 저당권자, 전세권자, 임차권자, 지상권자, 저당채권의 질권자 등이 이에 해당되어 이해관계인이 된다. **가등기**는 경매절차에 있어서 이해관계인이라 할 수 없으나(대법원 1974. 10. 23 선고 74마402 결정), **담보가등기권자**는 이해관계인으로 본다.(가등기담보등에관한법률 제16조 3항) **처분금지가처분권자, 예고등기권자, 가압류채권자** 등은 이해관계인이 아니다.

④ 부동산 위의 권리자로서 그 권리를 증명한 자(동조 4호)

부동산 위의 권리자라 함은 경매신청기입등기 이전에 목적부동산에 대하여 등기 없이도 제3자에게 대항할 수 있는 물권 또는 채권을 가진 자를 말한다. 이에 해당하는 자로서는 **법정지상권자, 유치권자, 점유권자, 특수지역권자, 건물등기 있는 토지임차인**, 주택의 인도 및 주민등록을 마친, 즉 대항력 있는 **주택임차인** 등이 있다. 그러나 등기 없는 진정한 소유자, **명의신탁자** 등 사실상 소유자는 이해관계인이 아니다.

위의 권리자라 하더라도 그 권리를 가지고 있다는 것만으로는 당연히 이해관계인으로 되는 것은 아니고 경매법원에 그 권리를 신고한 자만이 이해관계인으로 된다.

⑤ 공유자(판례)

공유물의 지분을 경매하는 경우에는 다른 공유자는 이해관계인에 해당되어 공유인에게 경매기일과 경락기일을 통지하여야 한다.(대법원 1995. 4. 25 선고 95마35 결정)

### (2) 이해관계인의 권리

① 경매개시결정에 대한 이의신청권
② 부동산에 대한 침해방지조치신청권
③ 배당요구신청 또는 이중경매신청의 통지를 받을 수 있는 권리
④ 경매기일 및 경락기일을 통지 받을 권리
⑤ 매각조건의 변경에 합의할 수 있는 권리
⑥ 경매기일에 출석할 수 있는 권리
⑦ 경락기일에 경락에 관한 의결진술권
⑧ 경락허부결정에 대한 항고권
⑨ 배당기일에 소환을 받을 권리
⑩ 배당기일에 출석할 권리 및 배당표에 대한 의견을 진술할 권리

## Ⅵ. 경매표기방식

개인이나 법인의 압류로 인한 강제경매개시결정이 있을 경우 등기부에 기입되는 형식은 '압류'가 아닌 **'강제경매'**로 나타난다. 반면에 국세나 지방세 등의 조세채권 확보를 위한 압류가 있을 경우에는 등기부에 **'압류'**로 기입된다. 즉, 개인이나 법인의 압류는 강제경매절차가 이미

개시되었음을 뜻하고 국세 등의 압류는 등기부에 '압류' 기입으로 강제경매절차가 개시되었음을 뜻하는 것은 아니다. 압류된 국세 등 조세채권의 집행은 **성업공사**를 통해서 이루어진다.

## VII. 성업공사의 공매와 경매의 비교

법원경매는 채무자 소유의 담보부동산을 채권자의 신청에 의하여 법절차에 따라 강제로 처분하고 그 처분가액을 채권자에게 나누어주는 집행방법이다.

공매는 성업공사 등이 금융기관이나 일반 기업의 비업무용부동산(**성업공사의 비업무용 부동산공매**) 또는 국세, 지방세 체납에 따른 압류부동산(**성업공사의 압류재산 공매**) 또는 기업이나 은행이 보유하고 있던 자산을 성업공사가 직접 매입한 인수자산을 매입절차에 따라 매각하는 것이다. 이러한 공매는 국세 등을 체납한 경우 세부서 등이 그 체납액을 확보하기 위하여 성업공사에 압류물건을 매각의뢰해서 나오기도 하지만 대부분 금융기관들이 채권을 확보하기 위해 경매처분된 부동산을 다시 매입하여 성업공사에 공매의뢰(**성업공사의 인수자산 공매**)를 하는 경우가 대부분이다.

## VIII. 법원경매의 장점

□ 일반 시세보다 저렴하다.
□ 매물이 다양하다.

## IX. 법원경매물건의 단점

□ 권리분석이 어렵다. 따라서 물건의 하자는 본인이 책임진다.
□ 낙찰(경락)이 불허되는 경우도 있다.

□ 세입자 등이 항고, 재항고를 할 경우 인도가 늦어져 입주기일을 맞추기 어렵다.

□ 명도를 경락인이 하여야 하므로 입주기일을 맞추기 어렵다.

□ 공매와는 달리 매매대금을 분할 납부할 수 없으며 일괄 납부하여야 한다.


## X. 경매부동산의 취득 시 유리한 점


□ 토지거래허가 및 증명 불필요

□ 상계신청 가능

□ 채무인수신청 가능

□ 대금감액신청 가능


## XI. 세금


□ 등록세: 낙찰대금의 3%

□ 교육세: 등록세의 20%

□ 취득세: 낙찰대금의 2%

□ 농어촌특별세: 취득세의 10%

□ 채권: 내무부 고시가 기준에 의하므로 법무사나 전문가에게 의뢰 요함.

□ 말소등록세: 등기부 등본상 기입·등기된 사건 수에 따라 차이가 있다.


취득세와 농어촌특별세는 자금이 부족할 시 낙찰대금납부일로부터 30일 이내에만 관할구청 세무1과에 납부하면 된다. 연체되면 가산세가 20% 가산된다. 다만 농어촌특별세는 전용면적 85㎡ 이하인 국민주택은 비과세가 된다.

취득세와 등록세는 부동산 소재지 관할구청 세무과에서 취득세신고서와 등록세고지서를 발급받아 금고사무를 취급하는 금융기관에 납부하면 된다. 납부 시에는 반드시 영수증 및 등기소 통보용 납입필통지서를 회수받아 영수증은 보관하고 등기소 납입필통지서는 소유권이 전등기 구비서류에 첨부하여야 한다.

법원경매물건은 채권을 매입하여야 하는데 토지대장상의 등급과 공시지가표에 의한 행정자치부고시가를 산출하여 법원지정 은행에서 구입하면 된다. 일반적으로 할인을 하게 되므로 비용은 줄어들 수도 있다.

그리고 등기말소 등록세는 등기부 등본상의 물권들을 지워야 하는 비용으로 건수에 따라 달라진다.

## XII. 경매의 취소와 취하

### 1. 민사집행법 제102조 남을 가망이 없을 경우의 경매취소

① 법원은 최저경매가격으로 압류채권자의 채권에 우선하는 부동산의 모든 부담을 절차비용을 변제하면 남을 것이 없겠다고 인정한 때에는 압류채권자에게 이를 통지하여야 한다.

② 압류채권자가 제1항의 통지를 받은 날로부터 1주일 이내에 제1항의 부담과 비용을 변제하고 남을 만한 가격을 정하여 그 가격에 맞는 매수신고가 없을 때에는 그 가격으로 매수하겠다고 신청하면서 충분한 보증을 제공하지 아니하면, 법원은 경매절차를 취소하여야 한다.

③ 제2항의 취소 결정에 대해서는 즉시 항고할 수 있다.

### 2. 민사집행법 제93조 경매신청의 취하

① 경매신청의 취하되면 압류의 효력은 소멸된다.

② 매수의 신고가 있은 뒤 경매신청을 취하하는 경우에는 최고가매수신고인 또는 제114조의 차순위매수신고인의 동의를 받아야 그 효력이 생긴다.

③ 제49조 제3호 또는 제6호의 서류를 제출하는 경우에는 제1항 및 제2항의 규정을, 제49조 제4호의 서류를 제출하는 경우에는 제2항의 규정을 준용한다.

# 법률구조제도의 기초지식

법률구조제도는 1987년도에 법률구조법에 의하여 대한법률구조공단이 비영리 공익법인으로 출범함으로써 모든 국민을 대상으로 법률문제 전반에 대하여 무료법률상담의 법률봉사제도이다. 따라서 법률구조공단의 무료법률구조사업과 국선변호인제도에 대하여 검토할 필요가 있다.

## Ⅰ. 법률구조제도란 무엇인가

법률구조제도는 경제적으로 어렵거나 법을 모르기 때문에 법의 보호를 충분히 받지 못하는 사람들에게는 법률사무에 관한 각종 지원을 하여 줌으로써 그들의 정당한 권리를 절차에 의하여 보호하고 더 나아가 국민의 기본적 인권을 옹호하는 법률분야의 사회복지제도이다. 말하자면, 억울한 피해를 당하고도 법을 모르거나 소송비용이 없어서 정당한 법절차에 따른 권리구제절차를 밟지 못하는 서민들에게 무료로 법률상담을 해 주고 소송비용을 빌려 주거나 변호사를 선임해서 소송을 해 줌으로써 모든 국민이 평등하게 법의 보호를 받도록 도와 주는 제도라 할 수 있다.

우리나라에도 그전부터 **한국가정법률상담소**와 같은 수많은 단체들이 무료법률봉사활동을 해 왔으나 전 국민을 상대로 하는 본격적인 구조사업은 1972년에 재단법인 대한법률구조협회가 법무부 산하단체로 발족되면서 시작되었다고 할 수 있다. 법률구조협회는 전국의 검찰청과 그 지청에 사무실을 두고 검사를 비롯한 법무공무원들이 주축이 되어 전국의 국민들을 상대로 **무료법률상담**과 소송구조의 혜택을 베풀어 왔었다.

그러나 검찰의 부수업무로 행해짐으로써 수사기관인 검찰에 과중한 부담을 주게 되었고, 국민들도 점차적으로 사선변호사에 의한 구조혜택을 바라게 되었다. 그래서 관 주도의 법률구조업무를 민 주도의 독립된 기구에 맡겨 국민들에게 사선변호사를 선임하는 것과 마찬가지의 법률봉사를 하는 체제로 전환하기 위하여 1986년 12월 23일에 법률구조법이 제정되고 동 법률에 의하여 1987년 9월 1일에는 특수법인인 대한법률구조공단이 창설되게 되었다.

## Ⅱ. 대한법률구조공단

대한법률구조공단은 1987년 9월 1일 **법률구조법**에 의하여 설립된 비영리 공익법인으로서 모든 국민을 대상으로 민사·가사·형사·행정사건 등 법률문제 전반에 대하여 무료 법률상담을 하고 있다. 그러나 소송의 경우에는 대상자격을 갖춘 경우에만 구조를 받을 수 있고, 소송비용도 의뢰자로부터 상환받는 것을 원칙으로 하고 있다.

공단의 사업내용에 대하여 자세한 것은 대한법률구조공단 홈페이지(www.klac.or.kr.)에 접속하면 알 수 있는데, 공단은 서울특별시에 본부를 두고 있으며, 전국의 법원과 검찰청에 대응하여 13개 지부와 41개 출장소를 운영하고 있다. 특히 서울지부에서는 일요일 및 야간에도 상담을 하고 있으며, 본부 및 지부 등에서는 출장상담, 이동법률상담도 실시하고 있다.

공단에서는 상담결과에 따라서 필요할 경우 민사·가사사건에 대해서는 당사자 간의 화해·조정을 도모하고, 변호사 또는 공익법무관에 의한 소송대리서비스를 제공하며, 형사사건에 대해서는 변호사 또는 공익법무관이 변호를 하는 등 본격적인 법률구조를 하게 된다.

## 1. 민사·가사사건

### 가. 대상사건
국가를 상대로 하는 사건을 제외한 모든 민사·가사사건

### 나. 대상자
① 월평균 수입 200만 원 이하의 국민(국내거주 외국인 포함)
② 농·어민
③ 6급 또는 6급 상당 이하의 공무원
④ 위관급 장교 이하의 군인
⑤ 국가보훈 대상자
⑥ 물품의 사용 및 용역의 이용으로 인한 피해를 입은 소비자
⑦ 국민기초생활보장법에 의한 수급자
⑧ 장애인복지법 제2조에 의한 장애인
⑨ 헌법재판소가 소속변호사나 공익법무관을 국선대리인으로 선정한 사건의 청구인
⑩ 법원으로부터 소송구조결정을 받은 사건의 피구조자
⑪ 영세 담배 소매인
⑫ 가정폭력, 성폭력으로 인한 피해를 입은 여성(국내거주 외국인 여성 포함)
⑬ 기타 생활이 어렵고 법을 몰라 스스로 법적 수단을 강구하지 못하는 국민
⑭ 월평균 수입 200만 원 이하의 국내 거주 외국인
⑮ 임금 및 퇴직금 체불로 인한 피해 근로자(국내 거주 외국인 포함)

### 다. 처리절차
① 공단 소정양식의 법률구조신청서, 본인의 주민등록등본, 법률구조 대상자임을 입증할 자료, 관련 사실을 입증할 자료를 해당지역의 공단사무실에 제출한다.
② 법률구조신청서가 접수되면 공단은 즉시 사실조사에 착수하며 사실조사 과정에서 미비한 서류를 보완하도록 한다.
③ 공단은 사실조사가 일정 단계에 이르면 당사자에게 분쟁에 대한 법률적인 문제점과 그 해결방법을 제시하여 당사자 간에 원만하게 화해를 이룰 수 있도록 권유하고, 이러한 노력에

도 불구하고 화해가 성립하지 않을 경우에는 구조의 타당성, 승소 가능성, 집행 가능성을 심사하여 '소송'을 할 것인지 여부를 결정한다.

④ 소송을 하기로 결정된 사건은 공단 소속변호사나 공익법무관이 소송을 수행하게 된다.

⑤ 공단에서 의뢰자가 신청한 사건이 구조대상이 아니라고 결정했더라도 의뢰자는 공단의 중앙법률구조심사위원회에 이의신청을 할 수 있으며, 중앙법률구조심사위원회에서는 이의신청된 사건을 재검토하여 구조 여부를 다시 결정하게 된다.

### 라. 소송비용

소송을 하지 않고 화해로 끝난 사건은 비용을 받지 않는다. 그러나 일단 소송에 들어간 사건은 소송이 종료된 후에 공단에서 지출한 인지대 등 소송비용을 의뢰인으로부터 상환받는다. 이렇게 상환받은 비용은 다른 사람들을 위한 법률구조사업에 다시 쓰이게 된다.

그러나 의뢰인은 공단에 상환할 비용을 법원의 소송비용확정절차를 거쳐 패소한 상대방으로부터 회수할 수 있을 뿐만 아니라, 공단에서도 의뢰자의 구체적인 사정을 고려하여 경우에 따라서는 분할 상환하도록 하거나 상환을 면제시켜 주기도 한다.

| 무료법률 구조사업 | | |
|---|---|---|
| 무료법률구조사업이란 공단이 농·수협, 조흥은행, KT&G(구한국담배인삼공사), 여성가족부와 각각 협약을 맺고, 동 협약에 따라 이들 기관이 공단에 출연한 적립금을 재원으로 하여 각각 농업인, 어업인, 축산인, 도시영세민, 담배 소매인과 가정폭력·성폭력·성매매로 인한 피해를 입은 여성 등에게 무료로 법률구조를 해 주는 사업이다. | | |
| 출연기관 | 대상자 | 사업개시일 |
| 농업중앙회 | 농업인, 축산인 | 1996. 7. 1. |
| 수협중앙회 | 어업인 | 1996. 7. 1. |
| 조흥은행 | 생활보장수급자, 소년·소녀가장, 장애인, 국가보훈 대상자, 모·부자가정, 월평균 수입 200만 원 이하이고 재산세 미과세 대상자 중 주택임대차보호법에서 정한 소액임차인 | 1997. 10. 1. |
| KT&G | 영세 담배 소매인 | 1999. 2. 1. |
| 여성가족부 | 가정폭력·성폭력·성매매로 인한 피해를 입은 여성(국내 거주 외국인 여성 포함) | |
| | | |

## 2. 행정소송 및 헌법소원사건

### 가. 대상사건

모든 행정소송사건, 헌법소원사건. 단 행정심판사건은 국무총리 행정심판위원회 및 각 시·도 행정심판위원회사건.

### 나. 대상자

민사·가사사건과 동일

### 다. 처리절차 및 소송비용

민사·가사사건과 동일

## 3. 형사사건

### 가. 대상사건

구속사건, 공판절차에 회부된 사건, 소년부에 송치된 사건, 재심사건

### 나. 대상자

① 월평균 수입 200만 원 이하의 국민

② 농·어민

③ 6급 또는 6급 상당 이하의 공무원

④ 국가보훈 대상자

⑤ 국민기초생활보장법에 의한 수급자

⑥ 장애인복지법 제2조에 의한 장애인

⑦ 영세 담배 소매인

⑧ 가정폭력과 관련된 형사사건의 구속 피의자 또는 피고인인 여성

⑨ 법원이 소속변호사나 공익법무관을 국선변호인으로 선정한 사건의 피의자 또는 피고인

⑩ 국내 거주 북한 이탈 주민

⑪ 기타 생활이 어렵고 법을 몰라 스스로 법적 수단을 강구하지 못하는 국민

⑫ 월평균 수입 200만 원 이하의 국내 거주 외국인

### 다. 처리절차
민사·가사사건과 동일

### 라. 소송비용
형사사건과 관련된 일체의 비용은 공단에서 부담한다. 단 보석보증금 또는 보석보증보험증권 수수료는 의뢰자가 부담한다.

## Ⅲ. 한국가정법률상담소

한국가정법률상담소는 1956년 세워진 우리나라 최초의 법률구조기관이다. 민간단체로는 처음으로 법률구조법상 법률구조법인으로 등록한 이후 현재까지 법률상담을 포함한 모든 법률구조사업을 무료로 벌이고 있으며, 상담도 가사사건에 한하지 않고 민사, 형사 등 법률문제 전반에 대하여 실시하고 있다. 현재 서울 여의도에 본부를 두고 국내 32개 지역, 미국의 6개 지역에 상담소 지부가 설치되어 있다. 자세한 것은 한국가정법률상담소 홈페이지(www.lawhome.or.kr)를 접속하면 알 수 있다.

### 1. 법률상담

전문법률상담위원과 자원봉사 변호사 그리고 공익법무관 등이 법률상담을 하고 있으며, 민사, 가사, 형사사건 등 법률문제 전반에 대하여 무료로 법률상담을 실시하고 있다. 상담방법은 면접, 인터넷과 지상·순회·출장·전화상담 등 다양한 상담창구가 개설되어 있다.
면접상담은 평일 오전 10시부터 오후 5시까지이며, 야간상담은 매주 월요일 오후 6시부터 9시까지이다. 인터넷을 통한 사이버상담도 하고 있다.

## 2. 화해조정 및 무료대서

화해조정은 부부간에 여러 가지 갈등으로 상담소를 방문했을 때 곧바로 법에 의한 강제적인 해결에 맡기지 않고 당사자와 그에 관련되는 사람들을 상담소에 내방하게 하여 대화를 나누도록 함으로써 서로의 입장 차이를 줄이고 양보하여 원만한 해결책을 찾도록 하는 과정으로, 상담소는 분쟁 해결의 최우선으로 화해권유 및 조정성립을 위해 많은 노력을 기울이고 있다.

또한 상담소는 경제적으로 어려워 대서비용도 부담할 수 없는 사람들을 위하여 간단한 소송 관련 서류를 작성해 주는 무료대서 서비스도 제공하고 있다.

## 3. 소송구조

상담결과 소송이 필요한 어려운 사람들을 위해서는 가사사건 및 이와 관련 있는 사건을 대상으로 백인변호사단의 변호사와 공익법무관이 소송대리를 해 주고 있다.

### 가. 소송구조 대상자

① 생활보호 대상자

② 법을 잘 모르거나 경제적으로 생활이 곤란하여 스스로 소송을 수행할 수 없다고 인정되는 자

### 나. 소송구조절차

① 소송구조신청자는 호적 등본 및 주민등록등본, 구조 대상자임을 입증할 수 있는 서류, 입증방법 및 소명자료 등을 첨부한 소송구조신청서류를 상담소 법률구조위원회에 제출한다.

② 소송비용은 무료를 원칙으로 하나 소송사건이 종료된 후 상담소에서 지출한 소송비용과 그 사건의 승소가액을 기준으로 하여 일정한 비율에 의하여 산출한 비용을 의뢰자에게 상환토록 한다. 그러나 소송비용의 상환이 부적당하다고 인정되는 사건이나 의뢰자의 경제적 형편을 고려하여 상환을 면제하거나 감액해 주기도 한다.

## 4. 법률구조처리건수

상담소는 1956년 설립 이래 2002년 말까지 총 1,735,082건의 법률구조사업을 했는데, 그 내용을 살펴보면, 법률상담 1,712,578건, 화해조정 9,314건, 무료대서 12,688건, 소송구조 502건 등이다.

법률상담의 경우 전화상담 등도 가능하지만, 직접 상담을 희망하는 사람은 각 지역에 설치되어 있는 상담소에 내방하여 내담자조사서를 작성한 후 개별상담실에서 상세한 상담을 하게 된다. 인터넷상담은 www.lawhome.or.kr을 통해 할 수 있다.

## Ⅳ. 국선변호인제도

### 1. 국선변호인제도

변호인의 선임은 개인이 자기 비용을 들여 선임하는 것이 원칙이지만, 특정한 경우에는 국가(법원)가 비용을 부담하며 선임하기도 한다. 이를 국선변호인제도라고 하며, 이때 국가가 선임하는 변호인을 국선변호인이라 한다.

### 2. 법원이 직권으로 국선변호인을 선정하는 경우

가. 피고인이 미성년자일 때
나. 피고인이 70세 이상일 때
다. 피고인이 농아자일 때
라. 피고인이 심신장애가 의심되는 자일 때
마. 피고인이 빈곤 등 기타 사유로 변호인을 선임할 수 없는 때(단 피고인의 청구가 있어야 한다.)

## 3. 필요적 변호사건

필요적 변호사건이란 국선변호인이 반드시 선임되어야 하는 사건으로, 사형, 무기, 또는 단기 3년 이상의 징역이나 금고에 해당하는 사건을 말한다. 단 판결만을 선고할 경우에는 예외로 한다.

국선변호인은 피고에게만 인정되고 피의자에게는 인정되지 않는다. 다만, 체포·구속적부심사를 청구한 피의자가 위와 같은 국선변호인 선임 사유에 해당하고 변호인이 없는 때에는 국선변호인을 선정해야 한다. 이는 피의자에 대하여 국선변호를 인정하고 있는 유일한 예외이다.

## 존중과 배려

진정한 시너지란
'존중'과 '배려'에서 나옵니다.
자연을 한번 둘러보십시오. 초원의 식물은
한꺼번에 꽃을 피우지 않습니다. 저마다 꽃이 피고
지는 시기가 다르고 그 모양과 색깔도 천차만별입니다.
그것이 아름다운 초원이 연출되는 비결입니다.
나와 너의 개성이 우리의 아름다움으로 다가오고,
우리의 아름다움 속에서 나와 너의 개성이
꽃을 피우는 것입니다.

- 유영만의 《기린과 코끼리에게 배우는 공생의 기술》 중에서 -


* 시너지(Synergy)는
'하나 빼기 하나는 0'의 셈법이 아니라
하나 더하기 하나는 둘, 그 둘에 둘을 곱해서 넷,
그 넷을 다시 곱해 열여섯 서른둘이 되는 것입니다.
꽃이 천차만별이듯 사람도 한 사람 한 사람이 다 다릅니다.
모양도 개성도 다른 사람이 서로 존중하고 배려하며
둘, 넷, 열여섯의 아름다운 꽃을 피워내는 것이
진정한 시너지입니다.

# 결혼과 이혼의 기초 법률지식

최근 우리나라에서는 결혼 연령이 높아지고, 이혼율이 세계 최고의 수준을 자랑할 만큼 높아지고 있다. 함께 생활하던 부부가 이혼을 할 수밖에 없는 경우에 위자료청구와 재산분할청구 그리고 자녀양육문제 등이 오늘날 심각하게 대두된 문제이다. 나아가 자녀에 대한 면접교섭권, 그리고 재혼과 친양자제도가 문제가 된다.

## I. 약혼과 파혼

### 1. 약혼의 형식

약혼이란 두 남녀가 혼인할 것을 약속하는 것이다. 가문이나 사람에 따라서 약혼식을 올리기도 하나, 약혼에 특별한 방식이 필요한 것은 아니다. 약혼도 하나의 약속으로서 지켜져야 하는 것이기는 하지만, 한쪽이 다른 한쪽에 대해서 강제로 혼인(결혼)을 요구할 수 있는 것은 아니다.(민법 제803조) 따라서 약혼한 후에 혼인을 원하지 않는 사람은 상대방에게 혼인하지 않겠다는 뜻을 알림으로써 혼인약속을 없었던 것으로 할 수 있다. 이를 파혼이라 한다.

## 2. 약혼에도 나이 제한이 있다

우리나라에서 약혼할 수 있는 나이는 남자 **만 18세**, 여자 **만 16세** 이상이다. 그러나 **만 20세** 미만의 경우 본인들만의 약속으로 약혼이 되는 것은 아니고, 부모 등 일정한 자의 동의를 얻어야만 약혼이 된다. 만일 동의를 받지 않고 약혼했다면 그 약혼은 본인이나 부모 등이 취소할 수 있다. 만 20세 이상일 경우에는 본인들의 의사만으로 자유로이 약혼을 할 수 있다.

## 3. 약혼하면 무엇이 달라지나?

약혼한 사람들은 가까운 장래에 혼인할 의무를 진다. 따라서 약혼한 사람이 이유 없이 혼인을 장기간 지연시킨다면 파혼 사유에 해당되며, 경우에 따라서는 **손해배상책임**까지 부담하게 된다. 혼인과는 달리 약혼을 했다고 하더라도 약혼자 사이 및 약혼자와 상대방의 가족 사이에는 아무런 친족관계도 발생되지 않는다. 즉, 약혼기간에도 법률상으로는 남남에 불과하다. 또 약혼 중에는 성행위를 요구할 권리와 이에 응할 의무 또한 없다.

## 4. 결혼을 전제로 한 성관계

성관계를 맺었더라도 상대방이 원하지 않으면 혼인을 강제할 수는 없다. 만약 남자가 혼인할 마음은 없으면서 혼인할 것처럼 속여서 성관계를 맺었다면 형사상 **혼인빙자간음죄**로 고소할 수 있고 민사상 손해배상을 청구할 수 있다. 이때 고소는 그 사실을 안 날부터 6개월 이내에 해야 하며, 한 번 고소했다가 취소하면 다시 고소할 수 없으므로 신중해야 한다. 다만 이때에도 손해배상청구는 가능하다.

그러나 성관계 시에는 혼인할 의사가 진정으로 있었으나, 후에 마음이 변하여 혼인에 이르지 아니한 경우에는 혼인빙자간음죄조차 성립되지 않는다. 불법행위를 이유로 한 손해배상청구도 가능하지만, 정조 상실에 대한 손해에 대하여 손해배상을 받는 것은 그리 쉬운 일이 아니다. 판례에 의하면, "원래 순수한 약혼관계에서는 부부의 성생활이 동반될 수 없는 것이므로 순수한 약혼 당사자 사이의 성행위도 각자의 의사에 의하여 각자의 위험부담하에 스스로 일정 한계선을 넘어서 함부로 저지른 결과에 불과한 것이다. 따라서 자신의 행동에 의한 자신의 위험결과를 상대방에게 귀책시킬 수는 없는 것이므로 파혼위자료 가운데에 정조 상실의 대가는 포함시킬 수 없다."라고 하고 있다.

## 5. 파혼은 아무 때나 가능한가?

파혼은 두 사람이 합의한다면 아무런 이유 없이도 가능하다. 그러나 약혼이 혼인을 강제할 수 있는 것은 아니라고 하더라도, 약혼은 하나의 약속으로서 아무런 이유 없이 깨뜨릴 수 있는 것은 아니다.

법적으로 정당한 파혼 사유는 ① 약혼 후 자격정지 이상의 형의 선고를 받은 때, ② 약혼자가 금치산 또는 한정치산의 선고를 받은 때, ③ 약혼자가 성병·불치의 정신병 등 불치의 병이 있을 때, ④ 약혼자가 다른 사람과 약혼 또는 혼인한 때, ⑤ 약혼자가 다른 사람과 간음한 때, ⑥ 약혼자의 생사가 1년 이상 분명하지 않은 때, ⑦ 약혼자가 정당한 이유 없이 혼인을 거절하거나 미루는 때, ⑧ 이 밖에 결혼할 수 없는 중대한 사유가 있을 때 등이다. 여기에서 '기타 중대한 사유'란 대체로 약혼자의 사회적 지위의 관점에서 결정되어야 할 것이다. 예컨대, 사기·강박에 의한 약혼의 경우, 가족을 부양할 능력이 없는 정도로 재산상태가 악화된 경우, 재산상태의 착오, 상대방의 불성실, 상대방 또는 그 부모에 의한 모욕·냉대, 혼인에 대한 부모의 동의거부, 기타 혼인조건의 불도달이 확정된 경우, 행복한 혼인의 가능성이 전혀 없어졌을 경우 등을 들 수 있다.

## 6. 파혼 시 잘못과 손해배상은?

파혼이 억울한 사람은 파혼에 책임이 있는 상대방에게 물질적·정신적 손해배상을 청구할 수 있다. 상대방이 손해배상청구에 응하지 않는 경우에는 상대방의 주소지 관할 가정법원에 조정신청을 하고, 이를 거쳐 소송을 제기할 수 있다.

서로 합의하여 파혼한 경우에는 각각 자기가 받은 약혼 예물 등을 상대방에게 돌려주면 된다. 그러나 파혼에 책임이 없는 사람은 상대방에게 약혼 예물을 반환하지 않아도 되며, 자신이 상대방에게 준 것은 돌려달라고 할 수 있다.

## Ⅱ. '사실혼'은 보호되는가?

### 1. 사실혼이란 무엇인가?

우리나라는 남녀가 혼인할 마음으로 혼인신고를 마쳐야 혼인한 것으로 인정한다. 그래서 혼인식을 올리고 부부가 함께 생활하더라도 혼인신고를 하지 않으면 법률상 부부로 인정되지 않는다.

사실혼이란 혼인신고 없이 남녀가 부부로 함께 사는 것을 말하며, 법률에서는 '사실혼' 또는 '**사실상의 혼인관계**'라고 한다. 사실혼은 혼인신고가 없다는 점에서 '**법률혼**'과 차이가 있을 뿐 실체는 동일하다. 그래서 우리 법률에서는 일정한 범위 내에서는 사실혼을 법률혼과 마찬가지로 보호해 주고 있는데, 사실상의 혼인관계를 영위하려는 의사가 있어야 하고, 상식적으로 부부생활이라고 인정할 만한 사실이 존재하여야 하며, **미풍양속**에 반하지 않아야 한다. 따라서 첩을 두는 것은 일부일처제 및 미풍양속에 반하는 것으로서, 아무리 부부로서 동거하고 있더라도 사실혼으로 인정받지 못한다.

### 2. 사실혼은 보호받을 수 있는가?

사실혼 관계의 부부도 법률상의 부부와 마찬가지로 동거하여 협조하고 부양해야 할 의무가 있다. **보험**이나 **연금법령**에서는 사실혼 관계에 있는 배우자를 법률상의 배우자와 동등하게 취급하고 있다.

사실혼 관계는 법적 절차를 따로 밟을 필요 없이 합의하에 또는 상대방에게 일방적으로 통보하여 헤어지면 된다. 그러나 상대방의 잘못으로 헤어지게 되었을 때에는 손해배상을 청구할 수 있다. 즉, 사실혼 관계를 부당하게 파기당한 사람은 그를 이유로 상대방에게 **위자료청구, 자녀인지청구, 친권행사자 및 양육자 지정청구, 양육비청구**를 상대방 주소지 가정법원에 제기할 수 있는데 이 모든 것을 하나의 소송절차에서 해결할 수 있다.

그러나 사실혼은 혼인신고를 전제로 하는 법률적 효과는 얻지 못한다. 호적의 변동도 생기지 않기 때문에 친족관계도 생기지 않는다. 그렇기 때문에 사실혼 상태에서 배우자가 사망할 경우 다른 배우자는 상속권이 없다. 그리고 다른 배우자의 부정행위에 대하여 간통죄로 형사고소를 할 수도 없다. 다만, 부정행위를 이유로 한 위자료청구는 가능하다.

### 3. 사실혼을 확인할 수 있는 방법은?

혼인식을 올리고 동거까지 하고 있는 사실혼 관계에 있는 경우, 상대방의 승낙 없이 일방적으로 혼인신고를 할 수 있을까? 혼인당사자의 의사와 관계없이 한 혼인신고는 무효이므로 상대방의 동의를 받지 않고 혼자서 혼인신고를 할 수는 없다. 그러므로 먼저 '사실상 혼인관계 존재확인'의 조정을 거친 다음 소를 제기해야 한다. 가정법원에 '사실혼 관계 존재확인의 소'를 제기하여 판결이 확정되면 재판 확정일부터 1개월 이내에 재판서 등본과 확정증명서를 첨부하여 혼인신고를 할 수 있다.

## Ⅲ. 혼인하면 달라지는 것들은 무엇인가?

### 1. 법이 인정하는 혼인은 따로 있다

남녀 모두 **만 20세**가 넘으면 자유로이 혼인할 수 있다. 그러나 법이 인정하는 혼인이 되려면 몇 가지를 확인해야 한다.

첫째, 혼인할 **의사**가 있어야 한다. 당사자들이 혼인할 의사를 가지고 있어야 혼인이 성립하는 것은 당연하다. 당사자들이 진정한 혼인의사가 없는 상태에서 감언이설(사기)이나 무력협박(강박)으로 이루어진 혼인은 무효나 취소의 사유가 될 수 있다. 혼인의사에는 조건이나 기한을 붙일 수 없다. 따라서 혼인 시부터 1년 동안만 부부로 함께 지낸다는 기간을 정한 계약결혼은 무효가 된다. 또 혼인신고는 절대 하지 않고 법률적으로 자유로운 상태에서 혼인생활만을 즐기자고 합의했다면, 진정으로 혼인할 의사가 없었다고 보아 무효이다. 이처럼 혼일할 의사가 없는 혼인이라 할지라도 처음부터 무효는 아니고, 일단은 유효한 혼인으로 인정한다. 다만, 그 사기를 안 날, 또는 강박에서 벗어나게 된 날부터 3개월 이내에 혼인을 취소할 수 있다.

둘째, 혼인할 수 있는 **나이**가 되어야 한다. 남자는 **만 18세**, 여자는 **만 16세**가 되어야 혼인할 수 있다. 혼인할 수 있는 나이가 안 된 당사자의 혼인은 당사자 또는 그 부모가 취소를 청구할 수 있다. 미성년자(만 20세)가 혼인하는 경우에는 부모의 동의를 얻어야 한다. 다만, 혼인 당사자가 성년인 만 20세가 넘었거나, 혼인 후 임신이 된 경우에는 혼인을 취소할 수 없다.

셋째, 혼인할 수 없는 관계가 아니어야 한다. 민법은 **8촌 이내의 혈족, 6촌 이내의 혈족의 배우자, 배우자의 6촌 이내의 혈족, 배우자의 4촌 이내의 혈족의 배우자인 인척이거나 이러한 인척이었던 자, 6촌 이내의 양부모계의 혈족이었던 자와 4촌 이내의 양부모계의 인척이었던 자** 사이에서는 혼인하지 못한다고 규정하고 있다. 예컨대 형수, 제수, 백모, 숙모, 시동생, 시숙, 시삼촌, 형부, 제부, 고숙, 처제, 처형, 처남댁, 시누이의 남편 등과는 혼인하지 못한다. 원래는 "동성동본인 혈족 사이에는 혼인하지 못한다."라는 **동성동본 금혼규정**(구민법 제809조 제1항)이 있어서 동성동본 간에는 혼인할 수 없었으나, 이 규정이 1997년 7월에 헌법재판소에 의하여 **헌법불일치결정**이 내려졌고, 2005년 3월에 민법이 개정되어 일정한 혈연관계가 아니면 혼인할 수 있게 된 것이다.

넷째, 법적으로 다른 사람의 남편이거나 아내가 아니어야 한다. **중혼**이란 법률상의 혼인이 이중으로 되어 있는 경우로서, 뒤에 한 혼인은 취소할 수 있다. 중혼의 예로서 전장에 나간 남편의 전사통보를 받은 후 재혼하였는데 나중에 남편이 살아 돌아온 경우, 실종선고 후 재혼하였는데 그 실종선고가 취소된 경우, 국내에서 혼인한 사람이 외국에서 그 외국방식으로 다른 사람과 또 혼인한 경우 등을 들 수 있다.

다섯째, **혼인신고**를 해야 한다. 혼인을 했어도 호적법에 따라 호적에 혼인신고를 해야만 그 효력이 생긴다(법률혼주의). 혼인신고는 반드시 당사자 본인이 할 필요는 없고, 대리인 접수 또는 우편 접수도 가능하다.

## 2. 혼인이 취소되거나 무효로 되는 경우

**가. 혼인이 취소**되는 경우는 ① 혼인연령(남 18세, 여 16세)에 미달하는 경우, ② 부모의 동의 없는 미성년자와 금치산자의 혼인, ③ 배우자 있는 자의 이중혼인, ④ 6촌 이내의 혈족의 배우자, 배우자의 6촌 이내의 혈족, 배우자의 4촌 이내의 혈족의 배우자인 인척이거나 이러한 인척이었던 자, 6촌 이내의 양부모계의 혈족이었던 자와 4촌 이내의 양부모계의 인척이었던 자 사이의 혼인, ⑤ 악성 질환, 기타 중대한 사유가 있었던 것을 모르고 한 혼인, ⑥ 사

기 또는 강박에 의한 혼인 등이다.

**나. 혼인이 무효로** 되는 경우는 ① 당사자 간에 혼인의 합의가 없는 때, ② 8촌 이내의 혈족 사이의 혼인일 때, ③ 당사자 간에 직계 인척관계가 있거나 있었던 때, ④ 당사자 간에 양부모계의 직계 혈족관계가 있었던 때 등이다.

## 3. 혼인에 따라 발생하는 권리와 의무

**가. 새로운 가족관계가 생긴다.** 부부는 혼인하면 배우자로서 친족(법률상 가족관계)이 된다. 친족의 범위는 8촌 이내의 혈족, 4촌 이내의 인척, 배우자이다. 여기서 혈족이란 자신의 친척(부모, 삼촌과 조카 등)인 사람을 뜻하고, 인척이란 혼인으로 인해 친척이 되는 사람(시부모와 며느리, 장인·장모와 사위, 형부와 처제 등)을 뜻한다.

**나. 부부는 동거할 의무가 있다.** 부부는 기본적으로 같은 집에 살아야 한다. 그러나 경우에 따라 따로 살 수밖에 없는 경우가 있는데, 이에 해당하는 것으로 남편 또는 처의 직업상 필요(해외근무, 타지방 근무), 정신상·육체상의 일시적 장애(정신병, 악질), 자녀의 교육상의 필요, 기타 일시적으로 별거하는 것이 부부의 공동생활을 위하여 바람직한 경우 등이 있다. 동거 장소는 부부가 서로 협의하여 정해야 하나, 시부모를 모시는 문제 등으로 부부간에 합의가 되지 않는다면 가정법원에 동거 장소 지정청구를 할 수 있다.

**다. 부부는 서로 협력해야 한다.** 부부는 정신적, 육체적, 경제적 각 방면에서 협력하여 함께 생활해야 할 의무를 진다. 부부의 공동생활비용은 미리 정하지 않은 경우에는 함께 부담하는 것이 원칙이다. 보통 전업주부는 생활비를 벌지는 않지만 가사노동이나 육아, 가정관리 등을 담당하므로 결국 생활비를 공동으로 부담하는 것으로 인정된다. 이혼 시 재산분할청구에도 이러한 전업주부의 기여를 인정하고 있다.

**라. 미성년자는 성년으로 의제된다.** 혼인을 하면 미성년자도 성년으로 대우된다. 가족생활을 누리는 데 필요한 법적 행위를 함에 있어서 나이가 어리더라도 민법상 20세 이상인 법률상 어른으로 간주되는 것을 말한다. 이를 미성년자의 성년의제라고 한다. 따라서 자기 자식

에 대한 친권행사가 가능하고, 금전적인 거래를 할 때도 부모나 법정대리인의 동의 없이 혼자서 할 수 있다.

## 4. 부부간의 재산관리(부부 재산 별산제)

### 가. 재산산정방식으로서 부부 별산제

부부가 이혼할 경우에는 부부의 재산을 나누어야 한다. 법률은 부부가 각자 자신의 특유재산을 소유, 관리, 처분하도록 하는 부부 재산 별산제를 채택하여 이에 따라 부부 재산을 산정하도록 하고 있다. 즉, 부부의 일방이 혼인 전부터 가진 고유재산과 혼인 중 자기의 명의로 취득한 재산을 그 사람의 특유재산으로 보고 그에 따라 각자의 재산을 나누게 된다.

### 나. 부부 별산제에서 소유자의 이름

별산제에서는 재산 소유자의 이름을 누구 앞으로 해 두었느냐가 중요한데, 단순히 그 명의자를 소유자로 보아서는 안 되는 경우도 있다. 왜냐하면 부부가 혼인 중 취득한 재산 중에는 어느 한 사람의 명의로 되어 있지만 사실상 서로의 협력에 의하여 취득한 재산이 상당히 많기 때문이다.

### 다. 부부 별산제에서 특유재산을 인정한 경우

① 부부 중 누구에게 속한 것인지 분명하지 아니한 재산은 부부의 공유재산으로 추정된다(예컨대 전세보증금).

② 혼인 중에 부부가 공동으로 협력하여 취득한 재산은 비록 부부 한 사람(특히 남편)의 이름으로 되어 있어도, 실질적으로 부부의 공유에 속하는 재산으로 보아 이혼 시 재산분할의 대상이 된다. 예컨대 부동산이 남편명의로 등기되어 있다 하더라도 부인이 가사노동을 분담하는 등 내조를 함으로써 남편의 재산의 유지 또는 증가에 기여하였다면 그와 같이 쌍방의 협력으로 이룩된 재산은 재산분할의 대상이 된다.

③ 부부가 생활필수품 구입 등 일상생활에 필요한 지출을 하여 은행이나 다른 사람에게 빚을 지게 된 경우는 공동책임으로 보아야 하나, 사치품 등을 구매하여 빚을 지게 된 것은 각자의 책임으로서 부부 각자가 갚아야 한다. 따라서 남편의 노름으로 생긴 빚을 갚지 않는다고 부인명의로 등기된 부동산을 압류할 수는 없는 것이다.

## 5. 일상가사대리

일상가사란 부부와 그 자녀의 공동생활을 위하여 가정에서 필요로 하는 통상의 거래나 일들을 말한다. 일상가사에 관하여 부부 중 한 사람이 다른 사람과 거래하여 생기는 빚에 대하여 부부는 공동으로 책임을 지게 된다. 예컨대 가족들과 먹고 입고 사는 생활비(교육비, 의료비 등을 포함) 때문에 빚을 졌을 때에는 한쪽이 비록 몰랐다 하더라도 서로 갚아 줄 책임이 있는 것이다. 그러나 혼자 사업을 한다든지 도박을 하거나, 낭비하느라고 진 빚이라면 남편 혹은 아내는 이를 갚아 줄 책임이 없다. 다만, 일상가사에 관한 채무라도 다른 한쪽이 책임지지 않겠다는 점을 명확히 한 경우에는 연대책임이 없다.

# Ⅳ. 이혼

이혼이란 혼인한 남녀가 살아 있는 동안 그들의 결합관계를 해소하는 일이다. 이혼은 혼인 본래의 목적인 부부의 영속적 공동생활을 파괴하는 예외적, 병리적 현상이지만, 복잡한 현대 사회에서는 이혼을 억제함으로써 오히려 더 큰 폐해와 비극을 초래할 수도 있을 것이다. 그러므로 오늘날 세계 각국의 대부분의 법제는 이혼제도를 인정하고 있다.

이혼에는 협의 이혼과 재판상 이혼이 있다. 협의 이혼은 당사자가 이혼과 자녀양육에 합의하여 부부가 함께 법원에 가서 판사로부터 이혼 의사를 확인받아 신고하는 방식을 말하며, 재판상 이혼은 이혼에 합의가 되지 않거나 합의할 수 없는 경우에 당사자 중 일방에게 재판상 이혼 사유가 있을 때 소송을 통해 이혼하는 방식이다.

## 1. 협의 이혼 절차

부부가 서로 이혼하기로 합의하여 이혼하는 것을 협의 이혼(법률용어로는 협의상 이혼)이라고 한다. 아무리 경미한 사유로 이혼 합의에 이르렀다 하더라도 이러한 합의는 유효하다. 혼인과 마찬가지로 이혼도 개인의 자유영역에 해당하기 때문이다.

이혼 의사의 내용은 부부로서의 정신적·육체적 결합을 영구적으로 해소할 의사를 말한다.

이혼에 관한 합의는 무조건이고 무기한이어야 한다. 따라서 실제로는 이혼 의사가 없으면서 어떤 필요에 의해 부부가 형식적으로만 협의 이혼을 하는 것은 무효이다.

협의 이혼은 당사자가 직접 법원에서 협의 이혼 의사 확인서를 받아 3개월 내에 이혼신고를 하면 된다. 협의 이혼 절차를 간단히 살펴보면, ① 협의 이혼을 하고자 하는 부부는 도장과 주민등록증을 지참하고 본적지 또는 주소지를 관할하는 지방법원 또는 지원에 함께 가서 협의 이혼 의사확인 신청서를 제출한다. 그리고 법원에서 지정한 날짜에 부부가 함께 판사 앞에 출석하여 본인이 맞는지, 진심으로 이혼하려는 것인지를 확인받는다. 마지막으로 법원에서 발급한 확인서 등본을 각각 1통씩 교부받아 3개월 이내에 본적지 또는 주소지 관할 구청(읍·면사무소)에 신고하면 된다. ② 당사자 사이에 이혼 합의가 되고 법원에 가서 이혼 의사 확인을 받아 확인서 등본을 받았다 해도 그로부터 3개월 이내에 신고하지 않으면 협의 이혼은 무효가 된다(이혼신고는 부부 중 1인이 하면 된다). ③ 이혼 의사의 확인을 받은 후라도 당사자가 이혼하지 않기를 원하는 경우에는 이혼신고가 호적공무원에게 접수되기 전에 본적지 또는 주소지에 가서 이혼 의사 철회서를 제출하면 이혼신고가 수리되지 않는다.

## 2. 상대방이 거절하면 이혼할 수 없는가(재판상 이혼)

재판상 이혼이란 협의 이혼에 대비되는 것으로, 이혼하고자 하는 사람이 다른 쪽을 상대로 법원에 이혼소송을 제기하여 법원의 판결에 따라 이혼을 하는 제도이다. 따라서 재판상 이혼은 강제 이혼을 말한다. 즉, 이혼을 하고자 하나 부부 중 한 사람이 이혼을 거절하여 협의 이혼이 불가능한 경우에 상대방의 의사와 무관하게 법원의 판결을 받아 이혼하는 것으로 상대방은 이혼을 당하는 것이 된다.

재판상의 이혼은 부부 중 한 명이 이혼을 원하지 않을 때 하는 것이므로 다음과 같은 정당한 사유가 있는 경우에 한하여 법원에 이혼을 청구할 수 있다.

**가. 배우자에게 부정한 행위가 있을 때:** 여기서 '부정한 행위'란 부부간의 정조의무에 위배되는 일체의 탈선행위를 말하며, 배우자 이외의 다른 이성과 성관계를 가지는 행위뿐 아니라, 다른 이성과 껴안거나, 한방에서 함께 밤을 지내거나, 성적인 접촉을 통해 성병에 감염된 경우 등이 모두 부정행위에 해당된다. 재판상 이혼의 원인이 되는 부정행위는 혼인 후에 일어난 행위를 말하는 것으로, 혼인 전 다른 이성과의 관계는 혼인 후까지 지속되지 않는 한

부정행위에 포함되지 않는다.

**나. 배우자의 악의적 의도로 유기를 하는 때:** 악의적인 유기란 정당한 이유 없이 부부로 같이 살지 않거나, 경제적으로 협력하지 않고 가족의 생계를 의도적으로 방치하는 행위 등을 말한다.

**다. 배우자(또는 그 직계존속)로부터 심히 부당한 대우를 받았을 때:** 심히 부당한 대우란 부부로서 같이 계속해서 사는 것이 고통스러울 정도로 신체적·정신적으로 학대를 받는 것으로, 남편의 아내 폭행, 시부모의 정신적 학대 등이 이에 해당한다.

**라. 자신의 직계존속이 배우자로부터 심히 부당한 대우를 받았을 때:** 이는 자신의 부모, 조부모가 자신의 배우자로부터 신체적·정신적으로 학대·폭행을 당하거나 모욕을 당해 부부로서의 공동생활을 계속하는 것이 고통스러울 정도가 된 경우를 의미한다.

**마. 배우자의 생사가 3년 이상 분명하지 않은 때:** 배우자가 집을 나가 살았는지 죽었는지 3년 이상 전혀 연락이 되지 않고, 확인도 할 수 없는 경우에는 이혼원인이 되는데, 이때에는 재판 당시에도 생사가 분명하지 않아야 한다.

**바. 그 밖에 혼인을 계속하기 어려운 중대한 사유가 있을 때:** 혼인관계가 심각하게 파탄되어 다시 회복할 수 없을 정도에 다다른 사실이 있고, 혼인생활을 계속 강요하는 것이 일방의 배우자에게 참을 수 없는 고통이 되는 경우를 말한다. 예컨대, 배우자의 범죄로 인한 구속, 이유 없는 성교 거부, 성기능 불능(성기능 이상을 숨기고 혼인한 후 6개월 이상 성생활을 못한 경우), 불치의 정신병, 사실상의 별거, 상습도박, 알코올중독, 마약중독, 배우자의 극심한 낭비벽, 광적인 신앙생활, 의처증 등을 들 수 있다.

## 3. 재판상 이혼 절차

### 가. 조정

① 재판상 이혼을 하려는 사람은 이혼소송을 제기하기 전에 먼저 가정법원에 이혼조정 신

청을 할 수 있다. 조정을 먼저 신청하지 않고 곧바로 이혼소송으로 갈 수도 있는데, 이 경우에는 법원이 직권으로 조정에 회부하기도 한다(단 공시송달, 즉 법원의 게시판 등에 게시하는 방법에 의한 송달에 의하여 당사자를 불러와야 하거나, 조정에 의해서 해결할 수 없다고 생각되는 사건은 조정에 회부하지 않고 바로 이혼소송을 진행시킬 수 있다).

② 가사조정 이전에 가사조사관으로부터 사건에 관한 사실조사를 받고 나서, 정해진 조정기일에 당사자들이 직접 법원에 출석해야 한다. 조정은 비공개로 진행한다.

③ 조정이 성립되면 확정판결과 동일한 효력이 있고, 조정이 성립되지 않은 경우에도 조정담당판사와 조정위원회에서 직권으로 강제조정결정(조정을 대신하는 결정)을 하기도 하며(이 경우 불복하는 당사자는 2주일 이내에 이의신청을 하면 강제조정은 그 효력을 상실한다), 조정이 성립되지 않으므로 사건을 종결시키거나 소송을 이송시킬 수 있다.

④ 조정이 성립되거나 강제조정이 확정되면 당사자는 조정조서 성립일부터 1개월 이내에 조정조서 등본과 송달증명원(강제조정 시에는 확정증명원)을 함께 본적지에 보내 이혼신고를 해야 한다.

**나. 소송에 의한 이혼 절차**

① 이혼조정이 성립되지 아니하거나, 직접 이혼소송을 제기하여 법원에서 소송에 의하여 해결하기로 판단하면 정식 이혼소송에 의하여 해결해야 한다. 재판상 이혼판결이 확정되면 확정일부터 1개월 이내에 판결 등본과 확정증명서를 첨부하여 본적지에 신고하면 된다.

② 배우자와 이혼에 관한 협의가 되지 않아 재판상 이혼 또는 이혼조정신청을 할 경우에는 상대방 배우자의 재산(동산, 부동산)이 처분 등으로 소실되지 않도록 재산을 임시로 보호하는 법원의 조치(가압류 또는 가처분)를 하여 조정 성립 또는 판결확정 이후에 위자료나 재산분할에 대한 집행을 할 수 있도록 대비하는 것이 좋다.

# V. 이혼하면 달라지는 것들은 무엇인가?

## 1. 이혼과 위자료청구

협의 이혼이든 재판상 이혼이든, 이혼에 관한 책임이 있는 배우자는 그 상대방에게 위자료를 지급할 책임이 있다. 이혼에 있어서의 위자료라 함은 모든 정신적 고통에 대하여 그 이혼에 책임이 있는 사람으로부터 피해자가 배상받는 금전을 말한다. 따라서 상대방 배우자뿐만 아니라 제3자가 이혼에 책임이 있을 경우에는 그 제3자를 상대로 한 위자료의 청구가 가능하다. 상대방의 잘못에 대한 손해배상이나 위자료청구는 함께 모은 재산에 대한 분할과 별개의 것이므로 따로 청구할 수 있다.

위자료의 액수는 혼인파탄의 원인, 잘못의 정도, 재산상태, 생활 정도, 혼인기간, 혼인생활 내력, 학력, 경력, 직업, 자녀부양관계 등 여러 가지 사정을 고려하여 산정한다. 위자료에 관하여 부부간에 협의가 되면 그에 따르고, 협의가 되지 않으면 법원에 위자료청구소송을 제기하면 된다. 위자료청구는 이혼소송과 함께하는 것이 일반적이나 청구이혼을 먼저하고 이혼 후 3년 이내에 위자료를 합의하거나 법원에 청구할 수도 있다.

## 2. 이혼과 재산분할청구

### 가. 재산분할청구권이란?

부부가 이혼하면 그동안 함께 노력하여 모은 재산을 서로 협의하여 나누어 가지게 된다. 이때 재산이 누구의 명의로 되었는가에 관계없이 기여한 정도에 따라 분할을 청구할 수 있는 권리가 재산분할청구권이다.

부부가 이혼하면 생활공동체가 해체되어 재산관계도 정리되어야 하는데, 혼인생활 중에 취득한 재산이 부부 중 어느 일방의 명의로 되어 있는 경우 혼인생활에 협력해 온 다른 일방 배우자(특히 아내의 가사노동)의 기여한 정도가 제대로 반영되지 않기 때문에 부부 공동생활의 실체에 부합하도록 실질적인 공유재산의 청산이 필요한 것이다.

부부 사이에 재산분할에 관하여 협의하여, 합의가 되지 않거나 합의할 수 없을 때 부부 중 어느 일방이 다른 일방을 상대로 가정법원에 재산분할을 청구할 수 있다. 다만, 이 청구는 이혼 후 2년이 넘으면 할 수 없다.

### 나. 재산분할방법

재산분할의 방법은 금전지급, 현물분할 등의 형태로 할 수 있는데, 당사자의 청구와 재산의 형태 등을 고려하여 판단한다. 대부분 금전지급으로 재산분할을 명하는 경우가 많고, 부동산의 지분을 이전하도록 명하는 경우도 있다.

### 다. 재산분할대상

재산분할의 대상은 부부가 혼인 중에 함께 노력하여 형성한 재산인 것이 원칙이다. 이 경우에는 부동산, 예금, 대여금 등이 모두 포함되고, 금전채무가 있을 경우 그 재산에서 공제하게 된다. 그 외에 변호사, 의사 등 전문직의 자격증도 배우자의 도움으로 취득한 경우에는 재산분할의 고려대상이 되고, 퇴직금, 연금 등도 고려해야 한다.

혼인 전부터 부부 중 한 사람이 보유하고 있던 특유재산(예컨대 상속재산 등)은 재산분할의 대상이 되지 않는 것이 원칙이지만, 혼인생활 기간 동안 배우자 일방이 그 재산의 유지에 적극 기여한 경우에는 재산분할대상이 된다.

## 3. 이혼 후의 자녀양육

부부가 이혼을 하면 미성년의 자녀에 대하여 부부의 협의로 아이들을 키우는 일에 관한 사항을 정하게 된다. 여기서 양육에 해당하는 사항은 양육자의 지정, 양육비의 지급에 관한 사항 등을 뜻한다. 양육자는 반드시 부모만이 아니라 시부모, 친정부모, 일정기관 등 제3자가 될 수도 있다. 과거에는 부부가 이혼할 때 자녀에 대한 양육권을 당연히 남성(아버지)이 가지고 있었다. 그러나 오늘날에는 미성년인 자녀의 양육문제에 대하여 부부가 서로 협의하여 정하도록 하고 있다. 만약 서로 협의할 수 없거나 협의가 이루어지지 않은 경우에는 당사자의 청구나 법원의 직권에 의하여 가정법원이 결정하게 된다.

## 4. 자녀에 대한 면접교섭권

면접교섭권이란, 미성년의 자녀를 양육하고 있지 않은 부모가 자녀와 직접 만나거나 서신 교환, 전화 등으로 접촉할 수 있는 권리를 의미한다. 면접교섭권의 행사방법과 범위에 대해서는 부부가 협의하여 정하고, 만일 협의가 되지 않거나 협의할 수 없을 때에는 부부 중 한 사람이 가정법원에 청구하거나 가정법원의 직권으로 결정한다. 따라서 가정법원은 직권으로 아이의 정신적·신체적 건강을 위해 면접교섭권을 제한하거나 배제하는 결정을 할 수 있다.

## 5. 재혼과 친양자제도

2008년 1월 1일에 시행되는 새 민법에서는 친양자제도를 도입하고 있다. 친양자제도에 의하면 15세 미만의 양자를 입양할 경우 호적에 양부모의 친생자로 기재되어 친자녀와 동등한 법적 권리를 행사할 수 있게 된다. 친양자는 법률상 3년 이상 혼인 중인 부부가 가정법원에 청구하여 입양할 수 있다.

과거 재혼할 때 여성이 양육하는 아이와 재혼배우자와의 관계가 문제가 되었다. 아이의 경우 새 아버지의 성과 달라서 겪는 어려움도 있었다. 그런데 새로 도입된 친양자제도에 의하면 혼인기간이 1년 이상이면 재혼한 어머니·아버지를 따라온 자녀를 친양자로 입양할 수 있어 새로 형성된 부부의 자녀들이 모두 동등한 법률상 자격을 가지게 되었다. 또 부모나 자녀의 청구에 의해 가정법원의 허가를 받아 새 아버지의 성을 따를 수도 있다.

## 물고기를 잡으려면 물에 흠뻑 빠져라

"아까 물고기를 잡을 때 무슨 생각을 했죠?"
"오직 한 가지만 생각했어요.
어떻게 물고기를 잡을 것인가?
어떻게 물고기가 움직이는 방향과
내 몸이 움직이는 방향을 일치시킬 것인가...
그 생각만 했죠."

- 유영만의 《기린과 코끼리에게 배우는' 공생의 기술》 중에서 -

* 한 해를 마감하는 12월 첫 월요일입니다.
지난 한 해 동안 흠뻑 빠져본 일이 있으셨나요?
내년엔 어떤 일에 흠뻑 빠져볼 계획이신가요.
발만 살짝 담그거나 손끝만 물에 적셔서는
물고기를 잡기 어렵고, 설사 잡았다 해도
금세 놓치기가 쉽습니다.

제 25 강

## 부동산거래분쟁을 해결하는 방법

부동산거래에서 분쟁이 발생하는 경우에는 공인중개사를 매개로 하여 부동산을 매매 기타 법률행위를 하는 때에는 관할 시·군·구청에 부동산거래사고를 신고하여 일정 금액에 대하여 협회의 공제조합으로부터 피해에 대하여 배상을 받을 수 있으나, 보통의 경우에는 민사재판을 통하여 소를 제기하는 경우가 많다.

## Ⅰ. 재판을 하지 않고 해결하는 방법

### 1. 민사조정의 의의

민사분쟁은 소송에 들어가기 전에 내용증명우편을 발송하여 채무를 이행하지 않으면 법적 조치를 취하겠다는 뜻을 상대방에게 전할 필요가 있으며, 그 후에도 채무를 이행하지 않는 경우에는 소송을 하기 전에 민사조정에 의하여 해결을 도모할 수도 있다.

민사조정이란 민사에 관한 분쟁을 법관 또는 법원에 설치된 조정위원회가 간단한 절차에 따라 분쟁의 당사자로부터 각자의 주장을 듣고 관계자료를 검토한 후, 여러 사정을 참작하여 당사자들이 서로 양보하고 타협하여 합의를 하도록 주선, 권고함으로써 종국적으로 화해에 이르게 하는 법적 절차이다.

　이 제도는 다른 민사분쟁 해결방법에 비하여 비용이 적게 들고, 간단·신속한 절차에 의하여 진행되므로, 누구나 쉽게 이용할 수 있는 제도라 할 수 있다.

---

**조정에 관한 정보**

조정에 관해서는 대법원홈페이지(www.scourt.go.kr)의 윗부분의 '소송절차'를 눌러 '조정'을 클릭하면 자세한 정보를 얻을 수 있다.

---

## 2. 민사조정의 장점

　첫째, 민사조정절차는 통상의 소송절차와는 달리 엄격한 제한이 없으므로 융통성이 많고, 법률지식이 없는 사람도 쉽게 이용할 수 있다.

　둘째, 조정을 신청하면 즉시 조정기일이 정하여지고, 단 한 번의 출석으로 절차가 끝나는 것이 보통이므로 분쟁이 단기간 내에 해결된다.

　셋째, 신청수수료가 소송사건의 5분의 1 정도밖에 되지 아니한다.

　넷째, 자유로운 분위기의 조정실에서 당사자는 자기가 하고 싶은 말을 충분히 할 수 있고, 절차는 비공개로 진행될 수 있으므로 비밀유지가 가능하다.

　다섯째, 사회각계의 전문가가 조정위원으로 참여함으로써, 그들의 경험과 전문적 지식이 분쟁 해결에 큰 도움을 준다.

　여섯째, 무조건 이행을 명하는 판결에 비하여, 채무자의 경제적 사정 등을 고려한 원만하고 융통성 있는 조정을 함으로써 당사자 사이의 날카로운 감정의 대립을 방지할 수 있다.

## 3. 민사조정절차

### 가. 민사조정의 신청

　민사조정은 분쟁의 당사자 일방 또는 쌍방이 조정신청을 하거나, 소송사건을 심리하고 있는 판사가 직권으로 그 사건을 조정에 회부함으로써 시작된다. 조정신청은 당사자가 본인 스스로 또는 변호사에게 의뢰하여 작성한 조정신청서를 관할법원에 제출하면 된다. 조정신청은 구술로도 할 수 있다. 이는 신청인이 직접 관할법원에 가서 담당직원에게 신청내용을 진술하고, 법원 직원이 그 내용을 무료로 조정신청조서에 기재하는 방법이다. 조정신청을 할 때 유의할 점은 다음과 같다.

첫째, 당사자의 성명·신청의 취지 및 분쟁의 내용을 명확히 하여야 한다.

둘째, 조정절차가 진행되려면 당사자 쌍방에게 소환장 등이 송달되어야 하므로, 신청인 본인과 상대방의 주소 또는 송달장소를 정확히 기재하고, 우편번호와 전화번호를 함께 기재하는 것이 좋다.

셋째, 조정을 서면으로 신청하는 경우에는 상대방 인원수만큼의 신청서 부본을 함께 제출하여야 한다. 예컨대 상대방이 두 사람이면 신청서는 3통(원본용 1통과 부본용 2통)을 제출하여야 한다.

넷째, 조정절차가 신속히 처리되게 하려면, 분쟁에 관련된 증거서류를 조정신청을 할 때 함께 제출하는 것이 좋다.

조정수수료와 송달료는 다음과 같다.

| 조정수수료 | | 송달료 |
|---|---|---|
| 조정신청금액 | 조정수수료액 | |
| 1,000만 원 미만 | 조정신청금액*0.1% | 민사조정신청서를 제출할 때에는 지방법원 및 지원, 시·군 법원에 당사자 1인당 5회분(14,800원)의 송달료를 현금으로 납부해야 한다. 단 전산화 미이행 시·군 법원의 경우에는 당사자 1인당 2회분(5,920원)의 송달료를 우표로 납부해야 한다. |
| 1,000만 원 이상~1억 원 미만 | 조정신청금액*0.09% +1,000원 | |
| 1억 원 이상~10억 원 미만 | 조정신청금액*0.08% +11,000원 | |

### 나. 조정기관

조정은 피신청인(상대방)의 주소지, 사무소 또는 영업소의 소재지, 근무지, 분쟁의 목적물 소재지 또는 손해발생지를 관할하는 지방법원, 지방법원지원, 시·군 법원에 신청할 수 있다. 당사자는 합의에 의하여 관할법원을 정할 수도 있다. 따라서 당사자 쌍방이 합의한 경우에는 어느 곳이든 편리한 법원에 조정을 신청할 수 있다. 조정담당판사의 판단에 따라 사건을 조정담당판사가 직접 조정하기도 하고, 조정위원회에 이를 넘겨 조정단계를 거치기도 한다.

### 다. 조정기일

조정신청이 있으면 즉시 조정기일이 정해지고, 신청인과 상대방에게 그 일시, 장소가 통지된다. 당사자 쌍방이 법원에 출석하여 조정신청을 한 때에는 특별한 사정이 없는 한 그 신청 당일이 조정기일이 된다.

당사자는 지정된 일시, 장소에 본인이 직접 출석하여야 한다. 다만, 조정담당판사의 허가가 있으면 당사자의 친족이나 피용자 등을 보조인으로 동반하거나 대리인으로 출석하게 할 수 있다. 조정의 결과에 관하여 이해관계가 있는 사람도 조정담당판사의 허가를 얻어 조정에 참가할 수 있다.

신청인이 조정기일에 두 번 출석하지 아니하면 조정신청은 취하된 것으로 처리된다. 반대로 피신청인이 출석하지 아니하면 조정담당판사는 상당한 이유가 없는 한 피신청인의 진술을 듣지 아니하고 직권으로 '**조정에 갈음하는 결정**'을 한다.

당사자들이 조정기일에 출석하면 조정담당판사나 조정장이 이끄는 바에 따라 신청인이 먼저 자기의 주장을 진술하고, 다음 피신청인이 신청인 주장에 대한 답변을 한다.

조정담당판사나 조정위원회는 당사자 쌍방의 의견을 고루 듣고 당사자가 제시하는 자료를 검토하고, 필요한 경우 적당한 방법으로 여러 가지 사실과 증거를 조사하여 쌍방이 납득할 수 있는 선에서 합의를 권고하는 등 조정절차를 진행한다.

### 라. 조정의 성립

조정기일에 당사자 사이에 합의가 이루어지면 그 내용이 조서에 기재됨으로써 조정이 성립된다. 다만, 예외적으로 당사자의 합의내용이 상당하지 않은 경우에는 조정담당판사(또는 조정위원회)가 합의를 무시하고 조정이 성립되지 아니한 것으로 하여 사건을 종결시키거나 합의내용과 다른 내용으로 조정에 갈음하는 결정을 할 수 있다.

### 마. 조정에 갈음하는 결정

조정기일에 피신청인이 출석하지 아니한 경우, 또는 당사자 쌍방이 출석하였더라도 합의가 성립되지 아니한 경우에는 조정담당판사(또는 조정위원회)는 상당한 이유가 없는 한 직권으로 '조정에 갈음하는 결정'을 하게 된다. 이는 당사자의 이익, 기타 모든 사정을 참작하여 사건의 공평한 해결을 위하여 이른바 강제조정을 할 수 있도록 한 것이다.

이 결정에 대하여 당사자는 그 내용이 기재된 조서정본 또는 결정서정본을 송달받은 날부터 2주일 이내에 이의신청을 할 수 있고, 이의신청이 있으면 그 결정은 효력을 상실하며, 사건은 자동적으로 소송으로 이행된다. 당사자 쌍방이 2주일 내에 이의신청을 하지 않으면 그 결정내용대로 조정이 성립된 것과 동일한 효력이 생긴다.

### 바. 조정을 하지 아니하는 결정

사건의 성질상 조정을 함에 적당하지 않다고 인정되거나, 당사자가 부당한 목적으로 조정을 신청하였다고 인정되는 경우에는 조정담당판사는 '조정을 하지 아니하는 결정'으로 사건을 종결시킬 수 있다.

### 사. 조정의 불성립

당사자 사이에 합의가 이루어지지 아니하고, 직권으로 '조정에 갈음하는 결정'을 하기에도 적절치 못한 사건으로 인정되면 조정담당판사(조정위원회)는 조정이 성립되지 아니한 것으로 사건을 종결시킨다.

### 아. 소송으로의 이행

조정신청을 하였으나 '조정을 하지 아니하는 결정'이 있거나, 조정이 성립되지 않은 경우, 또는 '조정에 갈음하는 결정'에 대하여 당사자가 이의신청을 한 경우에는 당사자가 별도의 신청을 하지 않더라도 그 사건은 자동으로 소송으로 이행되어 소송절차에 의하여 심리·판단된다.

그러나 조정이 성립되지 못한 경우라도 신청인에게는 아무런 불이익이 없다. 즉, 조정신청시에 소가 제기된 것으로 처리되므로 그때를 기준으로 소멸시효 중단 등의 효력이 생기고, 한편 소송으로 이행됨에 따라 추가로 인지를 붙여야 하지만 이때는 처음부터 소를 제기하였다면 소장에 붙였어야 할 금액에서 조정신청을 할 때 이미 납부한 수수료만큼 공제한 차액만 붙이면 되므로, 결과적으로 신청인에게는 아무런 손해도 없는 것이다.

### 자. 소결

우리나라에는 화해나 조정제도가 일찍부터 있었으나, 국민에 대한 홍보미흡 등으로 별로 이용되지 못하고 있었다. 그러다가 1990년에 민사조정법이 새로이 제정되면서 활성화의 토대를 마련하게 되었으며, 법원에서도 이러한 제도를 적극적으로 활용하려고 하고 있다. 그러나 아직까지 화해나 민사조정에 의한 해결은 5% 내외에 그치고 있어, 매우 저조한 실정이라 하지 않을 수 없다. 일본의 경우 민사조정이 본격적으로 시작된 1948년에는 재판에 의한 해결과 조정에 의한 해결의 비율이 47% 대 53%로서 오히려 조정이 소송보다 앞서고 있었고, 그 후 조정사건이 차지하는 비율이 다소 감소하기는 하였으나 대체로 30~40%를 유지하고 있다고 하는 점을 감안하면 매우 대조적이라 할 수 있다. 조정을 통한 민사분쟁의 해결은 단순히 비용이 적게 들거나 신속한 해결을 할 수 있다는 차원을 넘어서, 분쟁당사자가 서로 한발씩 양보를 함으로써 문제를 해결한다는 점에서 완전히 이기느냐 아니면 완전히 지느냐 하는 정식 민사재판과는 달리 분쟁을 원만하게 해결할 수 있다는 장점이 있기 때문에 재판기관인 법원에서도 이를 적극적으로 활용하려는 의지가 있어야 하며, 국민들에 대한 홍보를 강화하여 이의 활성화가 필요하다.

## Ⅱ. 재판하기 전에 해 두어야 할 일들은 무엇인가?

### 1. 가압류

채무자가 채무를 이행하지 않아 재판을 진행할 경우에는 채무자의 재산이 어느 정도 있는가를 파악하고, 채무자가 재산을 빼돌릴 가능성이 있으면 우선 가압류 조치를 해 둘 필요가 생긴다. 가압류를 해 놓으면 가압류된 부동산이나 유체동산(가재도구 등의 물건), 채권, 자동차 등을 채무자가 처분하지 못하게 되어, 나중에 소송에 이겼을 때 경매를 통하여 채무를 이행하게 할 수 있다는 이점이 있다.

#### 가. 부동산 가압류

부동산 가압류를 하기 위해서는 우선 가압류하고자 하는 부동산의 등기부 등본을 발급받아 소유자를 확인하고 가압류할 실익이 있는가를 판단하여야 한다. 그리고 부동산 소재지의 관할 시·군·구청에 등록세와 교육세를 납부한 후 신청서를 작성하여 법원에 접수한다.

법원에서 가압류신청을 받아들일 때에는 담보제공을 조건으로 할 경우도 있고 아닌 경우도 있다. 담보제공을 조건으로 할 경우에는 현금을 공탁한 후 공탁서 사본을 제출하거나 공탁보증보험증권을 제출하면 된다. 가압류결정을 받으면 법원은 부동산등기부 등본에 가압류 재판에 관한 사항을 기재하는 가압류등기를 하게 된다.

### 나. 유체동산 가압류

유체동산 가압류신청서에는 당사자와 청구채권(신청인이 받아야 할 채권), 신청취지(가압 류결정을 해달라는 취지), 신청이유 등을 기재하면 된다. 법원의 가압류결정이 내려지면, 채 권자는 결정문정본을 가지고 유체동산이 소재한 지방법원 집행관에게 수수료를 납부하고 집 행을 위임하면 된다. 집행관은 결정문정본을 채무자에게 송달하며, 집행위임을 받은 지 14일 이내에 집행을 착수하게 된다.

### 다. 채권 가압류

동산이나 부동산 이외에도 채권을 가압류할 수 있다. 채권가압류신청서에는 채권자, 채무 자, 제3채무자(즉, 채무자에게 돈을 빌린 다른 채무자), 청구채권, 신청취지, 신청이유, 소명 방법 등을 기재하면 된다. 금전채권의 가압류는 법원이 가압류결정정본을 제3채무자에게 전 해 줌으로써 집행하게 된다.

## 2. 가처분

채권자가 금전채권이 아닌 특정대상(계쟁물)에 관하여 권리를 가지고 있을 때, 그 계쟁물 이 처분되거나 멸실되는 등 법률적·사실적 변경이 생기는 것을 방지하고자 판결을 받기 전 에 그 계쟁물의 현상변경을 금지시키는 제도가 가처분이다. 가압류는 금전채권을 대상으로 하는 데 반하여 가처분은 금전채권이 아닌 권리에 대한 것이라는 점에서 두 제도는 구별된다.

일반적으로는 계쟁물의 처분행위를 금지하는 처분금지가처분과 계쟁물의 점유이전행위(위 치를 옮기는 행위)를 금지하는 점유이전금지가처분이 있다. 예컨대 갑이 을에 대해 아파트의 이전등기를 청구하는 소송이 진행되는 중에 을이 타인에게 팔아 타인명의로 이전등기를 해 버리면 갑은 소송에서 승소하더라도 이전등기를 할 수가 없다. 이러한 사태에 대비하기 위하 여 위 아파트에 관하여 처분금지가처분을 할 수 있다.

또, 당사자 간에 권리관계에 다툼이 있을 경우, 그에 대한 확정판결이 있기까지 현상을 그 대로 방치한다면 권리자가 현저한 손해를 입거나 권리를 실현하기 어려운 경우에 잠정적으로 임시조치를 행하는 것도 가처분제도의 일종이다. 예컨대 해고의 무효를 주장하는 자에게 임금의 계속지급을 명하는 등의 가처분도 할 수 있다.


## Ⅲ. 민사소송절차


### 1. 민사소송의 진행과정

#### 가. 원고의 소장 제출

민사소송은 원고가 피고를 상대로 제1심 관할법원에 소장을 제출하면 소송이 시작된다. 소장에는 당사자와 법정대리인, 청구취지('피고는 원고에게 돈 1,000만 원을 지급하라.'는 식으로 원고가 판결을 통하여 얻어 내려는 결론)와 청구원인('원고는 2005년 1월 1일에 피고에게 돈 1,000만 원을 빌려 주었으나, 피고는 이를 갚지 않고 있다.'는 식으로 판결을 구하게 된 원인) 등이 기재되어야 한다.

소장에는 소송대상의 값에 따라 인지를 첨부해야 한다.

| 소송목적의 값 청구금액 | 인지액 계산법 |
|---|---|
| 1,000만 원 미만 | 소송목적의 값*10,000분의 50 |
| 1,000만 원 이상~1억 원 미만 | 소송목적의 값*10,000분의 45＋5,000원 |
| 1억 원 이상~10억 원 미만 | 소송목적의 값*10,000분의 40＋55,000원 |
| 10억 원 이상 | 소송목적의 값*10,000분의 35＋555,000원 |

또한 소장을 제출할 때 당사자 수에 따른 송달료를 납부하여야 한다. 송달료는 송달료 수납은행(보통 법원의 구내은행)에 내고, 송달료납부서를 소장에 첨부하면 된다. 은행창구가 아닌 현금지급기(CD)나 현금입출급기(ATM) 등을 이용하여 송달료를 납부하였을 경우에는 송달료납부서 대신 이용명세표를 소장에 첨부해도 된다.

#### 나. 소장 제출 법원

소장을 작성하여 법원에 제출하려면 국내에 있는 여러 곳의 법원 중 그 사건과 관련된 법원에 제출해야 하는데, 일반적으로 이것을 관할이라 한다. 관할은 일반적인 경우와 특별한 경우로 나뉘는데, 일반적으로 인정되는 소장 제출 법원은 다음과 같다.

① **자연인**: 피고의 주소지 관할법원, 주소가 없거나 주소를 알 수 없을 때에는 거소, 거소가 없을 때에는 최후의 주소지 관할법원에 제출해야 한다.

② **법인, 기타 단체**: 주된 사무소 또는 영업소(본점) 소재지, 주된 영업소가 없을 때에는 주된 업무담당자의 주소지 관할법원에 제출해야 한다.

특별히 인정되는 소장 제출 법원으로는 부동산에 관한 소의 경우 부동산 소재지, 어음수표에 관한 소의 경우 어음수표의 지급지, 불법행위에 관한 소의 경우 그 행위지 등이 있다. 그리고 법률로 관할이 지정된 경우를 제외하고는 당사자의 합의에 의해 제1심 관할법원을 정할 수도 있다. 그리고 소송물의 액수에 따라 1억 원을 초과하는 사건은 판사 3인으로 구성되는 재판부가 관할하며, 그 이외의 사건은 단독판사가 관할한다. 다만 예외적으로 소송물의 액수가 1억 원 이상인 자동차사고 또는 산업재해로 인한 손해배상청구사건과 모든 어음·수표청구사건 등은 단독판사가 관할한다.

### 다. 소장 부본 송달

소장이 접수되면 법원은 피고에게 소장 부본을 보내는데, 이렇게 소장 부본을 보내는 것을 송달이라고 한다. 그런데 송달을 실시한 결과 받을 사람이 없거나, 문을 잠가 놓고 열어 주지 않는 경우, 주소가 명확하지 않은 경우, 이사해 버리고 없는 경우 등에는 다시 송달을 하거나, 공시송달을 하는 등 여러 가지 방법을 사용하게 된다.

---

**소장 부본**

소장 부본이란 소장 원본과 같은 문서를 복수로 만든 것을 말한다. 소장의 내용은 법원이 알아야 하지만 동시에 상대방, 즉 피고도 알아야 하기 때문에, 법원은 부본을 피고에게 송달하여 재판을 준비할 수 있도록 해 준다.

**공시송달**

소송서류가 이사를 가는 등으로 송달하지 못하게 된 경우, 일반적인 통상의 조사를 다하였지만 당사자가 어디 있는지 알 수 없는 경우에는 주민등록등본 1통과 최후 주소지의 통·반장이나 인근거주자의 인우보증서(불거주 확인서), 근친자의 확인서를 첨부하여 공시송달을 신청한다. 공시송달은 법원사무관 등이 송달할 서류를 보관하고, 그 사유를 법원게시판에 게시하거나, 관보, 공보 또는 신문 등에 게재하거나, 전자통신매체를 이용하여 공시하는 등의 방법을 사용한다.

### 라. 피고의 답변서 제출

법원은 원고의 소장 부본을 피고에게 송달하면서 답변서를 제출할 것을 요구하는데, 피고가 원고의 주장에 이의가 없으면 답변서를 제출할 필요가 없으나(이 경우 원고가 승소한다), 이의가 있으면 소장 부본을 받은 후 30일 내에 답변서를 제출하여야 한다.

만약 그 기간 내에 아무런 답변을 하지 않은 경우, 또는 원고의 청구원인 사실을 전부 인정하는 취지의 답변서 외에 따로 항변을 제출하지 않는 경우에는 변론 없이 원고승소판결이 선고될 수 있다.(민사소송법 제257조) 피고가 이의가 있어 답변서를 제출하면 소가 진행된다.

### 마. 재판기일의 출석

소송기일에는 본인이 직접 출석하는 수도 있지만 대리인이 출석할 수도 있다. 그러한 대리인에는 법정대리인과 임의대리인이 있다.

① 법정대리인

소송의 당사자가 미성년자이거나 한정치산자, 금치산자인 경우는 법정대리인이 소송을 대신할 수 있다. 미성년자의 경우 부모 등 친권자가, 미성년자를 책임지는 친권자가 없을 경우에는 후견인이 소송을 대신하며, 한정치산자나 금치산자의 경우는 후견인이 소송을 대신한다.

② 임의대리인

소송대리인의 자격은 합의사건, 단독사건, 소액사건에 따라 차이가 있지만 일단 대리인을 선임하여 사건을 진행하는 경우에는 그 대리인은 일체의 소송행위를 할 수 있다. 그렇지만 대리인 마음대로 반소를 제기하거나, 소를 취하하거나, 화해를 하거나, 다른 대리인을 또 선임하여 소송을 하는 행위는 할 수 없다.

또 소송을 하는 대상의 가격이 1억 원을 넘는 경우에는 변호사, 지배인, 국가소송수행자 이외에는 소송대리를 할 수 없다. 소송대리를 하고자 하는 사람은 소송대리허가 신청서 및 소송위임장을 작성하여 이를 법원에 미리 제출하여야 한다.

### 바. 변론준비기일의 지정 및 소환

그 후 재판장은 주장과 증거의 정리가 완료되는 순서에 따라 변론준비기일을 정하여 원·피고에게 기일을 통지한다.

---

**변론준비기일 불출석에 따른 불이익**

① 자백간주

원·피고 중 어느 한쪽이 기일통지서(공시송달 제외)를 송달받고도 불출석하면 출석한 쪽이 주장하는 사실을 자백한 것으로 간주되기 때문에 불리한 판결을 받을 가능성이 크다. 다만, 불출석하더라도 준비서면으로 써낸 답변은 인정된다.

② 양쪽 당사자가 불출석한 경우

양쪽 당사자가 모두 2회에 걸쳐 적법한 소환을 받고도 불출석하거나 변론을 하지 아니한 때에는 그 후 1개월 내에 기일지정 신청을 하지 아니하면 소가 취하된 것으로 간주된다.

---

### 사. 원고와 피고의 주장·답변 및 항변

변론준비기일에 원고는 먼저 '돈 1,000만 원을 빌려 주었다'는 사실을 주장하고, 피고는 이에 대하여 '빌린 사실이 있다(자백)'거나 '없다(부인)'는 식의 답변을 한다. 주의할 점은 대답을 하지 않으면(침묵) 자백하는 것과 같이 취급되고, '모르겠다(부지)'고 하는 것은 부인하는 것으로 취급된다는 것이다. 그 외에 피고는 '돈을 빌린 사실이 있으나(자백) 그 후 갚았다'거나 또는 '빚으로 상계하였다'는 식으로 새로운 사실을 내놓을 수도 있는데, 이를 항변이라 하고, 그 항변에 대하여 원고는 자백, 부인 등의 답변을 하여 소송이 진행되는 것이다.

이러한 주장, 답변 등은 원·피고가 변론준비기일에 출석하여 구두로 하는 것이 원칙이나 서면으로 제출할 수도 있는데, 이를 준비서면 또는 답변서(피고의 최초 준비서면)라고 부른다. 실제로는 소송상의 주장, 답변 등은 간단한 것을 제외하고는 미리 서면으로 준비하여 이를 제출하는 것이 좋다.

### 아. 입증

주장 또는 항변 사실에 대하여 상대방이 부인(또는 부지)하면 주장 또는 항변을 한 자가 이를 입증해야 한다. 누가 입증할 책임이 있느냐 하는 것은 중요할 뿐 아니라 매우 어렵고 복잡한 문제이다.

입증을 하는 방법은 제한이 없으나 서증, 증인신문, 검증, 감정, 당사자 본인신문 등이 특히 많이 쓰이는 방법이다.

### 자. 증거조사 및 변론의 집중

피고의 답변서를 받은 원고는 이를 반박하는 내용의 준비서면 등을 제출하는 등 변론준비기일 이전에 미리 서면공방을 벌여 쟁점이 정리되면 변론준비기일이 지정된다. 이러한 서면

공방 고정에서는 자신의 주장을 정리한 준비서면뿐만 아니라 주장을 뒷받침하는 증거들을 미리 제출하거나 증거신청을 해야 한다.

증거조사기일인 변론기일에는 증인신문을 위주로 진행되며, 가능한 모든 증인을 일괄하여 신문하고 변론을 종결하게 된다.

---

**증인신문**

① 증인신문 신청서 제출

증인신문 신청을 하기 위해서는 기일 전에 미리 증인신청을 하여야 하며, 각 증인별로 입증취지 및 당사자와의 관계를 미리 명확히 밝히고, 증인의 출석 여부 확인 및 연락 가능한 전화번호 등을 함께 기재해야 한다. 법원에서 증인을 채택한 때에는 법원에서 정한 바에 따라 증인진술서를 제출하거나 증인신문사항을 제출하여야 하는데, 법원에서 정한 기간 안에 이를 제출하여야 한다. 법원이 증인채택결정을 하였을 경우에는 신청인은 증거조사비용(일당, 여비, 숙박료)을 증거조사기일 전에 법원 보관금 취급담당자에게 예납해야 한다.

② 증인의 구인방법

증인이 정당한 이유 없이 출석하지 아니한 경우에는 법원은 구인장을 발부하여 법정 또는 그 밖의 신문장소로 구인할 것을 명할 수 있다. 구인장은 통상 사법경찰관이 집행하나 집행관에게 구인장의 집행을 명할 수도 있다. 이 경우 집행관의 여비 등을 예납해야 한다.

③ 증인에 대한 반대신문방법

증인은 신청한 당사자가 먼저 신문하고 그 다음 상대방이 신문하는 방식으로 이루어진다. 이를 보통 반대신문이라고 하는데, 반대신문은 주 신문에 의한 증언의 진실성을 알아보려는 것이므로 주 신문에 나타난 사항과 이에 관련되는 사항 및 증언의 신빙성에 관한 사항이 아니면 신문할 수 없다.

④ 불출석 증인에 대한 과태료와 감치제도

정당한 사유 없이 증인신문기일에 출석하지 아니한 증인에 대한 과태료의 제재가 50만 원에서 500만 원으로 상향조정되었다. 증인이 1회 과태료 재판을 받고도 다시 출석하지 아니할 경우 7일 이내의 감치에 처할 수 있다.

---

## 차. 증거서류의 제출

증거조사는 원칙적으로 당사자의 신청으로 이루어지며, 당사자로부터 증거신청이 있으면 법원은 이에 대하여 결정을 하여야 한다. 증거신청의 구체적인 내용은 서류나 물건을 증거로 제출하거나 증인, 감정인, 통역인 또는 번역인의 신문을 신청하는 것이다. 그리고 민사소송에서는 변론주의가 지배하기 때문에 당사자가 신청하지 아니한 증거에 대해서는 법원이 조사하지 않는다는 것을 주의하여야 한다.

① 서증의 제출방법

서증이란 법원에 증거로 제출하는 문서를 말한다. 따라서 서증은 법원에 제출하는 것 이외에도 추가로 피고의 숫자만큼 사본을 준비해 두었다가 변론준비절차기일에 재판장에게 1통을 제출하고 나머지는 피고에게 주면 된다.

원고가 제출하는 서증은 첫 페이지 왼쪽 또는 오른쪽의 중간 상단 부분에 '갑 제0호증'이라고 번호를 붙여야 한다. 그리고 피고가 제출하는 서증은 '을 제0호증'이라고 번호를 붙여 가면 된다. 또 같은 종류의 서증이 여러 개인 경우 '갑 제0호증의 1, 갑 제0호증의 2'라는 식으로 다시 가지번호를 붙여 나가는 식으로 하면 된다.

② 서증의 인, 부 방법 안내

증거로 제출되면 법원은 상대방에게 그것이 진정한 것인지 여부를 묻게 되는데, 이때 대답은 성립 인정, 부인, 부지 중 한 가지로 하여야 한다. 성립 인정은 상대방이 주장하는 바와 같이 작성자가 작성한 문서라는 사실을 인정한다는 취지이고, 부인은 작성자라고 주장하는 사람이 작성하지 아니한 것이라는 취지이며, 부지라고 함은 작성자라고 주장하는 사람이 작성한 것인지 아니면 가짜인지 알 수 없다는 것을 말한다.

③ 증거설명서 제출

서증의 수가 많아 개별적으로 입증취지를 확인하기가 곤란한 경우, 서증의 내용을 이해하기 어렵거나 그 입증취지가 불명확한 경우, 또는 서증의 작성자나 그 작성연월일 등이 불명확한 경우 등에는 증거설명서를 제출하여야 한다.

④ 검증·감정신청

법원으로부터 검증·감정의 증거가 채택되면 빠른 시일 안에 법원에 검증·감정 신청서를 제출하고 참여사무관 등에게 납부하여야 할 검증·감정비용을 확인한 다음 검증, 감정할 위치를 알려 주어야 한다.

⑤ 법원의 서증조사

법원으로부터 서증조사의 증거가 채택되면 서증조사의 대상인 문서의 보관 장소 및 문서의 번호를 확인하여 법원 외 서증조사신청서를 제출하고, 참여 사무관 등에게 서증조사에 필요한 출장여비 등의 비용을 확인하여 보관금 취급담당자에게 예납해야 한다. 서증조사기일에는 서증조사 장소에 출석하여 서증의 등본을 작성하여 서증으로 제출해야 한다.

⑥ 문서송부 촉탁

문서송부 촉탁이란 문서의 제출의무가 있든 없든 가리지 않고 그 문서소지자를 상대로 그 문서를 법원에 송부하여 줄 것을 촉탁하는 절차를 말한다. 국가기관, 법인, 학교, 병원 등이 보관하고 있는 문서를 서증으로 제출하고자 할 경우에 흔히 이용되고 있다. 법원으로부터 문서송부 촉탁의 증거가 채택되면 문서가 있는 장소와 그 문서의 번호 등을 확인하여 문서송부 촉탁서를 빠른 시일 안에 해당 법원에 제출해야 한다. 문서의 보관 장소 및 번호가 정확하지 않으면 송부 촉탁을 할 수 없는 경우가 발생할 수 있으며, 촉탁한 문서가 법원에 도착하면 변론기일에 그 문서를 서증으로 제출해야 한다.

⑦ 문서제출명령신청

문서제출명령신청이란 어느 문서를 서증으로 제출하고자 하나 이를 상대방 또는 제3자가 소지하고 있기 때문에 직접 제출할 수 없는 당사자가 그에 대한 문서제출명령을 구하는 신청으로서, 신청서에는 문서의 표시와 취지, 소지자, 증명할 사실, 제출의무의 원인을 명시하여야 한다. 개정된 민사소송법은 문서소지자에 대한 문서제출의무를 확대하여 원칙적으로 증언의 거절 사유와 같은 일정한 사유(형사소추, 치욕, 직무비밀, 직업비밀 등)가 있는 문서와 공무원이 직무상 보관하는 문서를 제외하고는 모든 문서를 제출하도록 하였다.

### 카. 판결의 선고 및 판결문의 송달

일반 민사사건의 경우에는 변론이 종결된 날로부터 2, 3주 후에 판결을 선고하는 것이 보통이지만 소액사건의 경우에는 변론을 종결하면서 즉시 판결을 선고하기도 한다. 보통 법정에서 판결을 선고할 때, 원고 또는 피고가 전부 승소한 경우에는 판사가 '원고승고' 또는 '피고승소'라고 간단하게 선고하나, 원고나 피고가 일부만 승소한 경우에는 원고의 청구 중에서 인정되는 부분을 구체적으로 밝히는 것이 보통이며, 경우에 따라서는 간단한 이유를 덧붙이는 경우도 있다.

판결은 선고되었지만 판결문은 판결이 선고된 날로부터 10일 정도 지난 후에 도착하는 것이 보통이다. 판결문을 송달받으면, 승소한 원고는 통상 붙여지는 가집행선고에 근거하여 가집행을 할 수 있으며, 가집행을 하려면 법원에서 판결송달증명원과 집행문을 발급받아 집행신청을 하면 된다.

### 타. 항소

제1심판결로 불이익을 받은 당사자는 항소를 할 수 있다. 항소는 판결문을 송달받기 전에도 할 수 있고, 송달받은 날로부터 2주일 이내에 원심법원에 항소장을 제출하여야 한다. 2주일의 기간은 항소장이 원심법원에 접수된 날을 말한다.

### 파. 판결의 확정

판결은 언제 확정될까? 우선, 제1심판결이 내려졌는데 패소한 당사자가 항소기간 내에 항소를 하지 않으면 판결이 확정된다. 그리고 패소한 당사자가 항소를 하고 또 상고까지 한 경우에는 대법원에서 판결을 선고할 때 확정이 되며, 항소나 상고하였다가 취하하거나, 항소권이나 상고권을 포기한 때에도 판결이 확정된다.

### 하. 소의 취하와 화해

#### ① 소의 취하

소의 취하는 소 제기 후 종국판결의 확정에 이르기까지 할 수 있으므로 항소심이나 상고심에서도 할 수 있다. 또 수개의 청구 중 일부는 물론이고, 1개의 청구 중 일부도 취하할 수 있다. 그러나 소의 취하는 상소(항고, 상고)의 취하와는 효력이 다르므로 주의하여 신중히 하여야 한다.

상소의 취하는 원판결을 그대로 유지하면서 확정시키는 효력이 있는 반면, 소의 취하는 이미 행한 판결도 효력이 없게 되는 것이다. 소의 취하는 서면으로 하여야 하며, 소장이 이미 상대방에게 송달된 후에는 상대방의 동의가 없으면 상대방 수에 상응하는 취하서 부본을 제출하여야 한다. 변론기일에는 구술로도 취하할 수 있다. 취하서는 본인이나 제출대행권한이 있는 변호사, 법무사가 제출하는 경우 외에는 본인의 인감증명을 첨부해야 하고, 우편으로도 제출할 수 있다.

#### ② 화해권고결정

법원은 재판절차가 진행되는 도중에 사건의 공평한 해결을 위하여 화해권고결정을 할 수 있다. 양쪽 당사자가 화해권고결정을 송달받고 2주 이내에 이의를 신청하지 않으면 그 결정 내용대로 재판상 화해가 성립된 것과 같은 효력이 생기며, 소송절차는 종결된다.

#### ③ 서면에 의한 화해

청구의 포기나 인낙의 취지가 기재된 서면을 공증인에게 공증을 받아 법원에 제출하면 기일에 출석할 필요 없이 사건이 종결된다. 또 화해의 취지가 기재된 서면을 공증인에게 공증받고 그 서면을 법원에 제출하고 상대방이 법정에 출석하여 그 화해의 의사를 받아들일 때에는 화해로써 사건이 종결된다.

# Ⅳ. 강제집행절차

## 1. 채무자의 재산을 찾아내기 위한 절차

1억 원 대여금반환청구소송에서 승소하여 '피고는 원고에게 금 1억 원을 지급하라.'는 판결이 확정된 경우에는 채무자의 재산에 강제집행을 하기 위해서는 채권자가 집행의 대상이 되는 채무자의 재산을 지정하여 집행기관에 강제집행을 신청해야 한다. 따라서 승소판결을 얻었더라도 집행을 하기 위해서는 채무자가 어디에 어떤 종류의 재산을 어느 정도 보유하고 있는가를 파악하고 있어야 한다.

이를 위하여 마련된 제도가 재산명시제도이며, 나아가 민사집행법에서는 종전에 거의 유명무실했던 채무불이행자명부제도를 활용하고 있다. 그리고 이것으로도 부족하면 채무자의 남은 재산이 있는지 조회해 볼 수 있는 장치도 마련되어 있다.

### 가. 재산명시제도

채무자가 확정판결, 화해·조정 조서, 확정된 지급명령 등에 의한 금전채무를 임의로 이행하지 아니하는 때에는 채권자는 집행력 있는 정본과 강제집행을 개시하는 데에 필요한 서류를 첨부하여 법원에 채무자의 재산명시를 요구하는 신청을 할 수 있다.

채무자는 법원의 명령이 있는 경우 법원이 정한 기일에 현재의 재산과 1년 이내에 한 일정한 거래행위와 2년 이내에 한 재산상의 무상처분을 명시한 재산목록을 제출하여야 하고, 동시에 그 재산목록이 진실함을 법관 앞에서 선서하여야 한다.

다만, 채무자가 3개월 이내에 채무를 갚을 수 있음을 소명한 때에는 그 제출을 3개월 범위 내에서 연기할 수 있고, 연기된 기일까지 채무액의 3분의 2 이상을 갚은 경우에는 다시 1개월 범위 내에서 연기할 수 있다.

채무자가 정당한 사유 없이 명시기일에 불출석하거나, 재산목록 제출을 거부하거나, 선서를 거부한 때에는 20일 이내의 감치에 처할 수 있고, 거짓의 재산목록을 낸 때에는 3년 이하의 징역 또는 500만 원 이하의 벌금에 처할 수 있다. 채무자가 회사나 단체인 때에는 그 행위자인 대표나 관리인이 위와 같은 처벌을 받는 이외에 그 회사나 단체도 벌금형을 받게 된다.

### 나. 재산조회제도

채무자가 정당한 사유 없이 재산명시기일에 불출석하거나, 재산명시기일에 출석하더라도 재산목록 제출 또는 명시 선서를 거부한 경우, 채무자가 거짓의 재산목록을 낸 경우, 또는 채무자가 제출한 재산목록의 재산만으로는 집행채권의 만족을 얻기에 부족하면, 재산명시절차를 실시한 법원은 그 재산명시를 신청한 채권자의 신청에 따라 개인의 재산 및 신용에 관한 전산망을 관리하는 공공기관이나 금융기관 등에 채무자명의의 재산에 관하여 조회를 신청할 수 있다.

### 다. 채무불이행자명부제도

채무자가 금전의 지급을 명한 판결 또는 지급명령이 확정되거나, 화해 · 조정조서 등이 작성된 후 6개월 이내에 채무를 이행하지 아니하거나, 법원의 명령에도 불구하고 재산목록의 제출을 거부 또는 허위의 목록을 제출하는 등의 사유가 있는 때에는 채권자는 채무자를 채무불이행자명부에 등재하도록 법원에 신청할 수 있다.

그 신청에 따라 법원이 채무불이행자명부에 등재하는 결정을 한 때에는 등재 후 그 명부를 법원에 비치함은 물론, 그 부본을 채무자의 주소지(법인인 경우에는 주된 사무소의 소재지) 시 · 군 · 구 · 읍 · 면의 장에게 보내야 한다.

법원은 채무불이행자명부의 부본을 일정한 금융기관의 장이나 금융기관 관련단체의 장에게 보내어 채무자에 대한 신용정보로 활용하게 할 수 있다. 채무불이행자명부는 인쇄물로 공표하지 아니하는 한 누구든지 열람 · 등사가 가능하며, 채무가 모두 소멸된 것이 증명되어 법원의 말소결정이 있기까지 비치, 공개된다.


## 2. 채무자의 재산을 집행하는 절차

강제집행은 채무자의 재산을 압류하여 현금화하고 채권자에게 배당하는 3단계로 구성되어 있다.

### 가. 동산에 대한 집행

채무자가 보유하고 있는 동산의 경우, 텔레비전이나 냉장고, 세탁기 등은 보통 재산적 가치가 작기 때문에 다른 재산이 없는 경우에 집행의 대상으로 삼는 것이 일반적이다. **집행권**

원에 **집행문 부여**를 받아 관할법원 집행관에게 집행을 위임하면, 집행관과 같이 동산이 있는 현장까지 가서 압류를 하게 된다.

---

**집행권원**

국가의 강제력에 의하여 실현될 청구권의 존재와 범위가 표시되고 집행력이 부여된 공적인 문서를 말하는데, '피고는 원고에게 돈 1,000만 원을 지급하라.'는 형식의 이행명령이 기재된 확정판결이 대표적이며, 2002년 민사소송법 개정 이전에는 '채무명의'라고 불렸다.

---

**집행문 부여**

집행문은 강제집행을 해도 좋다는 집행의 허락서이다. 즉, 위의 집행권원에 '위 정본은 피고 ○○○에 대한 강제집행을 실시하기 위하여 원고 ○○○에게 부여한다.'는 취지를 기재하고 법원 직원이나 공증인이 기명날인하는 것이 집행문 부여이다. 다만, 공증인은 공정증서에 대해서만 집행문을 부여할 수 있다.

---

### 나. 부동산에 대한 집행

이는 채무자의 부동산을 경매를 통하여 팔아 그 매각대금으로 채권자에게 빌린 돈을 돌려주는 절차이다.

① 채권자의 신청이 있으면 법원은 경매개시결정을 하여 목적부동산을 압류하고 관할 등기소에 강제경매 신청의 기입등기를 촉탁하여 등기공무원으로 하여금 등기부에 기입등기를 하도록 한다.

② 다음에 처분할 부동산을 현금화하기 위한 준비절차로서, 집행관에게 부동산의 현황에 대한 조사를 명하고 감정인에게 목적부동산을 평가하게 하여 그 평가액을 참작하여 최저경매 가격을 정한다.

③ 위 절차가 끝나면 법원은 경매 및 경락기일(입찰 및 낙찰기일)을 지정하여 공고한다.

④ 경매가 끝나서 경락인(낙찰자)이 대금을 지정한 기일까지 완납하지 아니할 때에는 다음 순위 매수신고인에 대한 경락 허부를 결정하고, 차순위 매수신고인도 없는 때에는 재경매를 실시한다.

### 다. 금전채권에 대한 집행

채권자(갑)는 채무자(을)가 제3채무자(병)에게 빌려 준 돈을 대신 받아 올 수 있다. 이 경우 채권자(갑)가 집행법원에 집행신청(압류명령신청)을 하면 집행법원은 '병은 을에게 지급해서는 안 된다.'는 지급금지명령을 내리게 되는데, 이를 압류명령이라고 한다. 또 채권자(갑)는 추심명령을 신청하여 채무자(을) 대신 제3채무자(병)로부터 돈을 받을 수 있고(이때는 다른 채권자가 배당요구 가능), 전부명령을 받으면 압류하는 즉시 그 액수만큼 채권자(갑)가 제3채무자(병)로부터 돈을 바로 받아 오게 된다. 압류명령과 추심명령, 압류명령과 전부명령은 같이 신청하는 것이 보통이다.

## 두번째 인생

두번째 인생을 사는 것처럼 살아라.
그리고 지금 막 하려고 하는 행동이
첫번째 인생에서 그릇되게 했던
바로 그 행동이라고 생각하라.

- 빅터 프랭클의 《죽음의 수용소에서》 중에서 -

* 누구에게나 인생은 단 한 번입니다.
그렇기 때문에 자신의 한 번뿐인 소중한 인생을
헛되이 보낼 수는 없습니다. 삶에서 권태를 느끼거나
의욕이 없어지고 살아가는 의미가 옅어질 때,
열심히 살고자 하는 의지가 약해질 때,
한 번쯤 생각해 보았으면 합니다.
두번째 인생은 다르게 살겠다고…

## 창업지원제도의 기초지식

**창업자금**을 빌리려면 다양한 방법이 있으나 그중 **정부**에서 지원하는 자금을 빌리는 것이 가장 유리하다. 이러한 제도를 활용하는 데 있어서는 항상 신청하기 이전에 반드시 담당자와 상담을 거친 후 도움을 받아 신청하는 지혜가 필요하다. 정부 정책자금을 이용하는 예비 창업자들의 마음가짐으로는 지원이라는 용어의 해석 때문에 **무상지원**으로 오해하기 쉽다. 정부 정책지원자금은 무상지원의 눈먼 돈이 아니라 **저리**로 대출받을 수 있도록 보증을 해 주는 자금이라는 인식이 필요하다. 빌린 돈이니만큼 대출금을 변제할 수 있는 자금 상환계획까지 세워 두어야 하는 것은 당연하다.

## I. 창업의 기초요소

### 1. 창업자 – 이런 창업자가 성공한다

성공 창업을 위해 가장 중요한 요소이지만 우리가 흔히 간과해 버리는 것이 창업자의 마음가짐일 것이다. 일단 창업을 하겠다고 결심을 하면 해당 사업에 대하여 철저한 몰입이 필요하다.

① 우선 철저하게 낮아지는 밑바닥 사고를 가져야 한다. 직장 다닐 때 직책이나 체면 등을 모조리 버리고 철저하게 장사꾼으로 다시 태어날 각오로 출발해야 한다. 이것이 선행되지 않고는 성공적인 창업을 절대 기대할 수 없다.

② 또한 치밀한 사전준비를 통해 사업을 추진할 경우에도 이를 추진할 육체적인 건강이 뒷받침되어야 한다. 보통 창업자는 1일 10~14시간 이상의 육체적인 노동을 감수해야 하기 때문이다.

③ 창업자는 가족을 포함한 주변의 동의를 얻는 것이 필수적이다. 특히 여성 창업의 경우 남편이나 가족의 동의를 얻어 가사나 육아를 전담해 줄 사람을 정한 후 창업에 도전해야 한다.

## 2. 창업자금 – 소자본으로도 성공할 수 있다

창업을 위해서는 자금의 운용이 대단히 중요하다. 소자본 창업의 경우에도 주먹구구식으로 자금을 운용해서는 절대 안 된다. 투자액이 높을수록 수익성이 증가하지만 그만큼 위험부담도 커지게 마련이다.

① 초기자금을 최소화하는 것이 좋다. 사전개업준비자금, 고정자금, 운전자금 등으로 구분하여 예산을 집행해야 하며 총 자금의 20% 정도는 반드시 예비비로 남겨두어야 한다. ② 타인의 자금을 차입하여 사업을 할 경우에도 차입금의 비율이 총 비용대비 30% 이내를 유지해야 한다.

③ 경험이 없는 사업 초보자의 경우에는 5,000만 원 이하의 범위에서 사업아이템을 선정하는 것이 좋으며, 한두 차례의 사업 경험이 있는 창업 예비자의 경우에는 1억 원 이내에서 사업 아이템을 선정하여 시작하는 것이 바람직하다.

④ 통상 예상 총 투자규모 대비 4부 정도가 월 평균 순이익으로 발생하면 좋은 창업 아이템으로 평가할 수 있다. 예를 들어 5,000만 원을 투자했을 때 월 수익 200만 원이라는 사업성이 나오면 된다는 뜻이다.

## 3. 업종 – 나에게 적합한 업종 선택

창업은 업종 선택에서 그 성패가 갈린다. 그러나 나에게 적합한 업종을 선택하는 일은 좀처럼 쉬운 일은 아니다.

① 우선, 업종 선택 시 나의 적성이나 성격에 적합한 업종을 선택해야 한다. 그렇지 않을 경우 사업에 대한 흥미와 관심을 기울이기 어려워 결국 해당 사업을 지속적으로 운영할 수 없게 될 것이다.

② 해당 사업에 대한 적성이나 성격이 맞을 경우에도 그 사업 분야에 대한 기본지식이나 경험이 필요하다. 예를 들어 최근 관심을 끌고 있는 컴퓨터 관련 사업의 경우 경영자가 컴퓨터에 대한 지식이 전혀 없다면 사업에서 발생하는 각종 문제에 능동적으로 대처할 수 없게 되어 주변 업체와의 경쟁력이 약화된다. 물론 외부 전문가를 채용하여 이를 해결할 수도 있지만, 상응하는 추가 비용의 지출이 발생한다.

③ 창업하려는 업종의 동향을 정확히 파악해야 한다. 각각의 업종은 도입기, 성장기, 성숙기, 쇠퇴기 등을 거치게 된다. 따라서 자신의 업종이 어느 단계인지를 시장분석 등을 통해 정확히 분석하여 가급적 성장기에 해당하는 업종을 선택하는 것이 바람직하다.

## 4. 사업장 - 입지가 성공을 좌우한다

업종 선택 못지않게 중요한 것이 입지선정이다. 한번 입지가 결정되면 점포의 이동도 어렵고 매출과 직접적으로 연결되기 때문이다.

① 입지를 선정할 때는 상권과 주변 업종에 주목해야 한다. 일반적으로 상권이 발달되어 있고 역세권 등 유동인구가 많을 곳을 선택하는 것이 좋다.

② 그러나 이런 곳에 점포를 얻기 위해서는 많은 비용이 소요되므로 일반적으로 알려진 상권만을 고집하지 않고 직접 치밀한 입지를 분석을 통해 자신의 자본과 업종에 적합한 입지를 선정할 경우 적은 비용으로도 성장기에 좋은 입지를 선정할 수 있다.

## II. 창업을 위한 준비단계는 무엇인가?

## 1. 1단계: 창업자 여건 파악

창업자의 전문적인 지식, 과거 사회경험 · 자금능력 · 성격 · 이미지 · 주변 여건 등을 먼저 파악한 후 다른 사람 또는 전문기관에 의해 재평가를 받아 자신의 적성을 파악하는 것이 중요하다.

## 2. 2단계: 업종(ITEM) 선정

업종(ITEM)은 3개 정도 선정한 후 경기변동에 따라 업종의 변화를 고려하여 자신에게 가장 적합한 업종별로 우선순위를 결정하여 선정한 후보 업종 중에서 성장률과 안전성이 가장 높은 업종을 상호 비교하여 선정한다.

## 3. 3단계: 정보수집

상품, 소비자, 가격 등에 대한 내부정보와 경쟁점, 주변 배후지 정보 등의 외부정보를 확실하게 조사, 검토, 확인한다.

## 4. 4단계: 사업성 분석

3업종에 대한 사업성 분석을 실시한다. 총 투자금액에 대한 수익성을 면밀히 검토한 후 최소한 2~3년 내에 초기투자금액을 보장받을 수 있는 업종을 선정해야 한다.

## 5. 5단계: 사업계획 수립

선정된 업종의 충분한 정보를 입수하고 업종 사이클상 어느 단계에 있는가를 확인하여 구체적인 OPEN 계획을 세운다.

## 6. 6단계: 사업장 확정

소규모사업의 성공과 실패는 반 이상이 입지선정에 의해 좌우된다. 세밀한 사업계획서에 따라 입지를 선정하는데 도시발달 단계에 따른 입지조건을 고려해야 한다.

## 7. 7단계: OPEN

정해진 업종 및 사업계획에 맞춰 사업성 분석을 한 후 매출액에 대한 마진율을 따져보고 타산이 맞으면 사업장을 결정, 입점한다.

## Ⅲ. 초보 창업자가 지켜야 할 수칙

① 직접 뛰어다니며 모든 것을 눈으로 확인하고 해결해 나가야 한다.

② 창업 전, 자가 진단을 정확히 한 후 뛰어들어야 한다. 즉, 목표를 정확히 설정한 후에 창업해야 한다.

③ 부도심에서 창업, 노하우를 익힌 다음 도심으로 진출하는 것이 좋다.

④ 규모나 큰 점포나 초기 인테리어 비용이 과도하게 누적되는 것은 금물이다.

⑤ 신문, 잡지, 방송의 광고, 기사 등에 현혹되어 무조건 덤벼드는 것은 실패요인 중 하나이다.

⑥ 다른 사람이 실패한 장소에 동업종으로 창업하는 것은 금물이다.

⑦ 모든 책임은 본인이 져야 하므로 모든 판단은 스스로 내려야 한다.

⑧ 업종 선택 시 더욱 신중해야 한다.

⑨ 초보자금은 도입기인 업종보다는 성장기 초기에 있는 업종을 택하는 것이 현명하다.

⑩ 복합적인 요소가 함께 맞아떨어져야 성공할 수 있다는 점을 명시해야 한다.

⑪ 남이 잘된다고 무조건 신뢰하는 것은 위험하다. 나에게 맞고 시기에 적합한 업종을 택해야 한다.

## Ⅳ. 소자본 창업자가 주의하여야 할 것은 무엇인가?

① 업종을 잘 선택해야 한다. - 대체로 도입기나 성장기의 업종을 선택하는 것이 좋다.
② 장소를 잘 선택해야 한다.
③ 창업자금을 최소화하고 매출은 극대화해야 한다.
④ 반드시 적성에 맞는 사업을 선택해야 한다.
⑤ 가족의 동의를 구해야 한다.
⑥ 건강에 유의하라.
⑦ 이왕이면 적극적으로 경영하라. - 부업이 아닌 본업으로 매진하라.
⑧ 집과 점포는 분리된 곳을 선택해야 한다.
⑨ 자금 구분을 명확히 하라.
⑩ 재고관리와 매일 정확한 수지분석을 하라.

## Ⅴ. 점포 계약할 때 주의할 사항은 무엇인가?

### 1. 점포 계약 시 체크사항

① 권리유무 확인(등기부 등본, 도시계획확인원, 보증금 및 권리금 등)
② 건물의 용도가 상업용도인지 확인(토지건축물관리대장 확인 - 건물주의 임대의도 파악)
③ 목적물 확인(점포구조와 건물 노후상태, 출입문 방향 등 접근성)
④ 점포가 위치한 층수와 업종의 상관관계 확인
⑤ 채권 확보대책 확인(공증 또는 전세권 설정)
⑥ 계약 시 건물주 본인과 직접 계약하고 계약서내용은 세부내용까지 정확하게 작성
(중도해약조건, 권리금의 양도 여부, 건물하자보수조건, 계약갱신조건 등)

## 2. 기존점포를 계약할 때

① 임대료와 권리금 등이 적당한 가격인가?

② 기존업종이 그 지역에 과연 타당한가?

③ 경쟁업종의 대형점포가 생길 가능성은 없는가?

④ 기존점포의 서비스와 소비자의 선호도는 어떤가?

⑤ 주변 지역의 토지이용 상황과 이후의 전망은 어떤가?

⑥ 매출은 어느 정도 올릴 수 있는가? (권리금을 상회하는가?)

⑦ 공과금, 임대료 등은 높지 않는가?

⑧ 상권의 변화 가능성은 없는가?

⑨ 시설에 하자는 없는가?

## 3. 신규점포를 계약할 때

① 준비할 수 있는 자금과 맞는가?

② 경쟁점포는 어느 정도 거리에 있고 앞으로 경쟁에서 이길 수 있겠는가?

③ 유동인구나 거주인구의 실질적인 구매력은 어느 정도인가?

④ 주변 다른 업종과의 관계는 어떤가?

⑤ 도로에 접하여 있는 상태는 어떤가?

⑥ 소비자가 접근하기가 좋은 환경인가?

⑦ 환경은 어떤가, 소음과 악취는 없는가?

⑧ 주차장은 있는가, 짐을 내리고 올리는 데 불편하지 않은가?

⑨ 가게의 폭은 적당한가? 넓이와 형태는 업종에 맞는가?

⑩ 매출은 어느 정도로 예상되며 투자한 돈을 회수할 수 있겠는가?

## 4. 기존점포를 인수할 때

① 권리금과 임대료가 주위 시세와 비교하여 적당한가를 확인한다.

② 기존업종으로 그 지역에서 경쟁력이 있는가 확인한다.

③ 점포, 건물에 이상은 없는가 확인한다.

④ 주변의 기존상권에 커다란 변화가 없는가 확인한다(도시계획, 대형할인점 등).

⑤ 기존점포에 대한 소비자들의 반응은 어떠한가 확인한다.

⑥ 투자금액 대비 수익성이 있는 점포인가 확인한다.

⑦ 기존사업자의 폐업 사유를 확인한다.

⑧ 건물주가 건물 보수계획을 갖고 있는지, 건물을 팔려고 내놓았는지 등을 미리 확인한다.


# Ⅵ. 사업자등록 하기


## 1. 처음 준비하기

무슨 업종이든 사업을 하기 위해서는 사업자등록신고를 해야 한다. 그래야만 정식 사업체로서 인정을 받을 수 있기 때문이다. 사업자등록 신청절차는 간단하다. 사업을 시작한 날로부터 20일 안에 구비서류를 갖추어 관할 세무서 민원봉사실에 신청하면 된다. 민원봉사실에서는 전산발급대상인 과세 특례자와 개인사업자로서 제조, 도소매업을 제외한 일반 과세자에게는 컴퓨터를 이용해 즉시 발급하고, 수동발급 대상자인 경우에는 발급일을 기재한 접수증을 준다(기한 7일). 납세자는 예정된 일시에 민원봉사실에 가서 사업자등록증을 교부받으면 된다.

업종 중에는 주류판매업이나 음식점처럼 허가가 필요한 것, 약국처럼 면허가 필요한 것, 세탁업소와 같이 신고가 필요한 것 등 여러 가지가 있다. 인가나 허가를 필요로 하는 업종은 일정 기준을 충족시키지 않으면 개업할 수 없다. 하지만 인가나 허가의 조건이 엄격한 대신 일단 개업한 후에는 어느 정도 안정적인 운영을 할 수 있다. 대부분의 서비스업은 관할 세무서에 등록만 하면 된다. 물론 서비스업종에도 인, 허가가 필요한 업종이 있지만, 정보제공사업은 그렇지 않다. 등록양식은 관할 세무서에 비치되어 있다.

## 2. 사업자등록증 신청 시 필요한 서류

① 사업자등록 신청서 2부(세무서 민원봉사실에 비치)

② 개인은 주민등록등본 2부, 법인은 법인등기부 등본 1부

③ 임대차계약서 사본 1부(사업장을 빌린 경우)

④ 사업허가증 1부(약국, 음식점, 개인택시 등 허가나 등록을 해야 하는 경우)

⑤ 법인설립 전 또는 사업허가 전에 등록을 하고자 하는 경우에는 법인 설립을 위한 발기인 주민등록등본 혹은 사업허가신청서 사본이나 사업계획서를 첨부

## 3. 사업자등록 신청절차

사업자등록 신청서 2부 작성→관할세무서 민원실에 접수→사업장 확인→사업자등록증 작성, 교부

사업자등록 사항에 다음과 같은 변동사항이 발생하면 지체 없이 사업자등록 정정신고서에 사업자등록증을 붙여 정정사항을 관할세무서 민원봉사실에 신고해야 한다.

① 상호, 법인의 대표자, 사업의 종류를 추가 및 변경할 때

② 사업자의 주소, 거주지 또는 사업장을 이전할 때

③ 사업자의 명의가 변경되었을 때

다만, 사업장을 이전하는 경우와 주소지를 이전하는 경우에는 이전 후의 사업장 관할 세무서에 사업자등록 정정신고를 하면 된다. 사업을 그만두거나 쉬는 경우에도 지체 없이(임시사업장 폐쇄는 그날로부터 10일 이내) 관할 세무서에 휴업, 폐업 또는 폐쇄신고를 해야 한다.

# Ⅶ. 창업자금지원은 어느 곳에서 하는가?

| 여성부 | 여성기술인력 창업자금지원 | 1억 원 | 1588-5302 |
|---|---|---|---|
| 근로복지공단 | 장기실업자 자영업 창업지원 | 1억 원 | 1588-0075 |
| 근로복지공단 | 실직여성가장 자영업지원 | 1억 원 | 1588-0075 |
| 한국여성경제인협회 | 저소득 여성가장 생계형 창업지원 | 2천만 원 | 02-528-0202 |
| 장애인고용촉진공단 | 장애인 자영업 창업지원 | 5천만 원 | 02-723-5400~1 |
| 소상공인지원센터 | 소상공인 창업 및 경영자금 | 5천만 원 | 1588-5302 |
| 중소기업청 | 중소·벤처기업 창업자금 | 5억 원 이내 | 042-481-4408 |
| 신용보증기금 | 생계형 창업 특별보증 | 1억 원 | 1588-6565 |
| 신용보증기금 | 지식산업창업보증제도 | 3억 원 | 1588-6565 |
| 중소기업진흥공단 | 중소기업 시설 및 운전자금지원 | 10억 원 | 02-769-6700 |
| 국가보훈처 | 국가유공자와 제대군인창업지원 | 3천만 원 | 02-780-9644 |
| 한국소프트웨어진흥원 | 아이디어, 기술 등의 창업보육 | 사무실 지원 | 02-2141-5000 |

# 주식에 관한 기초지식

주식이라는 것은 크게 오르면 그만큼 반동도 크다. 우량주라도, 투기성이 있는 주라면 원칙적으로 모두 같은 것이다. 다만 투기성이 있는 주식인 경우에는 오르는 편이 큼으로 당연히 내리는 편도 엄청난 것이다. 주식투자 열풍이 대단하지만 직접 투자해 보지 않은 사람들에게, 가져 본 일이 없는 사람들에게 주식시장은 낯설기만 하다. 마음은 있지만 어떻게 시작해야 할지 답답한 초보 투자자들을 위한 주식투자방법을 알아본다.

## Ⅰ. 초보자를 위한 주식투자방법

### 1. 어떻게 계좌를 개설하는가?

주식투자를 시작할 때 제일 먼저 할 일은 증권회사에 위탁계좌를 만드는 것으로 은행에 통장을 개설하는 것과 같다. 계좌를 개설하는 절차는 간단하다. 증권회사 본 지점에서 주민등록증 등 본인을 확인할 수 있는 서류와 약간의 돈만 있으면 곧바로 주식을 살 수 있다. 인감은 서명을 대신해도 된다. 계좌는 실제로 주식투자를 할 본인의 이름으로 해야 한다. 남의 이름을 빌리는 '차명계좌'는 원칙적으로 허용되지 않는다.

## 2. 얼마나 투자할 것인가?

하지만 정작 중요한 것은 어느 증권사에 얼마의 돈을 넣을지를 결정하는 것이다. 투자금액은 기간이 정해진 돈은 안 된다. 주식시세가 어떻게 움직일지 모르기 때문이다. 거래할 증권사를 고를 때 반드시 고려해야 할 사항은 이용하기에 불편이 없는 곳이어야 한다. 자주 들르기도 쉽지 않고 전화를 해도 몇 마디밖에 들을 수 없다면 매매 타이밍을 놓치기 십상이다. 따라서 아는 사람이 있거나 집이나 직장에서 가까운 곳을 선택하는 것이 좋다. 초기의 투자금액은 많을 필요가 없다. 어느 정도 자신감이 붙은 뒤 투자액을 늘려가는 것이 좋다.

## 3. 어떻게 자금이체를 할 것인가?

증권사에 돈을 추가로 넣을 때는 직접 가지 않고 제휴 은행을 통해 자기 계좌로 송금하면 된다. 주식을 사기 위해 준비해 놓은 자금은 별도로 머니마켓펀드(MMF)통장을 만들어 넣어 둔다. 그냥 위탁계좌에 예치할 때보다 연 3~5%의 이자가 더 나온다.

## 4. 어떤 주식을 살 것인가?

주식투자를 처음 하는 경우나 수십 년 증권사에 몸을 담았던 사람 모두가 실전에서 공통적으로 느끼는 어려움은 '어떤 주식을 사야 하나' 하는 것이다. 90년대 초반까지만 해도 종합주가지수가 오르면 대부분의 종목이 동반상승을 하고 반대로 종합주가지수가 떨어지면 동시에 내렸기 때문에 종목선택의 고민은 적었다. 그만큼 주식투자환경이 비교적 단순했다. 그러나 1992년 외국인이 우리 주식시장에 참가하면서부터는 상황이 달라졌다.

과거와 같은 무분별한 투자는 십중팔구 화를 부를 뿐이다. 이제는 주먹구구식이 아닌 자료와 정보, 분석력과 전망이 있어야 투자를 할 수 있는 환경이 됐다. 종목을 선택할 때는 일단 증권회사에서 나오는 일간(대우증권 Daily) 및 주간자료(주간 대우증권)와 때때로 발행되는 기업분석자료 등을 참고하는 것이 좋다.

## 5. 어떤 자료를 보아야 하는가?

전반적인 주가전망은 물론 유망종목을 일간 또는 주간 단위로 추천하고 있어 좋은 정보를 얻을 수 있다. 정보를 중시하는 미국의 경우 이런 자료들은 비싼 값에 판매되지만 아직까지 우리나라에서는 객장에서 무료로 볼 수 있다. 단 발행부수가 제한돼 있어 대부분 게시판 등에 붙여 놓는다.

1년에 봄, 가을 두 차례 나오는 '상장기업분석'이라는 책은 투자자들이 꼭 봐야 할 책이다. 증권사마다 제목은 달라도 내용은 똑같다. 증권사별로 요즘 너도나도 내놓고 있어 그중 하나를 선택하면 된다. 비매품이라 서점에서 살 수는 없지만 영업점에 비치돼 있으므로 관심 있는 기업이 있다면 '사자' 주문을 내기 전에 반드시 읽어 봐야 한다. 최근에는 CD로 제작된 상장기업분석자료가 있어서 PC를 보유한 사람들은 쉽게 정보를 검색할 수 있다.

## 6. 중요한 부분은 무엇인가?

내용 중 관심을 갖고 살펴볼 항목은 현금흐름, 경상이익 및 당기순이익, 금융부담률, 주당순이익, 주가수익비율(PER) 등이다. 금융부담률은 이자 등 금융비용을 매출액으로 나눈 것으로 낮을수록 좋은 회사다. 예를 들어, 금융부담률이 5.0%라면 1백 원어치를 팔면 은행에 5원을 뺏긴다고 보면 된다. 주당순이익은 순이익을 발생주식 수로 나눈 값으로, 주당 어느 정도 이익이 발생하고 있는가를 나타내는 수치로서 높을수록 좋다. 주가수익비율은 주가를 주당순이익으로 나눈 값으로 낮을수록 주가가 오를 가능성이 크다. 이 밖에도 모르는 용어가 나오면 증권사 직원에게 바로 물어보는 게 좋다. 증권 전문가들의 분석을 모아놓은 '투자포인트'도 참고하는 것이 좋다.

## II. 주식을 하는 이유와 방법은 무엇인가?

주식을 시작하면 적지 않은 시간을 보낸다. 하지만 그 많은 시간만큼이나 지식을 가지고 있다면 많은 수익을 내고 남부럽지 않은 행복한 삶을 누릴지도 모른다. 다른 학문 같은 경우에는 시간이 지나면 자연스럽게 지식이 축적되고 학문의 깊이가 깊어지지만 주식이라는 것은 알면 알수록 더 힘들어지는 분야가 아닌가 생각이 된다. 배우면 약이 되는 것이 일반적인 진리이건만. 알면 알수록 독이 되는 이유를 적지 않는 시간에 깨우치게 된다. 꼬박 며칠, 몇 달을 밤을 지새우면서 자신이 하고 있는 매매기법 및 투자심리 등에서 무엇이 잘못되었는지 많은 고민과 번뇌 속에서 헤맸고 지금도 그 정답을 알아내기 위해서 수많은 생각을 하곤 한다.

처음에는 주식투자를 결심하게 된 이유는 단지 돈을 벌기 위한 하나의 방법으로 그 수많은 수단 중에 하나를 선택하게 되고, 그리 쉽지 않은 방법이란 걸 배우게 된다. 시중에 나와 있는 많은 책들 중에 몇 달 만에 대박이 나고, 부자가 되었다고들 하지만 그런 사람은 일부분에 지나지 않다. 성공확률은 1%도 되지 않는다. 1%의 성공 뒤에는 99%의 개인투자자들이 피와 눈물을 흘렸고 많은 이들이 주식시장을 떠났다.

다른 분야 같은 경우에는 그만큼의 노력을 하고 공부를 하는 반면에 주식투자를 함에 있어서는 너무나도 관대하다. 단지, 종목을 매수하여 거의 로또처럼 오르기만을 바라는 대박심리가 많은 부분을 차지한다. 이런 마음으로 주식투자를 하려면 차라리 로또를 꾸준히 싸서 투자하는 것과 다름이 없다고 생각한다.

대부분의 주식투자를 하시는 사람들은 누구처럼 집이 부유해서 가치투자개념으로 주식투자를 하지 않는 이상은 주식공부를 하는 데 많은 시간을 할애해야 한다. 개인투자자들의 투자금은 정말 자기 자신의 피와 땀이 있는 돈이다.

자본주의 사회에서는 그냥 공짜로 얻어지는 건 없다. 많은 시간을 투자한 만큼 언젠가는 수익으로 돌아오고, 행복을 많이 베푼 사람은 그만큼의 행복이 부메랑처럼 돌아오는 것처럼 말이다. 개인마다 용모와 말투가 다르듯이 자기 성향에 맞는 전문가 또한 다르다. 자기만의 매매원칙을 확립하고 많은 공부를 하기 바란다. 주식투자에서 대박을 얻으려고 하기보다는 잃지 않는 매매를 하기를 권하며 잃지 않다 보면 플러스가 될 것이다.

모든 주식 책에 수많은 기법들이 있지만 공통적으로 들어가는 말 중에 "자기의 매매원칙과 심리를 다스리지 못한다면 언젠가는 실패한다."는 말이 있다. 이 말이 어떤 의미가 있는지 한번쯤 상기할 수 있는 시간이 되었으면 한다.

# Ⅲ. 주식투자의 기본자세는 무엇인가?

## 1. 기본자세

기본자세는 매일 반복하여 반드시 실행에 옮겨 투자전략에 적용하도록 한다.

1. 날마다 최소한 10분 정도의 시간을 투자하여 투자기법을 습득한다.
2. 실제로 투자를 해 보면서 투자기법을 습득한다.
3. 자신의 이론을 실제 투자에 활용하여 투자기법을 정립한다.

## 2. 매수 시 반드시 Check해야 할 사항

1. 반드시 올라가고 있는 주를 매수한다.
2. 거래량이 바닥인가 확인 → 거래량이 바닥을 친 후에는 반드시 폭등한다.
3. 약세 장이면 들어가지 않는다 → 약세 장에서는 쉬는 것이 최상
4. 조금이라도 의심나면 투자하지 않는다 → 확실할 때만 투자해야 한다.
5. Golden Cross이면 들어간다 → Chart는 기본
6. 폭락은 일시적인 급등이 온다. 단 폭락 후 완만한 회복세는 또다시 하락한다.
7. 거래량이 적고 가격변동이 적은 주식이 거래량이 급증할 때는 매수신호다.
8. 투자하기 전 과거 기록과 습성파악(Chart 분석)
    1) Trend 분석(상승 중인가, 하강 중인가)
    2) Pattern 분석(일일 주 특성이 왕래주인가, 상승주인가, 하강주인가)
    3) Counting 분석(목표치 계산 선정)

## 3. 매도 시 반드시 Check해야 할 사항

1. 반드시 내려가는 주를 매도한다.
2. 전일 고가보다 더 올라간 주가가 다시 전일 저가를 밑돌고 있을 때는 매도한다.

3. 폭락 후 완만한 회복세는 또다시 하락한다.

4. 상승 후 거래량이 연중 최고치에 근접하면 매도한다.

5. 확률이 확신으로 바뀔 때가 매도시점이다.

# 생활철학의 기초지식

우리 민족문화에 뿌리를 두고 있는 풍수지리는 사람이 죽은 후에 묻히게 되는 묘지나 현재 생활하고 있는 주택지에 대하여 어느 위치에 자리를 잡느냐에 따라 후손이나 거주자에게 어떠한 영향력을 미칠 수 있다는 사상에서 출발한 것이다. 전자를 음택이라 하고, 후자를 양택이라 한다.

## Ⅰ. 풍수지리의 정의

풍수지리 사상은 우리 민족의 기층적 사상체계를 이루어 온 많은 사상들 중 하나로 단군조선 이후의 역사상 우리 민족에 많은 영향을 미친 관념임은 주지의 사실이다. 그러함에도 지금까지 풍수지리를 본질적 종합적으로 연구하는 연구소가 매우 적은 편이며 존재한다 하여도 대부분 접근방법과 풍수지리 사상의 구성파악에 있어서 단편성을 크게 벗어나지 못한 감이 있고 특히 우주로부터 지구에 이르기까지 천문 ·지리 연구를 도외시한 편협한 지식의 소산으로 방대한 풍수지리를 다룬다는 것은 어려운 일이다.

우선 천문과학이나 지리학을 모르는 소위 술사들이 단편적인 지식으로 해석을 하거나 풍수지리는 왕권과 관련하여 비기로서 존재한 경우가 많았으며 경우에 따라서는 위서를 저술한 경우도 있는 점을 간과하여 잡다한 저술이 출현하였던 것이다.

또한 길일을 택하는 방법에 있어서도 날짜를 일상생기, 이중천의, 삼하절체, 사중유혼, 오상화해, 육중복덕, 칠하절명, 팔중귀혼 등 여덟 가지 유형으로 분류하였는데 이 중에서 생기복덕을 가려 이용하였던 것이다. 그리고 근래에 지어진 지명을 제외하고 우리나라의 모든 지명은 풍수지리에 따라 지어진 이름으로 토지와 풍수지리의 관련성은 아주 큰 것이다.

풍수지리학이란 협의로는 땅을 활동적·능동적으로 생각하여 인생에 주어지는 길흉화복을 관찰하는 법을 말하며, 광의로는 하늘과 땅과 인간의 천도를 합리적으로 이해하여 조화와 균형을 이루는 개발로 국토이용의 합리성과 효율성을 극대화하는 학문이다.

## Ⅱ. 풍수지리의 원리

### 1. 장풍득수(藏風得水)

인간생활의 근본 터전은 한랭한 북풍과 하천의 범람을 피하고 풍부한 식량을 생산할 수 있는 물과 온화한 기후조건을 갖추어야 하고 가축을 생육할 수 있는 물과 초목이 형성된 곳이어야 하였다. 이러한 조건을 장풍득수라 표현할 수 있는데 풍수지리의 기본경전인 금낭경 기감 편에서 다음과 같이 설명하고 있다.

"風水之法 得水爲上 藏風次之

張曰 得水以止生氣則氣不流過 藏風則氣不吹散然 而得水勝藏風也……"

장설은 "득수하면 생기를 멈추게 하므로 기가 흘러가지 않으며 장풍이 되면 기는 바람이 불어도 흩어지지 않으므로 장풍보다 득수가 우선이다.……"라고 말하였다.

즉, 내룡이 높고 멀리서 내려오고 득수를 하면 기는 머물러 흘러가지 않은 것이요 사방 주위가 산으로 둘러싸고 風門에 노출되지 않은 것이 장풍이니 장풍이 되면 바람이 불어도 기가 흩어지지 않으니 득수·장풍이면 기는 멈추어 머물고 바람에 흩어지지 않는다.

## 2. 지모사상(地母思想)

인간은 천지 사이에서 태어나고 인생의 흥망성쇠가 천지에 의하여 규정되고 천지의 혜택에 의하여 살아간다. 또 천지를 나누어서 보면 천은 父와 같고 지는 母와 같다고 볼 수 있는데 아버지는 하늘의 태양의 정기를 받고 어머니는 달의 정기를 받아 인간을 소생하여 땅이 이를 기르나니 사람의 삶의 자료는 거의 땅에서 얻게 되는 것이며 풍수에서 태양의 기운은 내륙을 따라 내려와 혈에 이르러 음양의 충화를 이루고 사신사로 둘러싸인 局은 어머니의 품속과 같으니 땅은 인간을 기르는 어머니와 같은 존재이다.

따라서 인간은 어머니의 자궁에서 잉태되어 자라고 출생하여 어머니의 품속과 같은 得水藏風된 국에서 성장하고 죽어서도 역시 득수장풍된 국에 묻히게 된다.

## 3. 음양오행론(陰陽五行論)

사람들은 오랜 세월 자연과 더불어 살아오면서 얻은 자연의 이치를 하나의 학문적 이론으로 정리하였으니 곧 풍수지리이며 자연과학이라 볼 수 있다. 氣는 우주를 형성하고 있는 근원으로 만물을 형성하려면 반드시 양(+)과 음(-)의 작용에 의하는 것이다.

하늘이 있으면 땅이 있고 낮이 있으면 밤이 있고 여름이 있으면 겨울이 있고 오르막이 있으면 내리막이 있고 움직여 動하는 것이 있으면(水) 정지되는 것(山)이 있고 삶이 있으면 죽음이 있는 등 우주의 모든 현상은 陰陽으로 나누어진다.

한편, 오행이란 木·火·土·金·水 다섯 가지로 우주의 삼라만상을 형성하는 다섯 가지 활동적 원소를 말한다. 木은 靑으로 봄을 뜻하며 火는 赤色으로 여름을 뜻하며 金은 白色으로 가을을 뜻하며 水는 黑色으로 겨울을 뜻하고 土는 黃色으로 中央 또는 換節期를 의미한다. 남자와 여자가 만나야 자식을 낳을 수 있고 산과 물이 어울려야 혈이 이루어지는 것과 같이 만물은 음양의 충화(沖和)로 이루어진다. 그러나 음양오행론을 풍수지리에 적용한 결과 지리적 조건과 조화를 이루지 못한 부분이 발생하여 폐단도 있으므로 우리 제주도 지형에서는 신중을 기하여야 한다.

## 4. 생기감응론(生氣感應論)

生氣感應論이라고도 하며 풍수의 본질은 실로 생기감응에 의하여 존재한다고 볼 수 있다. 이 생기감응이란 죽은 자의 뼈가 땅에 묻혀서 그 땅속에 흐르는 生氣를 받는 것이 바로 그의 살아 있는 자손에게 영향을 미친다는 것이다.

이 생기감응에 대하여 청오경에서 "百年幻化 離形歸眞 精神入門 骨骸反根 吉氣感應 累福及人 東山吐焰 西山起雲 穴吉而溫 富貴延綿 基或反是 子孫孤貧"이라 하여 사람은 백 년이면 죽어서 형상과 분리하여 정신은 우주영계로 들어가고 골해는 다시 우주의 기를 받아들여 길기가 감응하면 많은 복이 자손에게 미치고, 동산에 불꽃이 일면 서산에 구름이 일고 혈이 길하여 따뜻하면 부귀가 연면하며 그 반대이면 자손은 외롭고 빈곤하여진다고 하였다.

錦囊經 氣感編에

葬者乘生氣也(장자승생기야)

五氣行乎地中(오기행호지중)

人受體於父母(인수체어부모)

本骸得氣 遺體受蔭(본해득기 유체수음)

經曰 氣感而應 鬼福及人(경왈 기감이응 귀복급인)

是以東山西崩 靈鍾東應 木華於春 栗芽於室(시이동산서붕 영종동응 목화어춘 율아어실)이라 하여 장자와 그 유자와의 관계에서 장자가 생기를 받으면 바로 그의 후손에 영향을 준다고 하였다.

즉, 부모의 정은 그 신체 안에서 골수를 이루었고 자신은 부모의 정이 화한 것이니 자신과 부모는 동격이라 할 수 있고 떨어져 있는 한줄기라고도 할 수 있으며 같은 체질과 같은 유전자 요소를 갖고 있어서 지중에서 부모의 골체가 생기를 받는 것이 한줄기인 그의 조상의 후손에게 영향을 준다는 것이 바로 이 생기감응론이다.

* 금낭경: 진나라 사람 곽박(서기 276~324년)이 쓴 책이며 곽박은 진나라 사마예가 황제가 되었을 때 복지와 점택을 담당한 고위 관리이다.

당대에 장설·일행·홍사 3인이 주석을 달았다.

*氣: 기는 우주의 본원으로 Energy이며 만물을 생성·소멸하는 근본이며 無所不在(존재하지 않은 곳이 없음), 不生不滅(나지도 없어지지도 않음), 無始無終(시작도 끝도 없음), 不變

形質(형질이 변하지 않음)한 존재로 음양오행의 법칙에 의하여 만물은 형성·소멸된다.

생기감응을 받아들이는 속도와 용량은 어릴수록 강하고 나이가 들수록 약하여 묘를 쓰고 태어난 자손이 조상에너지의 영향을 가장 많이 받는다. 그러나 화장을 하면 자손에게 줄 수 있는 유골 고유 에너지는 파괴되고 없어져 자손에게 길흉을 줄 수가 없다.

## Ⅲ. 풍수지리의 목적과 구성

### (1) 풍수의 목적

풍수의 목적은 인간을 천지의 힘의 순리에 맡기어 행운을 구하고 묘 또는 시설물을 길지에 땅의 이치에 맞게 설치하거나 흉지를 비보하여 인간에게 유익하게 하는 데 그 목적이 있다. 학자들에 의하여 구체적으로 예를 들면 다음과 같다. ① 도읍, 마을, 시설물을 길지에 건설하여 백성과 그곳에 사는 사람의 행운을 구한다. ② 거주지를 길지에 세워 거주자의 행복을 구하고 자손의 번영을 꾀한다. ③ 선조들의 거주지와 지명을 연구하여 전통문화를 이해하고 전승한다. ④ 선조의 묘를 길지에 묻어 그의 자손의 번영을 꾀한다.

### (2) 풍수의 구성

풍수의 구성은 풍수지리의 길지나 대지를 관찰하는 기본적인 관점인 山·水·位 삼 자의 길흉과 조합에 의하여 성립된다.

## Ⅳ. 풍수에 관한 주요용어

(1) 음택(陰宅) : 사자의 안주지
(2) 양택(陽宅) : 주택지와 도읍지
(3) 용(龍) : 땅의 기복을 말하며 산은 여러 가지 모습으로 변화하여 크기도 하고 작기도 하고 일어나기도 하고 엎드리기도 하고 거슬리기도 하고 순응하기도 하고 숨기도 하고 드러

내기도 한다. 용은 음양조화의 物이므로 산의 변화가 무궁하고 그 조화를 측량하기 어려워 그 모습이 용과 같다 하여 산의 기복을 이름하여 龍이라 하였다.

(4) 맥(脈)과 절(節): 용에는 생기가 흐르는데 이것은 마치 인신의 맥락에 기혈이 운행하는 것과 같아 지중에 생기가 흐르는 것을 脈이라 하고, 용의 일기일복 혹은 좌절우곡하는 마디를 죽에 절이 있는 모양과 흡사하다 하여 節이라 한다.

(5) 혈(穴): 용맥 중에 생기가 가장 많이 모여 있는 곳을 말하며 침술학에서 인체의 요처, 즉 침술을 놓는 곳을 穴이라 함과 동일한 개념이다.

(6) 사(砂): 혈 주위의 형세를 砂라 한다.

(7) 국(局): 혈과 사를 합하여 局이라 하는데 양기에서나 음택에서도 동일하다.

(8) 내룡(來龍): 一局 또는 一穴에 도달할 때까지의 용맥에 이름 붙인 것으로 그 맥이 바로 혈에 들어가기 전을 지적하여 말하기도 하는데 모두 穴後의 산세를 말한다.

(9) 조산, 종산(祖山, 宗山): 한 혈의 내룡을 거슬러 올라가 가까이 있는 높은 산을 宗山이라 하고 멀리 있는 가장 높은 산을 祖山이라 한다.

(10) 주산(主山, 後山): 내룡맥절 중 혈 후에 높이 솟아 있는 山을 말하며 마을 또는 묘지에는 이 산이 반드시 있어야 하는데 진호한다는 의미에서 마을의 뒷산을 진산이라고도 부른다.

(11) 입수(入首): 내룡이 혈로 들어가는 길목을 入首라 부르며 혈에 바로 인접하여 들어오는 기가 통과하는 곳을 말한다.

(12) 두뇌(頭腦): 입수와 혈과의 접합점으로 약간 높고 불룩하게 일어난 곳을 말하는데 이것은 龍頭의 이마에 상당하다 하여 두뇌라 한다. 입수도두는 완전하게 정제된 생기가 단단하게 뭉쳐 있는 氣덩어리로 용맥을 좌우 양쪽에서 호위하며 따라온 원진수가 스며들지 못하고 자연스럽게 갈라져서 다시 순전(脣氈) 앞에서 합수하여 혈을 완전하게 환포한다.

(13) 성·사성(城, 砂城): 두뇌로부터 소맥을 일으켜 혈의 주위를 둘러싸고 있는 것을 사성이라 한다. 묘지의 사성은 분묘의 후방 또는 좌우측면을 둘러쌓고 앞면은 쌓지 않은 것이 보통이다. 그리고 양기의 사성은 거의가 인위적으로 된 것으로 흙 또는 돌로 쌓으며 사방 또는 중간에 문을 내어 만든 읍성 도성 성벽을 말한다.

(14) 사신사(四神砂): 혈의 사방을 둘러싼 것으로서 혈의 후방에 있는 것을 玄武, 전방에 있는 것을 朱雀, 좌측에 있는 것을 靑龍, 우측에 있는 것을 白虎라 한다. 혈이 남향일 경우에 현무는 북쪽, 청룡은 동쪽, 백호는 서쪽, 주작은 남쪽에 해당하며, 이 청백 현주는 동방을 청,

서방을 백, 북방을 흑, 남방을 적, 중앙을 황으로 하는 5방위 배색에서 나온 것이므로 청룡은 동방에 ,백호는 서방에, 현무는 북방에, 주작은 남방에 정하여야 할 것이다.

그러나 혈국이 남면하는 경우에는 위의 방위 배색과 일치하지만 그 외 방위일 경우에는 일치하지 않는다. 그리하여 풍수에서는 후현, 전주, 좌청, 우백으로 취급한다. 따라서 금낭경 산세 편에서는 다음과 같이 명확히 하고 있다.

**"夫葬 以左爲靑龍 右爲白虎 前爲朱雀 後位玄武"**

장에서 좌는 청룡이고 우는 백호이며 앞은 주작이고 뒤는 현무이다. 여기서 청룡백호는 혈 내의 생기가 밖으로 새어 나가는 것을 막고 혈을 보호하는 뜻에서 여러 겹으로 용과 호가 둘러싸 있으면 그 혈에 생기의 모임이 커져서 이상적인 국을 이루는데 내측에 있는 것이 내청룡, 내백호라 하고 그 외부에 있는 것을 외청룡, 외백호라 한다.

(15) 명당(明堂): 혈 앞, 즉 음택에서는 분묘 앞, 양택에서는 主建物의 전순을 내명당(안산앞)이라 하고 이 내명당에 비하여 약간 광대한 평지를 외명당(조산앞)이라 한다. 명당이라고 하는 이유는 천자가 군신의 배알을 받는 곳을 明堂이라 하는 데서 나온 것으로 이곳이 혈에 대하여 참배를 하는 곳이기 때문에 이렇게 칭한 것이라 한다.

그러나 '明+堂=밝은+달'이 성립되므로 양택지를 의미하는 것으로 볼 수 있다.

(16) 명당수(明堂水): 안산이나 조산 쪽에서 명당을 향하여 흘러오는 물이다. 조래수가 곧바로 명당을 향하여 달려오듯 흘러오는 것은 좋지 않지만 굴곡을 보이며 흐르는 것은 길하다.

(17) 순전(脣氈): 혈 아래 남은 기운이 발로하여 두툼하게 생긴 흙덩어리를 말한 것이니 큰 것은 전이라 하고 작은 것은 순이라 한다. 氈은 까는 요와 같고 脣은 입술이다. 단지 순전을 턱에 비유하기도 한다.

(18) 득파: 혈 혹은 내명당의 양측으로부터 또는 용호 내로부터 발원하여 흐르는 수류의 발원처를 得이라 하고 이 수류가 용호의 공포하는 사이를 흘러 나가는 곳을 破 또는 水口라고 한다. 용호에 내외가 있음과 같이 득파에도 내득, 외득, 내수구, 외수구의 구별이 있다.

(19) 미사(眉砂): 이는 입수에 있어서 두뇌로부터 혈로 옮아가는 조금 높은 반월형 혹은 판막상을 이룬 곳을 말하고 분묘에 물이 흘러 들어감을 막고 생기를 보호한다.

(20) 지현(之玄): 이 것은 내룡이 장차 입수로 옮겨 가려 할 때 그 맥의 형태가 之 자나 玄 자처럼 구부러져 진행되는 곳을 말한다.

(21) 좌향(坐向) : 용이 맥이 온 방향과 앞을 향한 방위를 말한다. 보통 묘지의 경우 시신의 머리 부분의 맥이 들어온 방향이 좌이고 다리 쪽 앞의 방위가 향이다. 좌향의 중요성은 생기가 모여 있는 정확한 위치를 보여주는 것으로 하나의 혈성에는 반드시 하나의 좌와 향이 있을 뿐이다.

(22) 回龍顧祖 : 祖山을 돌아보는 용

(23) 박환(剝換) : 박변이라고도 하며 늙은 용의 형체가 여리게 변하고 조잡한 것이 세밀하여지고 흉함이 스스로 吉로 변하고 모두가 오묘하게 조화를 이룬 곳이다. 즉, 용의 변화현상이며 용의 환골탈태(換骨奪胎＝얼굴이 이전보다 변하여 아름답게 됨)를 말하고 용의 생기가 왕성하게 된다.

(24) 개장(開帳) : 산봉우리 좌우에서 능선을 뻗어 중출맥을 감싸 보호해 주는 모양을 개장이라 한다.

(25) 천심(穿心) : 개장한 곳의 가운데서 정룡 중심맥이 힘차게 앞으로 나가는 것을 말한다.

(26) 간산(看山) : 생기가 모인 혈을 찾으러 산에 오르는 것.

(27) 정침 24산(正針 24山) : 정침 24산 방위는 사유 팔간 12지로 구성되며 매 방위는 각 15도이고 합하면 360도이다. 15도수는 달의 차고 기움에 따라 상응하고 간지와 지지를 합하면 30도가 되므로 이것이 일 개월이다. 입춘에서 시작하여 대한까지는 24절후이고 一候는 一山에 상응한다. 二候는 일 개월로 30도이고 12지지에 응하여 12시가 되니 자오로서 오전과 오후로 나눈다. 자정에서 시작하여 오정까지는 오전이 되고 오정에서 자정까지는 오후가 되니 합하면 12시이고 일시간을 전후(초정)로 나누어서 보면 24시이다.

오전은 양이고 오후는 음이며 24방위 중 子午卯酉는 4정위가 되고 오행의 생왕사절이 여기에서 나온다.

### 〈24방위와 절후 비교표〉

| 방위 | 임 | 자 | 계 | 축 | 간 | 인 | 갑 | 묘 | 을 | 진 | 손 | 사 |
|------|----|----|----|----|----|----|----|----|----|----|----|----|
| 절후 | 대설 | 동지 | 소한 | 대한 | 입춘 | 우수 | 경칩 | 춘분 | 청명 | 곡우 | 입하 | 소만 |
| 방위 | 병 | 오 | 정 | 미 | 곤 | 신 | 경 | 유 | 신 | 술 | 건 | 해 |
| 절후 | 망종 | 하지 | 소서 | 대서 | 입추 | 처서 | 백로 | 추분 | 한로 | 상강 | 입동 | 소설 |

(28) 지반정침(地盤正針) · 인반중침(人盤中針) · 천반봉침(天盤縫針)

① 지반정침: 나경 4층으로 천지의 방위를 나타내는 기본 층으로 24방위의 정확한 위치를 측정하고 입수룡과 용의 방위 및 혈의 좌향과 양택 가상의 방위측정을 한다.

② 인반중침: 나경 6층으로 혈 주변의 사격의 방위를 측정하는 데 사용하고 4층 지반정침에 비하여 시계바늘과 반대방향으로 7.5도 뒤에 있다. 학자들은 위와 같이 7.5도 차이가 있는 이유를 물은 陽이기 때문에 7.5도 앞서고 산은 陰이기 때문에 7.5도 역행한 것이라 한다. 그렇다면 방위는 하나의 방위만 존재하는 것이지 혈의 방위와 사격의 방위와 물의 방위가 각각 다르단 말인가? 그럴 수는 없다. 따라서 나경은 원래 천문기기인 것을 풍수지리학에 도입하면서 착오를 일으킨 것이다.

③ 천반봉침: 나경 8층으로 4층 지반정침에 비하여 7.5도 순행 방향으로 앞서 있고 득수처, 수구처, 지호수 등 정확한 위치를 측정하는 데 사용한다.

그러나 인반중침에서 말한 것과 같이 모순이 있다.

# V. 풍수지리 사상이 부동산가에 미치는 영향

## 1. 음택지

### (1) 음택풍수의 개념

음택지는 千里行龍 一帶地로 한 송이 꽃이 되며 그 꽃의 밑씨가 곧 혈의 핵심이 될 것이다. 그 혈에 백골이 삽입되어야 그 정기가 후손에게 좋은 기의 결과가 부여된다. 그 혈의 정기의 농도는 일정하지 않고 혈의 범위 내에서 그 혈이 맺어질 수 있는 주봉 및 내룡과 주위의 형태에서 발생한 정기 등으로 후손들의 인격적인 등차가 생긴다.

다시 말하면 똑같은 종자를 동시에 뿌렸다 하여도 지질에 따라 그 종자의 번식과 수확은 다르다. 그러므로 음택지의 길흉의 정도에 따라서 지가는 변동할 여지가 있는 것이다.

### (2) 음택 명당 가격은 금값이다

통계에 의하면 우리나라 국민 1인당 주택 면적은 4.5평인 반면 분묘의 평균 면적은 15평이라고 한다. 전국에 산재한 묘지를 추산하면 약 2천여만 기에 달하며 전 국토의 1%를 차지하고 있다. 현재 주택이 지어졌거나 지을 수 있는 택지 면적의 절반에 해당된다.

또한, 매년 새로 생기는 20만 기 정도의 분묘는 여의도만 한 면적이 잠식된다.

위와 같은 통계를 감안하여 보면 앞으로의 장례는 화장을 하여야 한다는 결론이다.

그러나 권세자나 돈을 많이 가진 자들은 생각이 다르며 현재의 부귀영화를 대대손손 유지하려고 풍수지리에 큰 관심을 가지고 있으나 이론적으로 부합하는 명당은 그리 쉽지 않은 것이 현실이다.

그러므로 현실적으로 길지를 찾아 장을 한다는 것은 아주 어려운 일이므로 길지를 구할 수 없는 한 길흉이 없는 화장을 하는 것이 타당하다고 본다. 결국 길지가 부족하다 보니 그 가격은 매우 고가일 수밖에 없는 것이다.


## 2. 양택지

1989년 3월, 한국토지개발공사는 경기도 구리시 교문지구에 주택지 60평을 기준하여 일반분양하면서 공사 측에서는 일률적으로 평당 65만 원에 분양되었으나 이 후 양택삼요결에 의하여 가격차이가 천차만별이 되었다.

즉, 동서사택 요건에 맞는 택지는 평당 200만 원에 거래가 되고 이 규정에 약간 벗어난 것은 평당 150만 원에, 북향 택지는 100만 원 이하로 거래되고 있었다. 동서사택에 있어서도 묘좌유향의 택지는 평당 300만 원까지 호가되었다.

이러한 현상은 관습에 의하든 풍수지리를 아는 중개업자에 의하든 원매자가 좋은 집터를 원하기 때문에 가격차가 현저하게 드러나고 있는 실례이다.


## 3. 아파트의 풍수지리

① 아파트의 크기에 따른 길흉

가장 이상적인 아파트 크기는 거주자 1인당 전용면적 6평이며 4인 가족이면 24평이 가장 이상적이다. 일본 재벌들은 양택풍수를 절대적으로 믿고 20평 이하 아파트에 거주한다.

② 아파트의 방위

남향집을 선호하는 경향이 있으나 반드시 좋은 것은 아니고 집은 지세에 의하여 제일 좋은 방향이 결정되어야 한다.

③ 아파트의 높이

이상적인 아파트 층수는 5층 이하 저층이다.

④ 아파트의 마당

아파트에는 개별적인 마당이 존재하지 않으나 아파트 단지 전체적으로 조화된 마당이어야 한다.

⑤ 정화조 위치

정화조는 내룡선상에 위치하여서는 안 된다.

⑥ 부동산금융포털유니에셋이 서울 한강변 아파트의 매매가를 조사한 결과 풍수지리에서 말하는 명당지역은 평당 1천573만 원으로 비명당지역보다 113만 원이 비싼 것으로 조사되었다.


# VI. 맺는말


위에서 본 바와 같이 풍수지리가 부동산가격에 미치는 것은 인정할 수 있으나 풍수지리에 대한 학문적 검증이 부족한 실정이다. 그러나 현재 각 대학과 대학원에서는 풍수지리에 대한 강좌가 크게 확대되고 있으며 건강산업과 관련하여 앞으로 관심이 더욱 커질 것이다. 특히 앞으로 문화관광과 관련하여 지대한 관심을 가져올 것이 확실하므로 부동산투자를 함에 있어서는 풍수지리에 대한 생활철학이 필요하다.

# 찾아보기

## ㉠

가등기 ···························· 208, 216, 222, 272
가망지 ·························································· 64
가수요 ······························ 16, 17, 18, 21
가압류 ···················· 38, 55, 150, 227, 235~238,
240, 241, 298, 308, 309
가압류등기 ·················································· 309
가집행선고부판결 ······································· 270
가처분 ···················· 38, 55, 150, 236~238,
240, 241, 298, 309
간산 ··························································· 346
감정 ·························· 131, 304, 313, 315
강제경매 ·············· 216, 239, 267, 270, 271, 273
개발밀도관리구역제도 ································· 183
개발행위 ······························ 183, 260, 261
개발행위허가제도 ······································· 183
갱신청구권 ·················································· 156
검증 ·························· 313, 315, 349
경매 ········· 31, 43, 54, 154, 173~177, 195, 197,
203, 232, 267, 268, 269, 271, 273, 308, 320
계약자유의 원칙 ········································· 180
계쟁물 ························ 240, 241, 309
고리대금업 ··················································· 53

고정자금 ······················································ 324
공공복리 ······························ 23, 24, 180
공동화현상 ··················································· 88
공매 ··························· 197, 274, 275
공시송달 ····························· 144, 298, 311
공유자 ··························· 159, 273
공탁 ··························· 55, 56, 148, 308
공탁물회수청구권 ········································· 56
공탁보증보험증권 ······································· 308
관리보전지구 ·············································· 208
국가보훈처 ·················································· 332
국민임대주택특별조치법 ······························· 37
국민주택기금 ····················· 30, 31, 107, 184
국토의계획및이용에관한법률 ········· 26, 37, 117,
179, 182, 184, 247, 249, 250, 257, 264
권리조사자 ···························· 131, 132
근로복지공단 ·············································· 332
근보증 ························································· 147
금융부담률 ·················································· 335
금전거래 ··························· 49, 50
금전차용증서 ··············································· 52
금전채권 ·· 171, 172, 236~239, 267, 270, 309, 320
급부청구권 ·················································· 270
기반시설부담금 ············································· 37

기반시설연동제 ····················· 257, 259

ㄴ

낙약자 ································ 212, 213
낙찰기일 ······························ 268, 320
내용증명 ······························ 227, 229

ㄷ

대위변제 ································· 270
대체재 ··································· 79
도넛현상 ································· 87
도달주의 ································· 144
도시 및 주거환경 정비법 ·· 33, 35, 37, 257, 263
도시계획법 ······················ 62, 182, 257
도시핵 ··································· 85
동성동본 금혼 ······························ 292
동일수급권 ································· 81
동태적 연구 ································· 86
두뇌 ································ 344, 345
득파 ····································· 345
등기권리증 ··························· 208, 210

ㅁ

매도담보 ·································· 177
매수신고인 ····················· 269, 270, 320
면접교섭권 ······························ 287, 301
명의신탁 ······························ 221~225
무상지원 ·································· 323
문서송부 촉탁 ························· 315, 316
물건번호 ·································· 268
물적 공용부담 ······························ 181

ㅂ

발신주의 ·································· 144
배후지 ··························· 115, 119~121
백인변호사단 ·································· 283
법률혼주의 ································· 292
법정지상권 ················· 153, 154, 158, 162, 174
보이스(B. N. Boyce) ························ 75
보전소송 ································ 238, 240
보전지역 ·································· 245
보증계약 ································ 146, 147
보증인 ································ 145~149
보증채무 ······························ 146~149
보통거래약관 ·································· 51
부도공공건설임대주택 ························· 31
부동산거래사고 ·················· 20, 43, 46, 47, 127, 128, 227, 303
부동산거래질서 ··················· 43, 180, 222
부동산등기 ···················· 28, 36, 207, 215
부동산시장 ··················· 16~18, 25, 26, 46, 67, 69, 75~79, 94
부동산의 용도 ························· 71, 79
부동산저당권 ························· 102, 104
부동산투기 ················ 39, 43, 91, 94, 222
부동산투자 ·········· 20, 21, 91, 92, 96, 98, 349
부부 별산제 ································ 294
부인 ······················· 177, 294, 313, 315
부지 ····················· 60, 61, 63~65, 79, 315
부지경쟁 ···································· 79
분양가상한제 ························· 28, 29, 37
분할경매 ·································· 268
불법원인급여 ··························· 53, 138

불완전경쟁시장 ································· 82, 94
비가역성 ····························· 45, 71, 116

### ㅅ

사실상의 혼인관계 ····················· 199, 290
사전개업준비자금 ·························· 324
상속등기 ···························· 208, 217
상장기업분석자료 ·························· 335
서증 ······························· 313~316
선계획 후개발 ····························· 182
성업공사 ································· 274
소득세법 ···························· 37, 203
소상공인지원센터 ·························· 332
소송대리 ···························· 283, 312
소유권절대의 원칙 ····················· 179, 180
소장 부본 ··························· 311, 312
손익분기점 ································ 84
수확체감의 법칙 ····························· 84
승역지 ····························· 158, 159
신경매 ··································· 269
신용보증기금 ····························· 332
신청이유 ································ 309
신청취지 ································ 309
실수요 ··························· 16, 18, 21

### ㅇ

압류명령 ························ 233, 239, 321
약정담보물권 ····························· 169
양육비청구 ································ 290
양택 ························· 339, 343, 345
양택삼요결 ································ 348

여성부 ··································· 332
예정지 ······························· 63, 64
외부비경제 ························· 70, 75, 81
외부효과 ·································· 81
요약자 ······························ 212, 213
요역지 ······························ 159, 160
운전자금 ································· 324
위험부담 ················· 96, 97, 207, 212, 324
유저당계약 ································ 173
유찰 ································ 268, 269
유체동산 ············· 232, 236, 239, 308, 309
유효수요 ·································· 21
음택 ······················ 339, 343, 344, 345
음택풍수 ································· 347
응찰 ···································· 268
의사주의 ································· 136
이윤극대화 ································· 84
이자제한법 ·························· 53, 54, 55
인우보증서 ································ 311
인적 공용부담 ····························· 181
일괄경매 ························ 154, 173, 268
임대주택비축제도 ·························· 30
임의경매 ························ 267, 271, 272
입수 ······················· 326, 344, 345
입증 ···················· 58, 279, 283, 313
입찰 ···················· 33, 234, 268, 269
입찰보증금 ································ 268

### ㅈ

자기책임의 원칙 ·························· 180
자백간주 ································· 313

잠재수요 ……………………………… 21
장기미등기 ………………… 221, 222, 225
장애인고용촉진공단 …………………… 332
재건축초과이익환수에관한법률 ………… 37
재경매 …………………………… 269, 320
재산명시제도 …………………………… 318
재산보전처분 …………………………… 241
재산조회제도 …………………………… 319
재판상 이혼 …………………… 295~298
저당권의 유동화 ………………… 102, 104
저당금융 ………………………………… 104
절충주의 ………………………………… 136
점유이전금지가처분 …………………… 309
점유이전행위 …………………………… 309
정부보증 프로그램 ……………………… 103
조산 ……………………………………… 344
조정에 갈음하는 결정 …………… 306, 307
종산 ……………………………………… 344
종합부동산세 …………………………… 113
주가수익비율 …………………………… 335
주당순이익 ……………………………… 335
주산 ……………………………………… 344
주식 …………………… 106, 146, 333~336
주택법 ………………………… 35~37, 263
주택상품 ………………………………… 82
준부동산 …………………………… 41, 42
준비서면 …………………………… 313, 314
중개업자 …………… 36, 78, 133, 134, 348
중소기업진흥공단 ……………………… 332
중소기업청 ……………………………… 332
중혼 ……………………………………… 292

증거설명서 ……………………………… 315
증인신문 ………………………… 230, 313, 314
지급금지명령 …………………… 233, 321
지리정보시스템 ………………………… 245
지반정침 ………………………………… 347
지방세법 ………………………………… 37
지분금융 ………………………………… 106
집행권원 …… 231, 232, 238, 270, 271, 319, 320

ㅊ

차순위 입찰신고 ………………………… 270
채권담보제도 …………………………… 145
채권자평등의 원칙 ……………………… 145
채무명의 …… 197, 237~239, 241, 270, 271, 320
처분금지가처분 ………………………… 309
천반봉침 ………………………………… 347
천심 ……………………………………… 346
청구원인 ………………………………… 310
청구취지 ………………………………… 310
촉탁등기 ………………………………… 269
총괄저당 ………………………………… 176
최고가입찰자 …………………………… 268
최유효이용 ‥ 59, 65, 71, 75, 79, 85, 86, 116, 129
추심명령 ………………………… 233, 321
취하서 …………………………………… 317
친권자 …………………………………… 312
친양자제도 ……………………… 287, 301
친족 ……………………………… 199, 293, 306

ㅋ

콜방어(call protection) ………………… 107

ㅌ

택지이용의 최원방권 ······················ 66, 88
토지공개념 ····················· 23, 24, 40, 179
토지공법 ···································· 179
토지보상법 ··································· 37
토지이용의 외부성 ······················· 77, 81
통합평가심의위원회 ·························· 253
투자수요 ···································· 17
투자포인트 ·································· 335


ㅍ

파생수요 ···································· 80
파혼 ······························ 287, 288, 289
파혼위자료 ·································· 289
판결송달증명원 ······························ 316
패소판결 ··································· 208
폐쇄신고 ··································· 331
표시주의 ··································· 136
표시행위 ······························· 135, 136
피보전청구권 ································ 238
필지 ····················· 59, 60, 64, 65, 71


ㅎ

하방경직성 ·································· 18
하위시장 ·························· 67, 69, 76, 77
한국소프트웨어진흥원 ························ 332
한국여성경제인협회 ·························· 332
항소 ······························ 134, 316, 317
해변토지 ··································· 65
행위능력 ······························ 144, 147
헌법불일치결정 ······························ 292
혈 ······························ 341, 342, 344~347
혈족 ··································· 292, 293
협의이혼 ························· 295, 296, 299
혼인빙자간음죄 ······························ 288
혼인신고 ······························ 290~292
화해권고결정 ································ 317
확정판결 ·············· 197, 208, 221, 225, 231,
              234, 298, 309, 318, 320
환경보전기금 ···························· 244, 245
환경보전기본계획 ···························· 244
회복등기 ······························ 130, 208
획지 ······················ 60, 64, 118, 120
효과의사 ···························· 135~137, 141

김상명 •약 력•

법학박사(제주대학교 대학원)
제주산업정보대학 부동산건설팅과 조교수(현)
제주대학교 법정대학 법학부 강사(현)
한국법학회 이사/한국토지법학회 이사/한국부동산권리분석사회 이사(현)
제주특별자치도 지방노동위원회 공익(심판)위원(현)
제주특별자치도 부동산평가위원(현)
제주특별자치도 소방방재본부 기금심의위원(현)
제주특별자치도 여성능력본부 자문위원(현)

•주요논저•

「전자거래에 있어서 민사책임에 관한 연구」
「부동산경매에 있어서 임차인의 법적 지위」
「부동산중개계약에 관한 연구」
「판례로 본 분묘기지권에 관한 연구」
「스포츠사고에 있어서 민사책임」
「점유취득시효완성자의 대상청구권」
「관습법상 법정지상권에 관한 판례의 법리적 검토」
『부동산학개론』
『민법 및 민사특별법』
『부동산학개론』(공저)
『제주국제자유도시조성과 사법관계』(공저)
외 다수

부동산재테크
# 이론과 실제

| | |
|---|---|
| • 초판 인쇄 | 2008년 2월 28일 |
| • 초판 발행 | 2008년 2월 28일 |
| • 지 은 이 | 김상명 |
| • 펴 낸 이 | 채종준 |
| • 펴 낸 곳 | 한국학술정보㈜ |
| | 경기도 파주시 교하읍 문발리 513-5 |
| | 파주출판문화정보산업단지 |
| | 전화 031) 908-3181(대표)·팩스 031) 908-3189 |
| | 홈페이지 http://www.kstudy.com |
| | e-mail(출판사업부) publish@kstudy.com |
| • 등 록 | 제일산-115호(2000. 6. 19) |
| • 가 격 | 23,000원 |

ISBN    978-89-534-8165-7 93320 (Paper Book)
        978-89-534-8166-4 98320 (e-Book)